PAGODA
IELTS
Speaking

PAGODA
IELTS
Speaking

초판 1쇄 인쇄 2020년 3월 12일
초판 1쇄 발행 2020년 3월 12일
초판 2쇄 발행 2024년 1월 8일

지 은 이 | Sarah 이, 파고다교육그룹 언어교육연구소
펴 낸 이 | 박경실
펴 낸 곳 | **PAGODA Books** 파고다북스
출판등록 | 2005년 5월 27일 제 300-2005-90호
주   소 | 06614 서울특별시 서초구 강남대로 419, 19층(서초동, 파고다타워)
전   화 | (02) 6940-4070
팩   스 | (02) 536-0660
홈페이지 | www.pagodabook.com

저작권자 | ⓒ 2020 Sarah 이, 파고다 아카데미

ISBN 978-89-6281-841-3 (14740)

도서출판 위트앤위즈덤   www.pagodabook.com
파고다 어학원   www.pagoda21.com
파고다 인강   www.pagodastar.com
테스트 클리닉   www.testclinic.com

▎ 낙장 및 파본은 구매처에서 교환해 드립니다.

Sarah 이 파고다교육그룹 언어교육연구소 | 저

PAGODA
IELTS

Speaking

목차

CHAPTER 01 기초 다지기

CHAPTER 02 실전 다지기

목 차

이 책의 구성과 특징

» IELTS 5.5~6.5 달성을 위한 최신 문제 및 유형별 전략 수록!

IELTS 5.5~6.5를 목표로 하는 학습자를 위해 최신 IELTS 출제 경향을 충실하게 반영한 실전 문제를 골고루 다루고 있습니다.

» 기초 다지기와 실전 다지기를 통해 탄탄한 고득점 기반 완성!

기초 다지기를 통해 IELTS Speaking에 꼭 필요한 기본 스킬을 배우고, 이어지는 실전 다지기에서는 빈출 주제별로 구성된 Unit을 통해 가장 효과적인 고득점 답변 전략을 학습할 수 있도록 구성했습니다.

» IELTS 실전 연습을 해볼 수 있는 Actual Test 2회분 수록!

기초 다지기와 실전 다지기를 통해 학습한 내용을 확인해 볼 수 있도록, 난이도 및 문제 구성에서 실제 IELTS 시험과 동일하게 구성된 Actual Test 2회분을 수록했습니다.

» 파고다 IELTS 전문 강사의 생생한 노하우를 담은 밀착 케어 해설!

혼자서도 얼마든지 학습할 수 있도록 교재에 수록된 모든 문제마다 파고다 IELTS 전문 강사의 학습 노하우를 그대로 담은 상세한 해설을 제공합니다.

» 그룹 스터디와 독학에 유용한 단어 시험지 생성기 제공!

자동 단어 시험지 생성기를 통해 교재를 학습하면서 외운 단어 실력을 테스트해 볼 수 있습니다.

▶ 사용 방법: 파고다북스 홈페이지(www.pagodabook.com)에 로그인한 후 상단 메뉴의 [모의테스트] 클릭 > 모의테스트 메뉴에서 [단어 시험] 클릭 > IELTS – PAGODA IELTS Speaking을 고른 후, 4주 학습 플랜에 나온 Day와 원하는 문제 수를 입력하고 문제 유형 선택 > '단어 시험지 생성'을 누르고 별도의 브라우저 창으로 뜬 단어 시험지를 PDF로 내려받거나 인쇄

실전 다지기에 들어가기에 앞서 필수적인 Speaking을 위한 문법과 스킬, 표현을 익힘으로써 기본적인 Speaking 실력을 다질 수 있도록 구성했습니다.

이 책의 구성과 특징

CHAPTER 02 실전 다지기

앞서 배운 기초 지식을 가지고 Speaking 영역에서 자주 출제되는 주제에 대해 본격적으로 전략을 익히고 브레인스토밍(brainstorming)을 연습하며 실전 대응 가능한 답변을 학습합니다.

- **자주 나오는 문제 알아보기 & 관련 어휘/표현**
  각 주제별로 시험에 자주 나오는 문제와 답변할 때 사용할 수 있는 관련 어휘 및 표현을 먼저 학습해 기초를 쌓습니다.

- **빈출 문제 & 점수대별 예시 답변**
  자주 나오는 질문에 대한 대응 전략과 점수대별 예시 답변을 학습하고 다시 나만의 답변을 준비해 봄으로써 실전에 완벽하게 대비할 수 있도록 구성하였습니다.

- **Practice & Exercise**
  실전과 유사한 유형으로 구성된 연습 문제를 풀어보며 실전 감각을 익히고 학습한 전략을 다시 한 번 확인합니다.

ACTUAL TEST

실제 시험과 동일한 난이도로 구성된 2회분의 Actual Test를 통해 실전에 대비합니다.

예시 답변 및 해석

본문에 수록된 Speaking 문제의 모범 답변을 수록하였습니다.

IELTS 소개

» IELTS란?

IELTS(International English Language Testing System)는 영어 사용 국가에서 유학 또는 취업을 하고자 하는 사람들의 언어 능력을 평가하기 위해 개발된 시험으로, 종이 시험지로 시험을 보는 Paper-based IELTS(이하 PB IELTS)와 컴퓨터로 보는 Computer-delivered IELTS(이하 CD IELTS)가 있다.

시험은 Listening, Reading, Writing, Speaking 총 4개 영역으로 시험 시간은 약 2시간 55분이 소요된다. 각 영역별 점수는 1.0부터 9.0까지의 Band 단위로 평가가 되며, 총점은 네 영역의 평균 점수로 계산한다.

시험 모듈은 응시 목적에 따라 두 가지로 나뉘게 된다. 대학교 및 대학원 진학을 위해 학문적 영어 소통 능력을 중점적으로 측정하는 Academic Module과, 이민 또는 취업을 위한 기본적인 영어 소통 능력을 중점적으로 측정하는 General Training Module이 있다. 어떤 모듈을 선택하느냐에 따라 Reading과 Writing의 시험 내용이 달라진다.

» IELTS 구성

시험 영역	Listening, Reading, Writing, Speaking
시험 시간	약 2시간 55분
시험 순서	PB IELTS: Writing → Reading → Listening CD IELTS: Listening → Reading → Writing * Speaking은 개별 배정 시간에 실시
시험 횟수	PB IELTS: 월 4회 / CD IELTS: 일 2회, 주 6일
총 점	네 가지 영역의 Band 평균
영역별 점수	1.0~9.0 Band
성적 확인	PB IELTS: 시험일로부터 13일 후 온라인에서 성적 확인 가능 CD IELTS: 시험일로부터 5~7일 후 온라인에서 성적 확인 가능

시험 영역	문제 구성	소요 시간
Listening	– 총 4개 Part, 40문항 출제 – 다양한 발음(영국식, 호주식, 미국식)으로 출제됨 – 객관식, 주관식, 빈칸 완성, 표 완성 등의 문제가 출제됨	약 30분 * 답안 작성 시간 별도 제공 – PB IELTS: 10분 – CD IELTS: 2분
Reading	– 총 3개 Section, 40문항 출제 – 객관식, 주관식, 빈칸 완성, 표 완성 등의 문제가 출제됨 * Academic: 저널, 신문 기사 등의 학술적인 내용 출제 * General Training: 사용 설명서, 잡지 기사 등의 일상 생활 내용 출제	60분 * 답안 작성 시간 추가 제공 없음
Writing	– 총 2개 Task(Task 1, 2) 출제 * Academic: Task 1은 그래프, 표 등의 시각 정보를 보고 요약문 쓰기, Task 2는 에세이 쓰기 * General Training: Task 1은 부탁, 초대 등 주어진 목적에 맞게 편지 쓰기, Task 2는 에세이 쓰기로 Academic과 동일함	60분
대기 시간		
Speaking	– 총 3개 Part(Part 1, 2, 3) 출제	11~14분
총 시험 시간		약 2시간 55분

IELTS 소개

» IELTS 등록 및 응시 절차

1. 시험 등록

온라인 및 방문 접수는 시험 응시일과 각 지역의 시험장을 확인하여 신청이 가능하며, 시험 연기 및 취소는 영국문화원은 시험일 7일 전, IDP는 시험일 4일 전까지 가능하다.

- 온라인 등록
  영국문화원 홈페이지(reg.britishcouncil.kr) 또는 IDP 홈페이지(www.ieltskorea.org)에서 접수가 가능하며 자세한 사항은 각 사이트를 참조한다. 온라인 접수 시 여권 스캔 파일을 첨부해야 하니 미리 준비하도록 한다.

- 방문 접수
  PB IELTS만 접수 가능하며, 여권을 가지고 평일 오전 9시~5시 사이에 영국문화원 또는 IDP 강남 공식 접수처에서 접수한다.

2. 시험 비용(2020년 기준)

온라인 접수 시에는 신용카드 또는 실시간 계좌이체가 가능하며, 방문 접수의 경우 신용카드 또는 무통장입금이 가능하다.
- PB IELTS: 260,000원
- CD IELTS: 273,000원

3. 시험 당일 소지품

- 유효한 여권과 여권 사본 1부(여권만 신분증으로 인정)
- 필기도구(연필, 지우개 등)

4. 시험 절차

❶ 신분 확인, 사진 촬영 및 지문 등록을 진행한다.
❷ 필기류를 제외한 소지품은 모두 보관소에 맡긴다. (투명한 병에 담긴 생수병을 제외한 기타 음식물 반입 불가)
❸ 감독관이 영어로 오리엔테이션을 진행한 후 시험을 시작한다.
❹ 세 가지 영역의 시험을 모두 마치면, 각자 통지 받은 시간에 Speaking 시험을 진행한다.
❺ 면접관과 1:1 Speaking 시험 종료 후, 소지품을 챙겨 퇴실한다.

5. 성적 확인

PB IELTS는 시험일로부터 13일 후, CD IELTS는 시험일로부터 5~7일 후 온라인에서 성적 확인이 가능하며 해당 성적은 2년간 유효하다.

6. 시험 주의 사항

❶ 신분증은 여권만 인정되니 여권을 반드시 챙긴다.
❷ 영어 글씨가 적힌 생수병은 반입이 불가하다.
❸ 시험 도중 별도의 쉬는 시간이 없으므로, 화장실에 가야 할 경우 손을 들어 감독관의 동행 하에 간다.
❹ Speaking 시험 시작 시간은 응시자 별로 다르며(PB IELTS: 무작위 배정 / CD IELTS: 선택 가능) 지정된 장소에서 약 20분 대기해야 한다.
❺ Writing은 Task 간의 구분 없이 시험이 진행되므로, 완료되는 대로 다음 Task로 넘어간다.

» IELTS 점수 체계

IELTS는 각 영역별로 1점부터 9점까지 0.5 단위의 Band Score로 성적이 산출되며, 각 영역에 대한 점수와 이 네 가지 영역의 평균 점수가 총 점수로 표기된다. 각 Band Score는 아래와 같은 언어 능력 수준을 의미한다.

점수	단계	설명
9.0	Expert user	영어를 완전히 이해한 상태에서 유창하고 정확하고 적절하게 구사할 수 있음
8.0	Very good user	일부 상황에서 때로는 부정확하고 부적절한 언어 사용과 의사소통에 오해가 발생하지만 복잡하고 어려운 주장 가능
7.0	Good user	가끔 부정확하고 부적절한 언어 사용과 의사소통에 오해가 발생하지만 대체로 복잡한 언어를 구사할 수 있으며 상세한 추론을 이해할 수 있음
6.0	Competent user	부정확하고 부적절한 언어를 사용하고 의사소통 시 오해가 발생하지만 익숙한 상황에는 복잡한 언어를 사용하고 이해할 수 있음
5.0	Modest user	부분적인 구사력을 갖추고 있으며 대부분의 상황에서 전반적인 이해가 가능하지만 실수를 할 가능성이 높음. 자신의 분야에서는 기본적인 의사소통이 가능
4.0	Limited user	익숙한 상황에서만 제한적으로 언어 구사가 가능하나 내용의 이해나 표현에 있어 잦은 문제를 경험하고 복잡하고 어려운 언어는 사용하지 못함
3.0	Extremely limited user	매우 익숙한 상황에서 단순한 의미 전달과 이해가 가능한 수준
2.0	Intermittent user	의사소통이 거의 불가능하고 영어를 말하거나 적는 걸 이해하지 못함
1.0	Non-user	단어 나열 정도의 언어 구사 능력
0.0	Did not attempt the test	시험에 응시하지 않아 평가할 수 없음

» IELTS 점수 계산법

점수는 아래 예시와 같이 각 영역에 대한 Band Score가 나오고 이 네 가지 영역의 평균 점수가 계산되어 총점인 Overall Band Score가 나오게 된다.

	Listening	Reading	Writing	Speaking	Overall Band Score
응시자 이름	7.0	6.5	5.5	7.0	6.5

IELTS Speaking 소개 및 학습 전략

1. 시험 구성

IELTS Speaking은 총 3개 Part가 출제되며, 각 파트는 특정 주제와 관련된 시험관의 질문에 응시자가 답변하는 방식이다. 시험은 총 11~14분간 진행된다.

PB IELTS: 인터뷰 시간 배정
CD IELTS: 인터뷰 시간 선택

2. 질문 특징

IELTS Speaking 질문은 일상생활에 관한 정보와 의견 교환, 인상적인 경험에 대한 의사소통 능력과 같은 넓은 범위의 내용을 주로 다룬다.

3. 질문 유형

Part 1	시험관과 응시자가 소개하는 시간을 갖고 응시자의 신분을 확인한다. 고향, 가족, 직업, 학업, 관심사 등 친숙한 주제에 관한 질문을 받게 된다.
Part 2	특정 주제 및 그와 관련되어 응시자가 말해야 하는 요점이 적힌 카드를 받는다. 메모할 수 있는 종이와 연필이 주어지며 1분 동안 준비하여 1~2분 동안 주제에 대해 말한다. 동일 주제에 관해 한두 개의 추가 질문을 받게 될 수 있다.
Part 3	Part 2의 주제와 연관된 조금 더 추상적인 주제나 의견에 대해 심층적인 토론을 한다.

4. 학습 방법

❶ Yes나 No와 같은 단답형으로 답변하지 말고 가능한 자세히 대답하는 연습을 한다. 자신의 경험이나 예를 들어 답변하는 것도 도움이 된다.

❷ 잘 모르는 어려운 단어를 사용하는 것보다 일반적으로 많이 사용되는 어휘를 정확하게 사용하자. (높은 점수를 받기 위해서는 고급 어휘를 적절히 사용하는 것이 좋다.)

❸ 질문에 답변을 할 때는 주어진 주제에서 사용된 시제와 같은 시제를 사용한다.

❹ 답변을 할 때는 되도록 완전한 문장으로 대답하고 의견을 뒷받침할 수 있는 이유를 같이 제시한다. 이는 시험관에게 자신이 다양한 어휘와 문법을 자연스럽게 활용할 수 있음을 보여줄 수 있다.

IELTS 자주 묻는 질문(FAQ)

≫ IELTS 전반에 대하여

Q1. IELTS는 상대평가로 채점되나요?

A. IELTS는 상대평가가 아닌 절대평가 시험입니다.

Q2. 시험 당일 소지해야 하는 준비물은 무엇이 있나요?

A. 시험 접수 시 사용한 유효기간이 만료되지 않은 여권, 연필 또는 샤프, 그리고 지우개가 필요합니다. 세 시간 가량 시험을 봐야 하므로 혹시나 물이 필요한 경우 상표가 붙어있지 않은 투명한 물병에 물을 가져가도 됩니다. 다만, 형광펜이니 색상이 있는 펜, 휴대폰, 그리고 손목시계 등은 시험장 안에 반입이 불가하니 이 점 꼭 주의하기 바랍니다.

Q3. 시험 당일 주민등록증으로 시험 응시가 가능한가요?

A. 시험 당일 신분증으로 사용 가능한 것은 접수 시 등록한 여권이며, 주민등록증이나 운전면허증, 주민등록등본 등으로는 시험 응시가 불가능합니다.

Q4. 신분 확인은 어떻게 진행되나요?

A. 시험 당일 오전 신분 확인 절차는 여권 확인, 사진 촬영, 지문 스캔 등 3단계로 이루어집니다. Speaking 시험 전에 다시 응시자의 여권 확인과 지문 스캔을 통해 본인 확인을 한 번 더 하게 됩니다.

≫ IELTS Speaking에 대하여

Q1. IELTS Speaking과 타 Speaking 시험의 차이점은 무엇인가요?

A. IELTS Speaking 시험은 컴퓨터로 보는 다른 영어 Speaking 시험들과는 다르게 사람이 직접 1:1로 인터뷰 보는 형식으로 진행됩니다. 따라서 샘플 답변을 암기한다거나 기본 포맷을 단순히 암기하여 답변한다면 좋은 점수를 받을 수 없습니다. 외운 듯한 답변을 한다면 시험관이 다른 주제를 선택하여 질문할 수 있습니다.

Q2. 각 파트 또는 질문 당 사용 가능한 시간은 얼마나 되나요?

A. IELTS Speaking 시험 시간은 총 11~14분입니다. Part 1에서는 4~5분 동안 질문과 답변이 진행되고, Part 2는 3~4분의 시간이 주어집니다. 마지막으로 Part 3는 4~5분 동안 질문을 받고 답변하게 됩니다. 2분 정도 답변해야 하는 Part 2를 제외하면 각 파트별 질문 당 답변 시간이 정해져 있지 않기 때문에, 질문에 따라서 답변 시간은 달라질 수 있습니다. 너무 길지 않게, 질문에 대한 직접적인 답변과 함께 약간의 부연 설명을 해주면 됩니다.

Q3. Part 2의 경우, 제안된 시간을 채우지 못하거나 초과해서 답변하면 감점의 대상이 되나요?

A. Part 2에서 가장 중요한 부분은 길게 이야기할 수 있는 능력을 보여주는 것입니다. 따라서 주어진 2분을 다 채우는 것이 가장 중요하고, 만약 시간을 채우지 못하더라도 최대한 2분에 가깝게 더 이야기하려는 의지를 보여주는 것이 좋습니다. 시간을 초과할 경우 시험관이 답변을 멈추게 할 텐데, 이때 답변해야 하는 내용들을 모두 다 이야기했다면 감점이 되지 않습니다.

IELTS 자주 묻는 질문(FAQ)

Q4. Part 2의 Topic을 선택할 수 있나요?

A. 아니요. 시험관이 정한 Topic에 대한 답변만 해야 합니다. 따라서 어떠한 Topic이 나오든지 그 주제에 관해 답변하는 연습을 평상시에 해야 합니다.

Q5. Part 1과 Part 3의 질문들 간에 차이점이 무엇인가요?

A. Part 1은 개인적인(Personal) 질문들이 주로 나오는 반면, Part 3의 질문들은 조금 더 일반적인(General) 질문들로 구성되어 있습니다. 그리고 Part 3는 주로 과거와 현재를 비교하거나 A와 B 중 하나를 선택하는 질문, 혹은 한 주제의 장단점을 묻는 질문들이 자주 출제가 되므로, 비교/대조 혹은 장단점을 말할 때 사용하는 표현들을 학습하여 연습해야 합니다.

Q6. 질문에 답변을 하다가 실수했을 때, 문법 혹은 어휘 등을 수정하면서 답변해도 괜찮나요?

A. 네, 문법 혹은 어휘를 잘못 사용했을 때 한 두 번 정도는 스스로 수정하면서 답변을 이어가도 괜찮습니다. 하지만, 빈번한 수정은 전반적인 유창성 부분에 영향을 미치기 때문에 좋지 않습니다.

Q7. 질문을 이해하지 못했을 경우에는 어떻게 해야 하나요?

A. Part 1의 경우에는 시험관에게 다시 한번 질문을 반복해 달라고 요청할 수 있습니다. 하지만, 질문 자체를 이해하고 적절한 답변을 하는지를 테스트하는 파트이기 때문에 다른 말로 설명을 해달라고 요청할 수 없습니다. 반면 Part 3의 경우는 자신의 의견을 설득력 있게 말하는 능력을 중점적으로 테스트하는 파트이기 때문에 질문을 이해할 수 있도록 다른 말로 설명해 달라고 요청할 수 있습니다.

4주 완성 학습 플랜

DAY 1	DAY 2	DAY 3	DAY 4	DAY 5
CHAPTER 1. 기초 다지기				
UNIT 01. 문법의 다양성과 정확성	**UNIT 02.** 어휘력	**UNIT 03.** 유창성과 일관성 **UNIT 04.** 발음	**UNIT 05.** IELTS Speaking을 위한 필수 문법	**UNIT 06.** IELTS Speaking을 위한 필수 표현

DAY 6	DAY 7	DAY 8	DAY 9	DAY 10
CHAPTER 2. 실전 다지기 (Part 1)				
OVERVIEW **UNIT 01.** Work and Study **UNIT 02.** Home	**UNIT 03.** Reading **UNIT 04.** Movies **UNIT 05.** Music	**UNIT 06.** Plants **UNIT 07.** Swimming **UNIT 08.** Shopping	**UNIT 09.** Friends **UNIT 10.** Gifts **UNIT 11.** Photography	**UNIT 12.** Sleep **UNIT 13.** Parks **UNIT 14.** Climate

DAY 11	DAY 12	DAY 13	DAY 14	DAY 15
CHAPTER 2. 실전 다지기 (Part 2)				**CHAPTER 2.** **실전 다지기 (Part 3)**
OVERVIEW **UNIT 01.** Famous Person	**UNIT 02.** Ambitions **UNIT 03.** Language	**UNIT 04.** Sports **UNIT 05.** Travel and Vacations	**UNIT 06.** Noise Pollution and Sound **UNIT 07.** Friends	**OVERVIEW** **UNIT 01.** Famous Person

DAY 16	DAY 17	DAY 18	DAY 19	DAY 20
CHAPTER 2. 실전 다지기 (Part 3)			**ACTUAL TEST**	
UNIT 02. Ambitions **UNIT 03.** Language	**UNIT 04.** Sports **UNIT 05.** Travel and Vacations	**UNIT 06.** Noise Pollution and Sound **UNIT 07.** Friends	Actual Test 1 Test Review	Actual Test 2 Test Review

PAGODA IELTS Speaking

CHAPTER
01

기초 다지기

UNIT 01 문법의 다양성과 정확성

IELTS Speaking에서의 총 4가지 평가 요소 중 문법의 다양성과 정확성(Grammatical Range and Accuracy) 부분은 Speaking 점수의 약 25%를 차지한다. 따라서 문법을 정확히 사용할 뿐만 아니라 이를 활용하여 다양한 문장 구조를 적절히 잘 사용할 수 있도록 하자.

필수 스킬 1 문장의 5형식을 모두 사용하여 구사한다.

IELTS Speaking에 있어서 문법의 다양성을 보여 주기 위해 가장 기본적으로 해야 하는 것은 문장의 다섯 가지 형식을 모두 활용하여 말하는 것이다. 문장을 만드는 요소들은 주어, 목적어, 보어 역할을 하는 명사와 대명사, 동사, 보어 역할을 하는 형용사, 그리고 문장의 형식에는 영향을 미치지 않는 수식어구인 부사, 전치사, 접속사, 감탄사 등인데 아래의 다섯 가지 형식의 모든 문장에서 나올 수 있다.

1형식	주어 + 동사	
2형식	주어 + 동사 + 주격 보어	+ 수식어구(부사(구)/전치사구)
3형식	주어 + 동사 + 목적어	
4형식	주어 + 동사 + 간접목적어 + 직접목적어	
5형식	주어 + 동사 + 목적어 + 목적격 보어	

1 1형식

「주어 + 동사」로 구성되며 '주어가 동사하다'라고 해석된다. 주로 동사 뒤에 '언제, 어디서, 어떻게' 등을 나타내는 부사(구)나 전치사구 등의 수식어구가 붙는다.

- Mark **works** at the hospital. 마크는 병원에서 일한다.
  >> 「at + 명사」는 전치사구로서 문장의 형식에 영향을 미치지 않기 때문에 위의 문장은 주어와 동사만으로 이루어진 1형식 문장이다.

대표적인 1형식 동사: 완전 자동사라고 하며 보어나 목적어를 필요로 하지 않는다.

be 있다	come 오다	go 가다	exist 존재하다
appear 나타나다	emerge 나타나다	stay 머무르다	

- Many benefits **exist**. 많은 이점들이 존재한다.

2 2형식

「주어 + 동사 + 주격 보어」로 구성되며 '주어는 보어이다/보어가 되다'라고 해석한다. 2형식 동사 뒤에는 주어의 상태나 성질을 설명하는 형용사 또는 주어가 무엇인지 보충 설명하는 명사가 나온다.

대표적인 2형식 동사: 불완전 자동사라고 하며 보어를 필요로 한다.

be ~이다, ~가 되다	appear ~인 듯 보이다	look ~하게 보이다	become ~가 되다, ~하게 되다
stay ~한 상태를 유지하다	remain 여전히 ~이다	smell ~한 냄새가 나다	taste ~한 맛이 나다
feel ~한 느낌이 들다	sound ~인 것 같다, ~처럼 들리다		

- I **was** very disappointed at the exam result. 나는 시험 결과에 매우 낙담했다.
- She **became** a famous singer in Korea. 그녀는 한국에서 유명한 가수가 되었다.

Check-up test

문장의 5형식에 유의하여 아래의 문장들을 써 보자.

1. 나는 대기업에서 회계사로 일한다. (1형식)

_____

Key expressions 대기업 large company 회계사 accountant ~에서 일하다 work for ~로/로서 as

2. 나는 부모님과 함께 고층 아파트에 산다. (1형식)

_____

Key expressions 고층 아파트 high-rise apartment

3. 우리 동네에는 정말 큰 쇼핑몰이 있다. (1형식)

_____

Key expressions 우리 동네 my neighbourhood/town 큰 쇼핑몰 big shopping mall

4. 우리는 그 소식을 듣고 놀랐다. (2형식)

_____

Key expressions 놀란 surprised, shocked

5. 전화 응대는 직장에서의 나의 업무 중 하나이다. (2형식)

_____

Key expressions 전화 응대 answering the phone 업무 task, work 직장에서 at work, in the workplace

6. 나는 달리기를 하고 나면 기분이 나아진다. (2형식)

_____

Key expressions 달리기 running

Sample Answers

1. I work for a large company as an accountant.
2. I live in a high-rise apartment with my parents.
3. There is a really big shopping mall in my neighbourhood.
4. We were surprised to hear the news.
5. Answering the phone is one of my tasks at work.
6. I feel better after running.

3 3형식

「주어 + 동사 + 목적어」로 구성되며 '주어는 목적어를 동사하다'라고 해석된다. 동사 뒤에 '무엇을, 누구를'에 해당하는 목적어가 따라온다.

대표적인 3형식 동사: 타동사라고 하며 반드시 목적어를 필요로 한다. 자동사와 착각하여 전치사를 붙이지 않도록 한다.

enter ~에 들어가다	answer ~에 대답하다	marry ~와 결혼하다	discuss ~에 관하여 토론하다/논의하다
form ~을 형성하다	appreciate ~을 감사해하다	resemble ~와 닮다	reach ~에 도달하다, ~에게 연락하다

- I **discussed** the matter with my mother. 나는 그 문제에 관하여 나의 어머니와 논의했다.

전치사와 함께 오는 안전 타동사

provide A with B A에게 B를 제공하다	remind A of B A에게 B를 생각나게 하다
compare A with B A를 B와 비교하다	inform A of B A에게 B를 알리다

- This watch **reminds** me <u>of</u> my grandfather. 이 시계는 나에게 할아버지를 생각나게 한다.

4 4형식

「주어 + 동사 + 간접목적어 + 직접목적어」로 구성되며 '주어는 간접목적어에게 직접목적어를 동사하다'라고 해석된다. 동사에 따라 직접목적어 자리에 명사절이 올 수 있다. (4형식 문장은 3형식 문장으로 전환할 수 있는데, 이때 간접목적어는 전치사와 함께 뒤에 붙여준다.)

대표적인 4형식 동사: 수여동사라고 하며 두 개의 목적어를 필요로 한다. 3형식으로 전환할 때는 아래의 전치사와 함께 쓴다.

to	give ~을 주다	send ~을 보내다/보내 주다	tell ~을 말하다/말해 주다	teach ~을 가르치다/가르쳐 주다
	show ~을 보여 주다	lend ~을 빌려주다	bring ~을 가져다주다	pass ~을 건네주다
for	make ~을 만들다/만들어 주다		buy ~을 사다/사 주다	get ~을 얻다/구해 주다
	cook ~을 요리하다/요리해 주다			
of	require ~을 요구하다	ask ~을 부탁하다/요청하다		

- He **teaches** <u>students</u> accounting at a university. 그는 대학에서 학생들에게 회계학을 가르친다.
  - » (3형식) He **teaches** accounting <u>to students</u> at a university.

직접목적어 자리에 명사절을 취하는 4형식 동사

inform A 명사절 A에게 (명사절)을 알려주다	remind A 명사절 A에게 (명사절)을 상기시키다
convince A 명사절 A에게 (명사절)을 납득시키다	warn A 명사절 A에게 (명사절)을 경고하다

- He **reminded** me <u>that</u> I had to bring my passport. 그는 나에게 여권을 가지고 와야 한다는 것을 상기시켰다.

주의! 수여동사로 착각하기 쉬운 동사

provide, introduce, explain, announce 등은 4형식의 문장을 만드는 수여동사가 아니므로, 전치사 없이 목적어를 가질 수 없다.

고득점 포인트!

실제 IELTS Speaking 시험에서 많은 응시생들은 거의 1, 2, 3형식의 문장에 의존하여 답변한다. 따라서 문장의 다섯 가지 형식을 모두 다 이용하여 답변하면 시험관에게 깊은 인상을 줄 수 있다. 4, 5형식의 문장들을 적절히 구사하여 문법의 다양성과 정확성 부분의 Speaking 점수 25%를 모두 받도록 하자.

★
난이도 **하** 답변   My father / bought / a new mobile phone / for me.
나의 아버지께서는 (나에게) 새 휴대폰을 사 주셨다. (3형식)

★★
난이도 **중** 답변   My father / bought / me / a new mobile phone.
나의 아버지께서는 나에게 새 휴대폰을 사 주셨다. (4형식)

Check-up test

문장의 5형식에 유의하여 아래의 문장들을 써 보자.

1. 나는 해외에서 공부하기로 결정했다. (3형식)

_____

Key expressions 해외에서 abroad, overseas

2. 나는 나의 아버지와 닮았다. (3형식)

_____

Key expressions ~와 닮다 resemble

3. 나의 아버지께서는 나에게 생일 선물로 책장을 만들어 주셨다. (3형식)

_____

Key expressions 생일 선물로 as a birthday gift   책장 bookshelf

4. 그는 나에게 진실을 말해 주었다. (4형식)

_____

Key expressions 진실 truth

5. 그는 나에게 몇 가지 규칙들을 설명해 주었다. (3형식)

_____

Key expressions 규칙 rule   설명하다 explain

6. 나는 나의 어머니께 내가 그 시험에 합격했다라는 것을 알렸다. (4형식)

_____

Key expressions 알리다 inform   합격하다 pass

1. I decided to study abroad.
2. I resemble my father.
3. My father made a bookshelf for me as a birthday gift.

4. He told me the truth.
5. He explained some rules to me.
6. I informed my mother that I had passed the exam.

5 5형식

「주어 + 동사 + 목적어 + 목적격 보어」로 구성되며 '주어는 목적어를 목적격 보어하게 하다'라고 해석된다. 동사에 따라 목적격 보어 자리에 to부정사가 올 수 있다.

- You should **keep** your body <u>healthy</u>. 너는 너의 몸을 건강하게 유지해야 한다.
- The doctor **told** me <u>to eat</u> a balanced diet. 그 의사 선생님은 나에게 균형 잡힌 식사를 하라고 말했다.

대표적인 5형식 동사

believe ~을 …라고 생각하다	call ~을 …라고 부르다	consider ~을 …라고 여기다/생각하다
find ~가 …라고 느끼다/…임을 알다	make ~을 …로 만들다	elect ~을 …로 선출하다

- I **consider** him a great leader. 나는 그를 훌륭한 리더라고 생각한다.
- I **found** the movie exciting. 나는 그 영화가 재미있다고 느꼈다.
- The movie **made** me happy. 그 영화는 나를 행복하게 만들었다.

「주어 + 동사 + 목적어 + to부정사」 형태를 취하는 동사

allow A to A가 ~하는 것을 허락하다	want A to A가 ~하기를 원하다	enable A to A가 ~하는 것을 가능하게 하다
expect A to A가 ~하기를 기대하다	force A to A가 ~할 것을 강요하다	encourage A to A가 ~하는 것을 장려하다
advise A to A에게 ~하라고 충고하다		

- My mother did not **allow** me **to watch** TV. 나의 어머니는 내가 TV 보는 것을 허락하지 않으셨다.
- My teacher **advised** me **to study** overseas. 나의 선생님께서 내게 유학 가는 것을 권유하셨다.

사역동사: 목적격 보어 자리에 동사원형이 온다.

have ~가 …하도록 하다	let ~가 …하도록 하다	make ~가 …하도록 만들다

- My English teacher **had** me **keep** a diary in English. 나의 영어 선생님께서는 내가 영어로 일기를 쓰도록 하셨다.

지각동사: 목적격 보어 자리에 동사원형이 온다. 단, 목적어의 동작이 진행 중임을 강조할 때는 목적격 보어 자리에 현재 분사(V-ing)를 쓴다.

see ~가 …하는 것을 보다	watch ~가 …하는 것을 보다	hear ~가 …하는 것을 듣다	feel ~가 …하는 것을 느끼다

- I **saw** Phoebe **take** a picture. 나는 포이베가 사진 찍는 것을 봤다.
- I **heard** someone **knocking** on the door. 나는 누군가가 문 두드리는 소리를 들었다.

고득점 포인트!

이론상으로는 우리가 이미 알고 있으나 Speaking에서 자연스럽게 나오지 않는 문장이 5형식 문장이다. 하지만 같은 의미를 전달하더라도 3형식 문장보다 5형식 문장으로 말하는 것이 더 높은 점수를 받을 수 있으므로 5형식 문장을 완벽히 익혀 Speaking에서 고득점을 받도록 하자.

★
난이도 **하** **답변** I / think / (that) the movie is exciting. 나는 그 영화가 재미있다고 생각한다. (3형식)
★★
난이도 **중** **답변** I / find / the movie / exciting. 나는 그 영화가 재미있다고 생각한다. (5형식)

Check-up test

문장의 5형식에 유의하여 아래의 문장들을 써 보자.

1. 그는 항상 나를 웃게 한다. (5형식)

_____

Key expressions 웃다 laugh

2. 인터넷은 학생들이 집에서 공부하는 것을 가능하게 한다. (5형식)

_____

Key expressions 가능하게 하다 enable

3. 많은 의사들은 사람들에게 규칙적으로 운동을 하라고 조언한다. (5형식)

_____

Key expressions 조언하다 advise   규칙적으로 regularly, on a regular basis   운동하다 exercise

4. 몇몇 부모들은 자녀들에게 공부할 것을 강요한다. (5형식)

_____

Key expressions 강요하다 force

5. 나는 그녀가 그 축제에서 노래하는 것을 보았다. (5형식)

_____

Key expressions 축제 festival   노래하다 sing a song

6. 나의 부모님은 내가 교수가 되기를 원하신다. (5형식)

_____

Key expressions 교수 professor

1. He always makes me laugh.
2. The Internet enables students to study at home.
3. Many doctors advise people to exercise on a regular basis.
4. Some parents force their children to study.
5. I saw her sing[singing] a song at the festival.
6. My parents want me to become a professor.

필수 스킬 2   열두 가지 시제를 다양하게 구사한다.

문법에서의 다양성은 시제의 다양성도 포함한다. 말하고자 하는 시점에 맞는 시제를 선택하여 정확한 의미를 전달하자. 동사의 시제 표현으로는 현재, 과거, 미래 시제가 있으며 이는 세부적으로 단순 시제, 진행 시제, 완료 시제로 나뉘게 된다.

단순 시제

현재 시제	동사원형/동사원형-(e)s	현재의 일반적인 사실이나 불변의 진리 또는 반복적인 행동이나 규칙적인 습관을 말할 때
과거 시제	동사원형-(e)d/불규칙 변화	이미 완료된 과거의 일이나 사실을 말할 때
미래 시제	will + 동사원형	앞으로 있을 미래의 예측 또는 계획을 말할 때

- I **commute** to school by bus. 나는 버스를 타고 학교에 통학한다. [현재 시제]
- Jane **lost** her mobile phone last night. 제인은 어젯밤에 휴대폰을 잃어버렸다. [과거 시제]
- I **will be** busy this weekend. 나는 이번 주말에 바쁠 것이다. [미래 시제] *이외에도 미래를 나타내는 다양한 표현들이 있다.

진행 시제

현재진행 시제	am/are/is + V-ing	현재 진행되고 있는 행동이나 상황을 말할 때
과거진행 시제	was/were + V-ing	과거의 특정 시점에서 진행되던 일을 말할 때
미래진행 시제	will be + V-ing	미래의 특정 시점에서 진행되고 있을 일을 말할 때

- He **is packing** a suitcase. 그는 여행 가방을 챙기고 있다. [현재진행 시제]
- When I arrived there, they **were watching** a movie.
  내가 그곳에 도착했을 때, 그들은 영화를 보고 있었다. [과거진행 시제]
- I **will be studying** for the exam tomorrow. 나는 내일 시험공부를 하고 있을 것이다. [미래진행 시제]

🔊 주의! 진행형은 주어의 동작을 나타내는 동작 동사에만 사용되며, 주어의 상태(지각, 감정, 존재, 소유, 인식 등)를 나타내는 상태 동사에는 진행형을 쓸 수 없다.

지각동사: see, hear, smell   **감정동사:** like, love, hate
존재/소유동사: exist, have, own   **인식동사:** know, believe, understand

고득점 포인트!

다양한 문장의 형식으로 말하는 것만큼 다양한 시제를 이용하여 말하는 것도 매우 중요하다. 실제로 시험에서는 많은 응시자들이 미래 시제로「will + 동사원형」만을 사용하는데, 다양한 미래 표현을 명확히 이해하고 구분해 사용한다면 '문법의 다양성' 부분의 능력을 증명한 것이므로 높은 점수를 받을 수 있다.

- **will + 동사원형:** 말하는 순간에 즉흥적으로 결정한 단순 미래
  I **will play** tennis this weekend. 나는 이번 주말에 테니스를 칠 것이다.
- **be going to + 동사원형:** 말하기 전에 미리 계획된 미래
  I **am going to play** tennis this weekend. 나는 이번 주말에 테니스를 칠 계획이다.
- **현재진행 시제:** 말하기 전 미리 계획하고 확정한 미래
  I **am playing** tennis this weekend. 나는 이번 주말에 테니스 치기로 했다.

Check-up test

다양한 시제에 유의하여 아래의 문장들을 써 보자.

1. 캔버라는 호주의 수도이다. (현재 시제)

_____

Key expressions 호주 Australia   수도 capital

2. 나는 어제 신발 한 켤레를 샀다. (과거 시제)

_____

Key expressions 신발 한 켤레 a pair of shoes

3. 나는 같은 실수를 하지 않을 것이다. (미래 시제)

_____

Key expressions 실수를 하다 make a mistake

4. 나는 외국에서 공부하는 것을 생각하고 있다. (현재진행 시제)

_____

Key expressions 외국에서 overseas, abroad

5. 나는 고기를 일주일에 최소한 한 번은 먹는다. (현재 시제)

_____

Key expressions 고기 meat   최소한 at least

6. 내가 서울에 도착했을 때, 비가 오고 있었다. (과거진행 시제)

_____

Key expressions 도착하다 arrive   비가 오다 rain

1. Canberra is the capital of Australia.
2. I bought a pair of shoes yesterday.
3. I will not make the same mistake.
4. I am thinking about studying overseas.
5. I eat meat at least once a week.
6. When I arrived in Seoul, it was raining.

완료 시제: 완료, 경험, 계속, 결과의 의미를 나타내며 현재, 과거, 미래의 어떤 시점까지 그 이전에 일어난 일이나 상태가 영향을 미치고 있음을 나타낸다.

현재완료 시제	have/has + p.p.	과거에 발생한 일이 현재의 시점까지 영향을 미칠 때
과거완료 시제	had + p.p.	특정 과거의 시점보다 더 앞선 과거에서 발생했을 때
미래완료 시제	will have + p.p.	미래의 특정한 시점을 기준으로 어떤 행동/상태가 완료될 때

현재완료 시제
- I **have** just **finished** my assignment. 나는 (과거에 시작한) 과제를 이제 막 끝냈다. [완료]
- I **have lived** in this house for about seven years. 나는 이 집에서 약 (과거부터 지금까지 쭉) 7년 동안 살았다. [계속]
- I **have been** to Paris on business twice. 나는 (과거부터 지금까지) 출장으로 파리에 2번 가 보았다. [경험]
- I **have lost** my mobile phone. 나는 휴대폰을 (과거에) 잃어버렸다. (그 결과 지금 그 휴대폰을 가지고 있지 않다.) [결과]

과거완료 시제
- I **had** never **travelled** abroad until I was 15 years old. 나는 15살 때까지 해외 여행한 적이 없었다. [경험]
- Jane **had gone** to Canada when I visited her house.
  내가 제인의 집에 방문했을 때 그녀는 캐나다로 떠나고 없었다. [결과]
- I lost my purse that I **had bought** at the department store. 나는 백화점에서 샀던 지갑을 잃어버렸다. [대과거]

미래완료 시제
- I **will have finished** my assignment by 10 P.M. 나는 나의 과제를 오후 10시까지 끝낼 것이다. [완료]
- I **will have worked** as a teacher for 10 years next year. 내년에는 내가 교사로 일한 지 10년이 될 것이다. [계속]

완료진행 시제: 현재완료, 과거완료, 미래완료 시제에서 계속적 의미를 강조한다.

현재완료진행 시제	have/has been + V-ing	과거에 발생한 일이 현재의 시점에도 계속 진행됨을 나타낼 때
과거완료진행 시제	had been + V-ing	특정 과거의 시점보다 더 앞선 과거에서 동작의 진행을 나타낼 때
미래완료진행 시제	will have been + V-ing	미래의 특정한 시점을 기준으로 어떤 동작이 진행됨을 나타낼 때

- I **have been living** in Seoul since I was born. 나는 내가 태어난 이후로 쭉 서울에서 살고 있다. (지금도 살고 있는 중이다.)
- I **will have been living** in this house for seven years by next month.
  다음 달이 되면 나는 7년간 이 집에 살고 있는 것이 될 것이다.

고득점 포인트!

두 시점을 복합적으로 말하는 완료 시제는 단순 시제에 비해 더 많은 의미를 전달할 수 있다. 따라서 단순 시제의 두 문장으로 말하는 것보다 완료 시제의 한 문장으로 말하는 것이 더 효율적일 뿐만 아니라, 시제의 다양성을 보여줘야 하는 IELTS Speaking 시험에서는 반드시 써야 하는 문법이다. 시험관과의 11~14분 동안의 대화에서 단순 현재 시제와 과거 시제만 쓰는 것이 아니라, 고득점을 위해 완료 시제 그리고 완료진행 시제까지 꼭 쓰도록 하자.

★
난이도 하 답변 I live in Seoul. 나는 서울에 산다.

★★
난이도 중 답변 I have been living in Seoul since I was born. 나는 태어난 이후로 (계속) 서울에 살고 있다.

Check-up test

다양한 시제에 유의하여 아래의 문장들을 써 보자.

1. 그는 10년 동안 수학을 공부해 왔다. (현재완료 시제)

_____

Key expressions 수학 mathematics   10년 동안 for 10 years

2. 나는 예전에 그 박물관을 방문해 봤다. (현재완료 시제)

_____

Key expressions 박물관 museum   방문하다 visit

3. 우리가 그곳에 도착했을 때 그 영화는 이미 시작했었다. (과거완료 시제)

_____

Key expressions 그곳에 there   이미 already   도착하다 arrive

4. 만약 내가 파리에 다시 간다면, 나는 그곳에 3번 가 본 것이 될 것이다. (미래완료 시제)

_____

Key expressions 3번 three times

5. 비가 7일간 오고 있다. (현재완료진행 시제)

_____

Key expressions 비가 오다 rain

6. 나는 그녀를 예전에 만난 적이 있어서 그녀를 알아봤다. (과거완료 시제)

_____

Key expressions 알아보다 recognise

필수 스킬 3 ── 모든 주어와 동사는 반드시 수 일치를 시킨다.

다양한 문법을 이용하여 말하는 능력도 중요하지만, 정확한 의미 전달이 되기 위해서는 중요한 문법적 오류가 없어야 한다. 아래에서 문법의 정확성을 지키기 위해 반드시 확인해야 하는 몇 가지 사항을 알아보자.

* **주어와 동사의 수 일치:** 모든 주어와 동사는 반드시 수 일치를 시켜야 한다. 즉, 주어가 단수이면 단수 동사가 나와야 하고, 주어가 복수이면 복수 동사가 나와야 한다.

  • Taking pictures is one of my hobbies. [단수 주어 + 단수 동사]
    사진 찍는 것은 나의 취미들 중 하나이다.
  • Children are not allowed to take this class. [복수 주어 + 복수 동사]
    아이들은 이 수업 듣는 것이 허락되지 않는다.
  • John and I spend a great deal of time together. [복수 주어 + 복수 동사]
    존과 나는 많은 시간을 함께 보낸다.

* **가산 명사와 불가산 명사:** 셀 수 있는 가산 명사는 관사 a/an을 붙이거나 복수형을 만든다. 반면, 셀 수 없는 불가산 명사는 항상 단수 취급을 한다.

* **단수 취급하는 불가산 명사**

집합 명사	furniture 가구		equipment 기구		clothing 의류	fruit 과일
물질 명사	money 돈 coffee 커피	wood 목재 milk 우유	coal 석탄 tea 차	paper 종이 oil 기름	glass 유리 air 공기	water 물
추상 명사	access 접근	advice 조언	information 정보	wisdom 지혜		courage 용기
고유 명사	Korea 한국	Sunday 일요일	July 7월	James Cook 제임스 쿡		Paris 파리
학문명	education 교육학	economics 경제학	mathematics 수학		physics 물리학	

📺 주의! **실수하기 쉬운 수량 표현**

one, each, every, everything은 단수 취급하고, most, all, some, half 등은 전치사 of 뒤에 오는 명사의 수에 동사의 수를 일치시킨다.

  • Every student needs to follow the rules. [every/each + 단수 명사 + 단수 동사]
    모든 학생은 그 규칙들을 따라야 한다.
  • One of the most serious environmental problems is air pollution. [one/each of the + 복수 명사 + 단수 동사]
    가장 심각한 환경 문제들 중 하나는 대기 오염이다.

- Several benefits exist. [several/many/a few + 복수 명사 + 복수 동사]
  여러 이점들이 존재한다.
- Most of the people use smart devices. [most/all/some/half/the rest of the + 단수/복수 명사 + 단수/복수 명사]
  대부분의 사람들은 스마트 기기를 사용한다.
- A number of car accidents have happened. [a number of + 복수 명사 + 복수 동사]
  많은 자동차 사고가 발생해 왔다.
- The number of car accidents has increased. [the number of + 복수 명사 + 단수 동사]
  자동차 사고의 수가 증가해 왔다.

Check-up test

수 일치에 유의하여 아래의 문장들을 써 보자.

1. 인터넷에는 많은 정보가 있다.

_____

Key expressions 정보 information

2. 모든 학생은 같은 수업을 들어야 한다.

_____

Key expressions 수업을 듣다 take a class

3. 당신의 영어 실력을 향상시키기 위한 최고의 방법들 중 하나는 원어민 친구를 사귀는 것이다.

_____

Key expressions 향상시키다, 개선하다 improve   원어민 native speaker   친구를 사귀다 make friends with, befriend

4. 서울의 자동차 수가 증가하고 있다.

_____

Key expressions ~의 수 the number of   증가하다 increase

5. 경제학은 내가 가장 좋아하는 분야이다.

_____

Key expressions 경제학 economics   가장 좋아하는 favourite   분야 field, area

6. 모든 사람은 동등한 기회를 가진다.

_____

Key expressions 동등한 equal   기회 opportunity

Sample Answers

1. There is a lot of information on the Internet.
2. Every student has to take the same class.
3. One of the best ways to improve your English is to befriend a native speaker.
4. The number of cars in Seoul is increasing.
5. Economics is my favourite field.
6. Every person has the equal opportunity.

UNIT 02 어휘력

IELTS Speaking에서의 총 4가지 평가 요소 중 어휘력(Lexical Resource) 부분은 Speaking 점수의 약 25%를 차지한다. 따라서 같은 어휘를 반복하여 말하기보다는 다양한 어휘를 사용하고 주제와 관련된 어휘를 선택해 말하는 것이 매우 중요하다.

필수 스킬 1 질문을 반복하지 않고, 패러프레이징(Paraphrasing)하여 답한다.

IELTS Speaking에 있어서 어휘력을 보여 주기 위해 가장 기본적으로 해야 하는 것은 질문을 받았을 때 질문을 그대로 반복하여 답하는 것이 아니라 다른 어휘를 사용하여 답하는 것이다. 질문에서 나온 어휘를 가지고 어떻게 답변을 시작하는지 확인해 보자.

질문 1	Is there **a good place** to **look at the sky** from **where you live**? 당신이 사는 곳에 하늘을 보기에 좋은 장소가 있나요?

[잘못된 예시] 질문을 그대로 사용하여 답변을 시작하는 경우

★ 난이도 하 답변	Yes, there is <u>a good place</u> to <u>look at the sky</u> from <u>where I live</u>. 네, 제가 사는 곳에는 하늘을 보기에 좋은 곳이 있습니다.

[좋은 예시] 질문을 다른 말로 바꾸어 답변을 시작하는 경우

★★ 난이도 중 답변	Yeah, there are a couple of **ideal places** in **my neighbourhood** for **sky gazing**. 네, 저희 동네에는 하늘을 쳐다볼 수 있는 이상적인 장소가 몇 군데 있습니다.

- a good place 좋은 장소 ⋯▸ ideal places 이상적인 장소들
- look at the sky 하늘을 바라보다 ⋯▸ sky gazing 하늘 바라보기, 하늘 응시하기
- where I live 내가 사는 곳 ⋯▸ my neighbourhood 나의 동네

질문 2	What are the **disadvantages** of **living in the city**? 도시에서 사는 것의 단점들은 무엇인가요?

[잘못된 예시] 질문을 그대로 사용하여 답변을 시작하는 경우

★ 난이도 하 답변	There are several <u>disadvantages</u> of <u>living in the city</u>. 도시에서 사는 것의 몇 가지 단점들이 있습니다.

[좋은 예시] 질문을 다른 말로 바꾸어 답변을 시작하는 경우

★★
난이도 중 답변
There are several **negative features** of **urban life**.
도시 생활의 몇 가지 부정적인 특징들이 있습니다.

- disadvantages 단점들 ⋯ negative features 부정적인 특징들
- living in the city 도시에서 사는 것 ⋯ urban life 도시 생활

Check-up test

아래의 질문들을 재진술하여 답변해 보자.

1. **Q:** Do you like shopping? 당신은 쇼핑을 좋아하나요?

   A: No, I don't really _____ shopping. 아니요, 저는 쇼핑을 딱히 즐기지 않습니다.

   Key expressions 좋아하다, 즐기다 relish

2. **Q:** Do you think breakfast is important? 당신은 아침 식사가 중요하다고 생각하나요?

   A: Yes, I believe _____ is _____.

   네, 저는 아침 식사를 하는 것이 필수적이라고(매우 중요하다고) 생각합니다.

   Key expressions 아침 식사를 하는 것 having breakfast   필수적인, 매우 중요한 essential

3. **Q:** What is the most popular means of transport in your town?

   당신의 마을에서 가장 인기 있는 교통수단이 무엇인가요?

   A: Subway is _____ of transportation.

   지하철이 가장 널리 이용되는 교통수단입니다.

   Key expressions 가장 널리 이용되는 the most widely used   수단 mode

4. **Q:** What type of items do you like to share with others?

   당신은 어떤 종류의 물건들을 다른 사람들과 공유하고 싶나요?

   A: I _____ sharing books with others. 저는 다른 사람들과 책을 공유하고 싶습니다.

   Key expressions ~하고 싶다, 원하다 fancy

5. **Q:** Do you buy shoes online? 당신은 온라인으로 신발을 구입하나요?

   A: Yes, I often _____ shoes _____. 네, 저는 종종 인터넷으로 신발을 구입합니다.

   Key expressions 구입하다 purchase   인터넷으로 on the Internet

Sample Answers

1. relish
2. having breakfast, essential
3. the most widely used mode
4. fancy
5. purchase, on the Internet

필수 스킬 2 · 동의어/유의어 혹은 품사를 변형시켜 말한다.

시험관이 응시자의 답변을 들을 때 같은 단어가 반복되어 들리면 어휘력에서 감점한다. 고득점을 받기 위해서는 반복을 최대한 피해야 하는데, 가장 쉬운 방법으로는 자주 쓰는 어휘의 동의어나 유의어로 말하는 것이다. 또한 어휘의 품사를 변형시켜서 답변하는 것도 같은 어휘의 반복을 피하는 방법이므로 미리 학습하여 자연스럽게 답변하도록 하자.

1 동의어/유의어로 변형시켜 다양하게 말한다.

질문	Describe your **mobile phone**. 당신의 휴대폰을 묘사하세요.

[잘못된 예시] 같은 단어를 지나치게 반복하여 말하는 경우

★ 난이도 하 답변	I will <u>describe</u> <u>my mobile phone</u>. I bought <u>my mobile phone</u> about three months ago. I like <u>my mobile phone</u> because <u>my mobile phone</u> has <u>important</u> functions. Therefore, <u>my mobile phone</u> is <u>very important</u> to me. 저는 제 휴대폰에 대해 이야기하겠습니다. 저는 약 3개월 전에 제 휴대폰을 구입했습니다. 저는 제 휴대폰을 좋아합니다. 왜냐하면 제 휴대폰은 중요한 기능들이 있기 때문입니다. 그래서 제 휴대폰은 저에게 매우 중요합니다.

[좋은 예시] 다양한 어휘로 말하는 경우

★★ 난이도 중 답변	I will **talk about** my **smartphone**. I bought **it** about three months ago. I like <u>my mobile phone</u> because **this device** has **useful** functions. Therefore, **this gadget** is **essential** to me. 저는 제 스마트폰에 대해 이야기하겠습니다. 저는 약 3개월 전에 그것을 구입했습니다. 저는 제 휴대폰을 좋아합니다. 왜냐하면 이 기기장치는 유용한 기능들이 있기 때문입니다. 그래서 이 기기는 저에게 매우 중요합니다.

» 동의어/유의어를 학습하여 위와 같이 다양한 어휘를 사용하여 답변하면 어휘력에서 좋은 점수를 받을 수 있다.
- describe ⋯→ talk about
- mobile phone ⋯→ smartphone, it, device, gadget
- important ⋯→ significant, vital, essential, fundamental, necessary, useful

2 품사를 변형시켜 다양하게 말한다.

질문	How does this law **influence** people in your community? 이 법이 당신의 지역사회의 사람들에게 어떤 영향을 미치나요?

[잘못된 예시] 같은 품사를 반복하여 답변하는 경우

★ 난이도 하 답변	This law <u>influences</u> people in my community greatly. 이 법은 우리 지역사회의 사람들에게 큰 영향을 미칩니다.

[좋은 예시] 품사를 변형시켜 답변하는 경우

> ★★
> 난이도 😊 답변
>
> This law has a significant **influence** on residents in my community.
> 이 법은 우리 지역사회의 주민들에게 큰 영향을 미칩니다.

>> 위와 같이 질문에서는 influence(영향을 미치다)가 동사로 사용되었지만, 답변에서 명사로 품사를 바꾸어 말하면 똑같은 품사를 반복하여 말하는 것보다 고득점을 받을 수 있다.

Check-up test

아래 제시된 주제에 대한 발표를 시작하는 서론을 동의어/유의어 등을 이용하여 다양한 방법으로 말해 보자.

[주제] Describe a memorable trip you have taken. 당신이 다녀왔던 기억에 남는 여행을 묘사하세요.

1. 저는 잊을 수 없는 여행에 대해 이야기하고 싶습니다.

   I would like to _____ an _____ trip.

   Key expressions ~에 대해 이야기하다 talk about   잊을 수 없는 unforgettable

2. 저는 제 인생에서 가장 기억에 남는 여행에 대해 묘사하겠습니다.

   I will describe the most memorable _____ in _____.

   Key expressions 여행, 여정 journey   나의 인생 my life

아래의 질문에 품사를 바꾸어 답변해 보자.

3. **Q:** How has the role of women changed in your country?
   당신의 나라에서 여성의 역할이 어떻게 바뀌었나요?

   A: There have been a lot of _____ in the role of _____ in my _____.
   우리나라에서는 여성의 역할에 많은 변화들이 있었습니다.

   Key expressions 여성 female   나라 nation

   Sample Answers

   1. talk about, unforgettable   2. journey, my life   3. changes, females, nation

주제와 관련된 어휘를 사용한다.

어휘력에서 좋은 점수를 받기 위해서는 동의어나 유의어를 많이 말하고 것뿐만 아니라 이야기하는 주제와 관련된 어휘를 사용하는 것이 중요하다. 주제와 관련된 어휘를 사용하는 것은 매우 효과적으로 의미를 전달하는 데 도움이 된다.

법 또는 범죄와 관련된 질문을 받는다면, 최대한 법이나 범죄와 관련 어휘를 이용하여 답변한다.

질문	How can the government solve **crime** problems? 정부가 어떻게 범죄 문제들을 해결할 수 있을까요?

[잘못된 예시] 너무 애매한 어휘를 사용하여 답변하는 경우

★ 난이도 하 답변	Well, I think there are several ways to <u>solve</u> problems. First and foremost, the government should strongly <u>punish criminals</u>. Also, the government should educate people to <u>follow the law</u>. These can be good solutions. 음, 그 문제들을 해결하기 위한 여러 가지 방법들이 있다고 생각합니다. 우선, 정부는 범죄자들을 강력하게 처벌해야 합니다. 또한 정부는 법을 준수할 수 있도록 사람들을 교육해야 합니다. 이러한 것들은 좋은 해결책이 될 수 있습니다.

[좋은 예시] 주제와 관련된 어휘를 사용하여 답변하는 경우

★★ 난이도 중 답변	Well, I think there are several ways to **deal with** problems. First and foremost, the government should **impose harsh punishments** on **criminals**. If sentences are strict, people won't try to **violate the law**. The second is to educate people so that they can **obey the law**. Sometimes people commit **petty crimes** because of ignorance of the law. Therefore, these methods can lead to **a law-abiding society**. 음, 저는 이 문제들을 다루기 위한 여러 가지 방법들이 있다고 생각합니다. 우선, 정부는 범죄자들에게 강력한 처벌을 시행해야 합니다. 만약 형벌이 강하다면, 사람들은 법을 위반하려고 하지 않을 것입니다. 두 번째로는 법을 준수할 수 있도록 사람들을 교육하는 것입니다. 때로는 법의 무지로 인해 사람들은 사소한 범죄를 저지르기도 합니다. 따라서 이러한 방법들이 준법 사회로 이끌 수 있습니다.

법/범죄와 관련된 어휘

다루다, 해결하다	deal with	사소한 범죄, 경범죄	petty crime
시행하다, ~을 부과하다	impose	형벌, (벌의) 선고	sentence
집행하다, 시행하다	enforce	처벌	punishment, penalty
처벌하다	punish	강력한/가혹한 처벌	harsh punishment
범죄를 저지하다/단념시키다	deter crime	투옥	imprisonment
법을 위반하다	violate/break a law	범죄자	criminal, offender
법을 지키다	obey a law, abide by a law	준법 사회	a law-abiding society

Check-up test

아래의 질문들에 주제와 관련된 어휘들을 사용하여 답변해 보자.

Q: How has **technology** changed the way people get information?
기술은 어떻게 사람들이 정보를 얻는 방법을 변화시켰나요?

A: With ① _____ technology, ② _____ have enabled people ③ _____ since they can access ④ _____ information whenever they want. They can even read ⑤ _____ news articles ⑥ _____ while travelling, in places such as on the bus or on the subway.

최첨단 기술과 함께, 스마트폰은 사람들이 원할 때 언제든지 최신 정보에 접근할 수 있기 때문에 사람들이 최신 정보를 아는 것을 가능하게 해 줍니다. 심지어 그들은 이동 중에 버스나 지하철 같은 곳에서도 인터넷으로 최신 뉴스 기사를 읽을 수 있습니다.

Key expressions 최첨단의 state-of-the-art 스마트폰 smartphone 최신 정보를 알게 되다 be updated
최신의 the latest, up-to-date 인터넷으로 on the Internet

Sample Answers

1. state-of-the-art
4. the latest/up-to-date

2. smartphones
5. the latest/up-to-date

3. to be updated
6. on the Internet

필수 스킬 4 **관용적 표현(Idiomatic Expressions)을 사용한다.**

IELTS Speaking에서 고득점을 받기 위해 꼭 해야 하는 것이 관용적 표현을 쓰는 것이다. 원어민이 자주 사용하는 관용적 표현들은 응시자의 자연스러운 영어 구사 능력을 보여주므로 반드시 익혀 사용하자.

1 on the edge of one's seat 매우 흥분하여, 긴장하여, ~에 흥미를 갖고

I was on the edge of my seat during the whole movie. 나는 영화를 보는 내내 매우 긴장하였다.

2 hit the books 열심히 공부하다

I hit the books so that I would pass the exam. 나는 그 시험에 합격하기 위해 열심히 공부했다.

3 in two minds 망설이는, 결정하지 못하는

I was in two minds when I was invited to give a speech. 나는 연설을 하도록 초청 받았을 때 망설였다.

4 hard feelings 악감정, 나쁜 감정

> Although he turned down my offer, I have no hard feelings.
> 비록 그가 나의 제안을 거절했지만, 나는 조금도 나쁜 감정이 없다.

유용한 관용적 표현

매우 드물게	once in a blue moon
안전 지대에서 나오다, 익숙한 환경에서 벗어나다	get out of one's comfort zone
늦은 밤까지 공부 또는 일을 하다	burn the midnight oil
행운을 빈다, 힘내	break a leg
성공적으로, 매우 우수하게	with flying colours
고생 끝에 낙이 온다	see the light at the end of the tunnel
생계수단, 직업, 소득원	bread and butter
현실적인, 합리적인	down to earth
연습이 완벽을 만든다	practice makes perfect
겉모습 보고 판단하지 마라	don't judge a book by its cover
정직이 최선의 방책이다	honesty is the best policy
요즘 유행하는 인물/물건	flavour of the month
자리를 잡다, 자립하다, 익숙해지다	find one's feet
안 좋은 상황에서도 좋은 측면이 있다	every cloud has a silver lining
몹시 짜증나게 만들다, 몹시 귀찮게 하다	drive somebody up the wall
매우 행복한, 황홀한	over the moon, on cloud nine

Check-up test

앞의 관용적 표현들을 이용하여 문장을 완성해 보자.

1. 저는 **매우 드물게** 박물관을 방문합니다.

   _____

   Key expressions 박물관 museum   방문하다 visit

2. 발전하기 위해서 사람들은 그들의 **익숙한 환경에서 벗어나야 한다.**

   _____

   Key expressions 발전하다 make progress   ~해야 한다 must, need to

3. 내가 파리에 도착했을 때, 나는 **매우 행복했다.**

_____

Key expressions 도착하다 arrive

4. 결국 그녀는 **매우 우수하게** 그 시험에 합격했다.

_____

Key expressions 합격하다 pass

5. 이웃에서의 소음은 나를 **몹시 화나게 합니다.**

_____

Key expressions 이웃 neighbourhood   소음 noise

Sample Answers

1. I visit museums once in a blue moon.
2. To make progress, people need to get out of their comfort zones.
3. When I arrived in Paris, I was over the moon.
4. Eventually she passed the exam with flying colours.
5. The noise from the neighbourhood is driving me up the wall.

유창성과 일관성

IELTS Speaking에서의 총 4가지 평가 요소 중 유창성과 일관성(Fluency and Coherence) 부분은 Speaking 점수의 약 25%를 차지한다. 답변을 할 때 망설이는 시간을 줄이고, 일관된 내용으로 답변하는 것이 가장 중요하다.

필수 스킬 1 아이디어가 생각나지 않으면 Sentence Fillers를 이용하여 답한다.

유창성을 평가하는 부분은 '질문을 받았을 때 망설이는 시간 없이 바로 답을 하는가'이다. 아이디어가 생각나지 않을 경우에 아이디어를 생각하느라 말의 공백이 길어진다면 Speaking 평가 요소 중 유창성 부분에서 감점이 된다. 따라서 생각이 필요하다면, 침묵하며 생각하는 것이 아니라 공백을 채울 수 있는 말 한마디라도 하고 생각을 이어가자.

1 답변이 생각나지 않았을 때 시간을 벌기 위해 쓸 수 있는 표현

- That's an interesting question. 흥미로운 질문이네요.
- That's not an easy question. 그것은 쉬운 질문이 아니네요.
- I haven't thought about it before. 생각해 본 적이 없어요.
- Please allow me to think first. 먼저 생각할 수 있게 해 주세요.
- Well, let me think about it. 음, 생각해 볼게요.
- Well, I'm not sure, but I would say this. 음, 확실하지는 않지만, 이렇게 이야기하고 싶네요.

질문을 이해하지 못했을 때 의미를 파악하느라 말의 공백이 길어지는 것 또한 유창성 부분에서의 감점 요인이 된다. 그러므로 속으로 생각하느라 침묵하기보다는 다시 질문을 물어보면서 자연스럽게 대화를 이어가는 것이 중요하다.

2 질문을 다시 말해 달라고 할 때 쓸 수 있는 표현 (Part 1에서)

- I'm sorry. Could you please say that again? 죄송합니다. 다시 한 번 말씀해 주시겠어요?
- Sorry, could you please repeat that question? 죄송합니다만, 그 질문을 다시 한 번 해 주시겠어요?

3 질문을 다른 말로 설명해 달라고 할 때 쓸 수 있는 표현 (질문을 이해하지 못했을 때)

- Sorry, I don't quite understand the word "~". Could you please explain it to me?
  죄송합니다. 저는 ~라는 단어를 잘 이해하지 못하겠어요. 제게 그것을 설명해 주시겠어요?
- I'm sorry. Could you please explain the question in a different way?
  죄송합니다. 질문을 다른 방식으로 설명해 주시겠어요?

Check-up test

알맞은 표현을 넣어 아래의 문장들을 완성해 보자.

1. **Q:** What can be done to solve the refugee problem? 난민 문제를 해결하기 위해 무엇을 할 수 있나요?

   A: Sorry, _____.
   Could you please explain it to me?
   죄송합니다. 저는 refugee라는 단어를 잘 이해하지 못하겠어요. 제게 그것을 설명해 주시겠어요?

2. **Q:** What should the government do to deal with noise pollution?
   정부는 소음 공해를 다루기 위해 무엇을 해야 하나요?
   A: Well, _____. 음, 생각해 본 적이 없어요.

3. Please _____.
   먼저 생각할 수 있게 해 주세요.

4. (질문을 정확히 못 들었을 때) I'm sorry. _____?
   죄송합니다. 다시 한 번 말씀해 주시겠어요?

5. (질문을 이해하지 못했을 때) _____. _____
   _____? 죄송합니다. 질문을 다른 방식으로 설명해 주시겠어요?

   Sample Answers ▶

   1. I don't quite understand the word "refugee"
   2. I haven't thought about it before
   3. allow me to think first
   4. Could you please say that again
   5. I'm sorry, Could you please explain the question in a different way

---

필수 스킬 2   적절한 연결어구를 이용하여 일관성을 유지하며 답변한다.

유창하게 구사하는 능력도 중요하지만 두서 없이 말을 많이 하는 것이 아니라 내용을 일관성 있게 답변하는 것도 매우 중요하다. 따라서 적절한 연결어구를 이용하여 앞에서 말한 내용을 지지해주며 답변을 이어가자. 또한 비교를 나타내거나 대조를 나타내는 문장에서는 그에 맞는 적절한 연결어구를 사용하도록 하자.

1 원인 또는 이유를 나타내는 표현 (나의 주장을 지지할 수 있는 이유를 함께 이야기할 때 사용)

접속사	because ~이기 때문에	as ~이기 때문에	since ~이기 때문에

- I couldn't attend his birthday party **because** I was ill.
  = **Because** I was ill, I couldn't attend his birthday party.
  나는 아팠기 때문에, 그의 생일 파티에 참석할 수 없었다.

2 부연 설명을 나타내는 표현 (앞 문장에 덧붙여 또 다른 내용을 추가하기 위해 사용)

| 접속부사 | also 또한 | besides 게다가 | moreover 더욱이 |
| | furthermore 뿐만 아니라 | in addition 게다가 | |

- **Also**, students can enhance their emotional and physical health through sports.
  또한 학생들은 스포츠를 통해 그들의 정서적, 육체적 건강을 증진시킬 수 있다.

3 예시를 나타내는 표현 (앞 문장에 대한 예시를 들 때 사용)

| 접속부사 | for example 예를 들면, 예를 들어 | for instance 예를 들면, 예를 들어 |

- **For example**, in Korea, noise from neighbours often leads to conflict.
  예를 들어, 한국에서는 이웃에서의 소음이 종종 갈등으로 이어진다.

4 대조를 나타내는 표현 (앞 문장과 뒤 문장이 서로 상반되는 내용을 보여줄 때 사용)

| 접속사 | whereas 반면에 | while 반면에 |

- Younger people tend to prefer watching action movies, **while** older people enjoy watching documentaries.
  = **While** older people enjoy watching documentaries, younger people tend to prefer watching action movies.
  젊은 사람들은 액션 영화 보는 것을 선호하는 경향이 있는 반면에, 나이 든 사람들은 다큐멘터리를 즐겨 본다.

| 접속부사 | however 하지만 | on the other hand 반면에 |

- **However**, nowadays anyone can become famous due to technological advancements.
  하지만 요즘은 기술 진보로 인해 누구나 유명해질 수 있다.

Check-up test

알맞은 표현을 넣어 아래의 문장들을 완성해 보자.

1. _____ I love dogs, I would like to raise two dogs in the garden.
   나는 개를 매우 좋아하기 때문에 정원에서 두 마리의 개를 키우고 싶다.

2. _____, children can improve their social skills _____ they can make friends by playing sports.
   예를 들면, 아이들은 운동을 함으로써 친구를 사귈 수 있기 때문에 사교 능력을 기를 수 있다.

3. Plants can provide clear air. _____, they attract various insects.
   식물들은 깨끗한 공기를 제공해 줄 수 있다. 반면에, 그들은 다양한 곤충을 끌어들인다.

4. _____ online shopping is convenient, buying things at the mall can be frustrating and time-consuming.

온라인 쇼핑은 편리한 반면에, 쇼핑몰에서 물건을 사는 것은 답답하고 시간이 오래 걸릴 수 있다.

5. _____, students can study more efficiently on the Internet.

게다가 학생들은 인터넷으로 더 효율적으로 학습 할 수 있다.

Sample Answers

1. As/Since/Because
2. For example/For instance, because/since
3. On the other hand
4. While/Whereas
5. Also/Besides/Moreover/Furthermore/In addition

UNIT 04 발음

음원 바로 듣기

IELTS Speaking에서의 총 4가지 평가 요소 중 발음(Pronunciation) 부분은 Speaking 점수의 약 25%를 차지한다. 이 부분에서 시험관은 평가할 응시자의 답변이 노력을 쏟지 않고도 이해할 수 있는지를 평가한다. 따라서 답변을 할 때 적절한 목소리 톤과 정확한 발음으로 답변하도록 하자.

필수 스킬 1 | 한국인이 헷갈리는 대표적인 발음을 정확하게 구분하여 발음한다.

발음을 평가하는 부분은 기본적으로 '단어와 문장을 알아들을 수 있도록 발음하는가'이다. 따라서 한국인이 많이 실수하는 부분을 정확히 발음하는 연습을 통해 각각의 어휘를 실수 없이 발음하도록 하자.

1 헷갈리는 발음 L vs R

우리말로 [ㄹ]이라고 알고 있는 영어 'L'과 'R'은 발음에서 서로 분명한 차이가 있다.

[L]: 혀끝을 앞니 뒤쪽 입천장에 살짝 닿도록 쳐 주며 우리말 [ㄹ] 발음을 한다.

[R]: 혀를 뒤로 살짝 말아 입천장에 닿지 않도록 우리말 [ㄹ]을 발음한다. 이때 입술 모양은 [우] 발음을 하듯 둥글게 말아진다.

아래 발음을 듣고 따라 읽어 보자. 🎧 U4-1

L			R		
light	[laɪt]	빛, 비추다, 밝은	right	[raɪt]	올바른, 정확한
alive	[əˈlaɪv]	살아 있는	arrive	[əˈraɪv]	도착, 도착하다
lead	[liːd]	선두, 안내하다	read	[riːd]	독서, 읽다
liver	[ˈlɪvə(r)]	(인체의) 간	river	[ˈrɪvə(r)]	강
play	[pleɪ]	놀이, 놀다	pray	[preɪ]	기도하다
late	[leɪt]	늦은, 늦게	rate	[reɪt]	속도, 비율

Check-up test

다음 단어를 듣고 받아 적어 보자. 🎧 U4-1_1

1. _____

2. _____

3. _____

4. _____

5. _____

Sample Answers

1. right   2. lead   3. liver   4. pray   5. late

② 완전히 다른 발음 F vs P

우리말로 [ㅍ]이라고 알고 있는 영어 'F'와 'P'는 발음에서 서로 분명한 차이가 있다.

[F]: 윗니를 아랫입술에 살짝 갖다 대며 앞니와 아랫입술 사이로 바람이 나가도록 [ㅍ]을 발음한다.
[P]: 윗입술과 아랫입술을 완전히 붙였다가 벌리면서 [ㅍ] 발음을 한다.

아래 발음을 듣고 따라 읽어 보자. U4-2

F			P		
fan	[fæn]	팬, 선풍기	pan	[pæn]	냄비
face	[feɪs]	얼굴, 직면하다	pace	[peɪs]	속도, 서성거리다
fat	[fæt]	지방, 기름, 뚱뚱한	pet	[pet]	애완동물
fashion	['fæʃn]	유행, 패션	passion	['pæʃn]	열정, 격노
fair	미 [fer] 영 [feə(r)]	타당한, 공정한	pair	미 [per] 영 [peə(r)]	한 쌍

③ 완전히 다른 발음 B vs V

우리말로 [ㅂ]이라고 알고 있는 영어 'B'와 'V'의 발음도 서로 다르다.

[B]: 윗입술과 아랫입술을 완전히 붙였다가 벌리면서 [ㅂ] 발음을 한다.
[V]: 윗니를 아랫입술에 살짝 갖다 대며 [ㅂ]을 발음한다.

아래 발음을 듣고 따라 읽어 보자. U4-3

B			V		
base	[beɪs]	기초, 기반	vase	미 [veɪs] 영 [vɑːz]	꽃병
best	[best]	가장 좋은, 최고의	vest	[vest]	조끼, 속옷
bet	[bet]	내기, 돈을 걸다	vet	[vet]	수의사, 조사하다
berry	['beri]	딸기류의 열매	very	['veri]	매우, 잘
boat	미 [bout] 영 [bəut]	배, 보트	vote	미 [vout] 영 [vəut]	투표, 투표하다

Check-up test

다음 단어를 듣고 받아 적어 보자.　　　　　　　　　　　🎧 U4-3_1

1. _____

2. _____

3. _____

4. _____

5. _____

Sample Answers

1. face　　　2. passion　　　3. fair　　　4. vest　　　5. boat

필수 스킬 2 　**연음 법칙을 학습하여 더 편하고 자연스럽게 말하자.**

문장을 말할 때 단어와 단어를 구분하여 따로 말하는 것이 아니라, 두 단어를 마치 하나처럼 연결하여 발음하면 더 편하게 들릴 뿐만 아니라 더 잘 들린다. 따라서 연음 법칙을 학습하고 자연스럽게 말하도록 연습하자.

1 첫 번째 단어가 자음으로 끝나고 두 번째 단어가 자음으로 시작될 때, 앞 단어의 자음은 발음되지 않는다.

아래 발음을 듣고 따라 읽어 보자.　　　　　　　　　　　🎧 U4-4

need to [niːd] [tuː]	⋯▸	nee to [niːtuː]
want to [waːnt] [tuː]	⋯▸	wan to [waːntuː]
glad to [glæd] [tuː]	⋯▸	gla to [glætuː]
bus stop [bʌs] [stɒp]	⋯▸	bu stop [bʌstɒp]
student centre ['stjuːdnt] ['sentə(r)]	⋯▸	studen centre ['stjuːdn'sentə(r)]
next time [nekst] [taɪm]	⋯▸	nex time [nekstaɪm]
last night [laːst] [naɪt]	⋯▸	las night [laːsnaɪt]
must not [mʌst] [nɒt]	⋯▸	mus not [mʌsnɒt]

2 첫 번째 단어가 자음으로 끝나고 두 번째 단어가 모음으로 시작될 때, 앞 단어의 자음은 두 번째 단어의 모음과 붙어 발음된다.

아래 발음을 듣고 따라 읽어 보자.　🎧 U4-5

work out [wɜːk] [aʊt]	⋯▸	wor kout [wɜː/kaʊt]
keep up [kiːp] [ʌp]	⋯▸	kee pup [kiː/pʌp]
hold on [həʊld] [ɒn]	⋯▸	hol don [həʊl/dɒn]
hand out [hænd] [aʊt]	⋯▸	han dout [hæn/daʊt]
pick up [pɪk] [ʌp]	⋯▸	pic kup [pɪ/kʌp]

Check-up test

다음 구를 듣고 받아 적어 보자.　🎧 U4-5_1

1. _____

2. _____

3. _____

4. _____

5. _____

Sample Answers

1. next month　　2. don't know　　3. fix it　　4. without you　　5. ask about

---

필수 스킬 3　끊어 말하여 더 자연스럽게, 더 정확하게 의미를 전달한다.

[아버지가 / 방에 / 들어가신다] [아버지 / 가방에 / 들어가신다] 이 두 문장은 어떻게 끊어 말하는지에 따라 의미가 완전히 달라지는 것을 보여준다. 우리말에서도 끊어 말하는 것이 이렇게 중요하듯 영어 문장에서도 정확히 끊어 말하는 것은 매우 중요하다.

주어와 목적어가 너무 긴 경우에는 주어 뒤나 목적어 앞에서 한 번 끊어 말한다.
그리고 긴 문장 속의 구와 절은 하나의 덩어리로 볼 수 있다. 따라서 구 혹은 절 단위로 끊어 말한다.

1 긴 주어 뒤

- The most important factor / could be a positive attitude.
- Having a good relationship with others in the workplace / can help improve work efficiency.

2 긴 목적어 앞

- Jane told me / how she studied English.
- I think / air pollution is the most serious problem.

3 구

- For instance, / they can have personalised courses / based on their academic levels.
- They can have personalised courses / based on their academic levels or interests.

4 절

- If workers are too ambitious, / it can trigger competition in the workplace.
- He had left / when I arrived there.

Check-up test

다음 문장을 자연스럽게 끊어 읽어 보자.

1. Becoming a celebrity has a lot of merits.

2. As a result, it causes conflicts among residents.

3. I don't remember when I last visited the museum.

4. Spending time with my friends is always pleasurable.

5. When it's freezing, I don't feel like going out.

Sample Answers

1. Becoming a celebrity / has a lot of merits.
2. As a result, / it causes conflicts among residents.
3. I don't remember / when I last visited the museum.
4. Spending time with my friends / is always pleasurable.
5. When it's freezing, / I don't feel like going out.

PAGODA
IELTS Speaking

UNIT 05 IELTS Speaking을 위한 필수 문법

IELTS Speaking에서는 다양한 문법을 정확하게 쓰는 것이 매우 중요하다. 필수적으로 쓰이는 문법을 학습하여 실수 없이 자연스러운 speaking을 하도록 하자.

필수 스킬 1 to부정사와 동명사를 활용하여 말한다.

to부정사는 문장에서 매우 다양하게 쓰이는 중요한 문법이다. 문장에서 어떤 품사, 어떤 역할로 쓰이는지 학습하여 정확하게 사용하자.

1 명사적 용법의 to부정사

to부정사는 문장에서 명사로 쓰여 주어, 목적어, 그리고 보어 역할을 하며 '~(하)는 것'이라고 해석된다. 주어 자리에서는 '~(하)는 것은', 목적어 자리에서는 '~(하)는 것을', 그리고 보어 자리에서는 '~(하)는 것이다'라고 해석된다.

[주어]
- **To watch TV** is not only fun but also educational. TV 보는 것은 즐거운 것뿐만 아니라 교육적이다.
    - → It is not only fun but also educational **to watch TV**.
    - ≫ 보통 to부정사가 주어 역할로 쓰일 때는 가주어 It을 쓰고, 진짜 주어인 to부정사구는 뒤로 옮긴다.

[목적어]
- I like **to watch TV** after school. 나는 방과 후에 TV 보는 것을 좋아한다.

[보어]
- My hobby is **to watch TV**. 나의 취미는 TV 보는 것이다.

2 형용사적 용법의 to부정사

to부정사는 문장에서 형용사로 쓰여 앞에 있는 명사를 수식해 주는 역할을 한다. 형용사로 쓰일 때는 '~하는, ~할, ~될, ~줄' 등 앞의 명사를 수식해 주는 의미로 해석된다.

- The best way **to improve** your English skills is making native friends.
    너의 영어 능력을 향상시키는 가장 좋은 방법은 원어민 친구를 사귀는 것이다.

3 부사적 용법의 to부정사

to부정사는 문장에서 부사로 쓰여 부연 설명을 해 주는 역할을 한다. 이유 또는 목적을 부연 설명해 주거나, 감정의 원인을 나타내거나, 판단의 근거 등을 부연적으로 설명해 주는 역할을 한다.

'~하기 위해, ~하려고'와 같이 원인/목적을 부연 설명할 때 쓰인다. 이때 to부정사의 to는 in order to와 바꾸어 쓸 수 있다.

- She went to Sydney **to (=in order to) get** a job. 그녀는 직장을 얻기 위해서 시드니로 갔다.

'~하는 것을 보니 …하다'의 뜻으로 감정의 원인을 나타낸다.

- I am glad **to see** you here. 너를 여기서 보니 기쁘다.

Check-up test

to부정사를 사용하여 아래의 문장들을 써 보자.

1. 컴퓨터 게임을 하는 것은 나의 취미이다. (명사적 용법: 주어)

_____

Key expressions 게임을 하다 play games

2. 나는 그녀의 사고 소식을 듣고 놀랐다. (부사적 용법: 감정의 원인)

_____

Key expressions 놀란 surprised   듣다 hear   사고 accident

3. 제인은 그녀의 생일 파티에 에릭을 초대하기로 했다. (명사적 용법: 목적어)

_____

Key expressions 초대하다 invite   ~하기로 하다/결심하다 decide

4. 서울에는 방문할 많은 장소들이 있다. (형용사적 용법)

_____

Key expressions 방문하다 visit

5. 그녀는 신선한 바람을 쐬러 산책을 갔다. (부사적 용법: 원인/목적)

_____

Key expressions 산책 가다 go for a walk

6. 나의 꿈은 컴퓨터 엔지니어가 되는 것이다. (명사적 용법: 보어)

_____

Key expressions 컴퓨터 엔지니어 computer engineer

Sample Answers

1. It is my hobby to play computer games.
2. I was surprised to hear about her accident.
3. Jane decided to invite Eric to her birthday party.
4. There are many places to visit in Seoul.
5. She went for a walk to get some fresh air.
6. My dream is to be a computer engineer.

동명사(V-ing)는 다양한 품사 역할을 하는 to부정사와는 다르게 문장에서 명사로만 쓰인다.

4️⃣ 명사로 쓰이는 동명사

동명사는 문장에서 명사로 쓰여 주어, 목적어, 보어, 그리고 전치사의 목적어 역할을 한다. 주어 자리에서는 '~(하)는 것은', 목적어 자리에서는 '~(하)는 것을', 그리고 보어 자리에서는 '~(하)는 것이다'라고 해석된다.

[주어]
- **Watching TV** is not only fun but also educational. TV 보는 것은 즐거운 것뿐만 아니라 교육적이다.

[목적어]
- I like **watching TV** after school. 나는 방과 후에 TV 보는 것을 좋아한다.

[보어]
- My hobby is **watching TV**. 나의 취미는 TV 보는 것이다.

[전치사의 목적어]
- I am fond of **watching TV** after school. 나는 방과 후에 TV 보는 것을 좋아한다.

5️⃣ to부정사와 동명사

to부정사만을 목적어로 취하는 동사

agree 동의하다	plan 계획하다	hope 희망하다	promise 약속하다
decide 결정하다	choose 선택하다	expect 기대하다	

- I **planned** <u>to go</u> camping this weekend. 나는 이번 주말에 캠핑을 갈 계획이었다.

동명사만을 목적어로 취하는 동사

admit 인정하다, 시인하다	enjoy 즐기다	mind 싫어하다, 꺼려하다	escape 탈출하다
avoid 피하다	consider 고려하다	deny 부정하다	finish 끝내다
give up 포기하다	stop 그만두다		

- I **gave up** <u>writing</u> a letter in English. 나는 영어로 편지 쓰는 것을 포기했다.

to부정사와 동명사를 모두 목적어로 취하면서 의미에 큰 차이가 없는 동사

like 좋아하다	love 사랑하다	begin 시작하다	start 시작하다
continue 계속하다	prefer 선호하다	dislike 싫어하다	hate 싫어하다

- I **love** <u>reading</u> fantasy novels. 나는 판타지 소설 읽는 것을 매우 좋아한다.
- I **love** <u>to play</u> baseball with my friends. 나는 친구들과 야구하는 것을 매우 좋아한다.

to부정사와 동명사를 모두 목적어로 취하지만 다른 의미를 나타내는 동사

remember 기억하다	forget 잊다

- I **remember** <u>to visit</u> the museum. 나는 그 박물관을 방문할 것을 기억한다. (미래에 할 것을 기억한다.)
- I **remember** <u>visiting</u> the museum. 나는 그 박물관을 방문했던 것을 기억한다. (과거에 했던 것을 기억한다.)

- I **forgot** <u>to invite</u> Jane to the party. 나는 제인을 그 파티에 초대할 것을 잊었다. (초대해야 하는 사실을 잊었다.)
- I **forgot** <u>inviting</u> Jane to the party. 나는 제인을 그 파티에 초대했던 것을 잊었다. (초대했던 사실을 잊었다.)

Check-up test

동명사를 사용하여 아래의 문장들을 써 보자.

1. 깨끗한 물을 마시는 것은 매우 중요하다. (주어)

   _____

   Key expressions 매우 중요한 vital

2. 빌은 그의 가족과 더 많은 시간을 보내기 위해 일요일에 골프 치는 것을 포기했다. (목적어)

   _____

   Key expressions 포기하다 give up

3. 나의 주 업무는 고객들을 응대하는 일이다. (보어)

   _____

   Key expressions 업무 duty   응대하다, 다루다 deal with

to부정사 혹은 동명사를 사용하여 아래의 문장들을 써 보자.

4. 제인은 그 서비스에 대해 불평하는 것을 그만두었다.

   _____

   Key expressions 불평하다 complain

5. 나는 어렸을 때 엄마와 캐나다에 갔던 것을 기억한다.

   _____

   Key expressions 기억하다 remember

Sample Answers

1. Drinking clean water is vital.
2. Bill gave up playing golf on Sundays to spend more time with his family.
3. My main duty is dealing with customers.
4. Jane stopped complaining about the service.
5. I remember going to Canada with my mother when I was a child.

6 to부정사 vs 동명사의 관용 표현

to부정사구가 독립적으로 문장 전체를 수식하는 관용어구로 사용된다.

strange to say 이상한 말이지만, 이상한 이야기지만	to begin with 우선, 먼저
to be frank with you 솔직히 말하면	to tell the truth 사실을 말하자면
to be sure 확실히	needless to say 말할 필요도 없이
to make matters worse 설상가상으로, 엎친 데 덮친 격으로	

- **To be sure**, reading books is beneficial to children. 확실히 책 읽는 것은 아이들에게 유익하다.
- **To make matters worse**, I didn't bring my purse. 설상가상으로 나는 지갑을 가지고 오지 않았다.

동명사의 관용적 표현은 speaking에서 매우 많이 쓰인다. 자연스러운 speaking을 위해 꼭 쓰도록 하자.

be busy (in) V-ing ~하느라 바쁘다	be worth V-ing ~할 가치가 있다
be used to V-ing ~하는 데 익숙하다	cannot help V-ing ~하지 않을 수 없다
feel like V-ing ~하고 싶다	spend 시간 (in) V-ing ~하는 데 시간을 보내다
look forward to V-ing ~을 학수 고대하다	have difficulty (in) V-ing ~하는 데 어려움을 겪다
It is no use V-ing ~하는 것은 소용이 없다	

- I **was busy doing** my homework last week. 나는 지난주에 숙제하느라 바빴다.
- I **spent two years studying** English in Canada. 나는 캐나다에서 영어 공부하는 데 2년을 보냈다.

Check-up test

to부정사구 혹은 동명사구를 사용하여 아래의 문장들을 써 보자.

1. 솔직히 말하면, 나는 그를 신뢰할 수 없다.

   _____

   Key expressions 신뢰하다 trust

2. 말할 필요도 없이, 너는 정직해야 한다.

   _____

   Key expressions 정직한 honest

3. 그 박물관은 방문할 가치가 있다.

   _____

   Key expressions 박물관 museum   방문하다 visit

4. 나는 너에게 곧 소식을 듣기를 고대한다.

   _____

   Key expressions 듣다 hear   곧 soon

5. 나는 단 것을 먹고 싶다.

_____

Key expressions 단 것 something sweet　먹다 have

Sample Answers

1. To be frank with you, I cannot trust him.
2. Needless to say, you should be honest.
3. The museum is worth visiting.
4. I look forward to hearing from you soon.
5. I feel like having something sweet.

필수 스킬 2 **사람의 감정을 나타내는 동사를 이용한 분사를 적절하게 사용한다.**

사람의 감정을 나타내는 동사를 이용한 현재분사와 과거분사는 문장에서 감정을 묘사하기 위해 매우 많이 쓰인다. 감정을 묘사해야 하는 IELTS Speaking에서는 꼭 필요한 표현들이므로 학습하여 알맞게 사용하자. 감정을 유발하는 대상에는 현재분사를 사용하고, 감정을 느끼는 대상을 묘사할 때는 과거분사를 사용하여 표현한다.

사람의 감정을 나타내는 동사	현재분사	과거분사
amuse 즐겁게 하다	amusing 즐겁게 하는	amused 즐거운
annoy 성가시게 하다	annoying 성가신, 짜증스러운	annoyed 성가시게 느낀, 짜증이 난
bore 지루하게 하다	boring 지루하게 하는	boring 지루한
confuse 혼란시키다	confusing 혼란시키는	confused 혼란스러운
disappoint 실망시키다	disappointing 실망스러운	disappointed 실망한
excite 흥분시키다	exciting 흥분시키는	excited 흥분한
exhaust 완전 지치게 하다	exhausting 완전 지치게 하는	exhausted 완전 지친
interest 흥미를 일으키다	interesting 흥미로운	interested 흥미를 가진
irritate 짜증나게 하다	irritating 짜증나게 하는	irritated 짜증이 난
satisfy 만족시키다	satisfying 만족시키는	satisfied 만족한

- The movie was **boring**. 그 영화는 지루했다.
- I was **bored** by the movie. 그 영화는 나를 지루하게 만들었다.

- It is **irritating** that you break your promises. 네가 약속을 어기는 것은 짜증나게 한다.
- I get **irritated** at you for not keeping your word. 네가 약속을 지키지 않아서 나는 짜증이 난다.

- Their unkind manner was **disappointing**. 그들의 불친절한 태도는 실망스러웠다.
- I was **disappointed** with their unkind manner. 나는 그들의 불친절한 태도에 실망했다.

현재분사 혹은 과거분사를 사용하여 아래의 문장들을 써 보자.

1. 나는 2시간의 운동 후 완전 지쳤다.

_____

Key expressions 2시간의 운동 two hours of exercise

2. 친구들과 함께 쇼핑 가는 것은 즐겁다.

_____

Key expressions 쇼핑 가다 go shopping

3. 나는 너의 이야기를 듣고 나서 혼란스러웠다.

_____

Key expressions 듣다 listen to

4. 나는 그 결과에 만족했다.

_____

Key expressions 결과 result

5. 공공장소에서 크게 말하는 것은 짜증나게 한다.

_____

Key expressions 공공장소 public places   크게 loudly

Sample Answers

1. I was exhausted after two hours of exercise.
2. Going shopping with friends is amusing.
3. I was confused after listening to your story.
4. I was satisfied with the result.
5. Talking loudly in public places is annoying.

필수 스킬 **3**   **관계사를 이용하여 두 문장을 한 문장으로 효율적으로 말한다.**

1 관계대명사

관계대명사는 두 문장을 연결시키는 접속사의 역할과 (대)명사의 역할을 동시에 함으로써 두 문장을 한 문장으로 간결하게 말할 수 있도록 해 준다.

- **The lady** is a doctor. 그 여성은 의사이다. **She** lives next door. 그녀는 옆집에 산다.
  - ≫ 위의 두 문장을 한 문장으로 말하기 위해 우선, 각 문장에서 관계가 있는 두 개의 명사를 선택하여 하나는 '선행사'라고 이름을 붙이고, 수식해 주는 문장에서의 (대)명사를 '관계대명사'라고 이름을 붙

인다. 선행사를 포함한 문장을 먼저 쓰고 선행사 바로 뒤에 관계대명사절(관계대명사를 포함한 문장)을 쓴 후 선행사가 포함된 문장에서의 나머지 문장을 쓴다. 이때 관계대명사절은 앞에 있는 선행사를 수식해 주는 형용사 역할을 한다.

ex The lady [선행사] She [관계대명사]
- The lady **who lives next door** is a doctor. 옆집에 사는 그 여성은 의사이다.
  관계대명사절(형용사 역할)

관계대명사의 종류
선행사가 사람이면 who, whom(목적격), that을 쓰고, 선행사가 사물이나 동물이면 which, that을 쓴다. 또한 선행사가 사람인지 사물인지에 상관없이 소유 관계를 나타내면 whose를 쓴다. 그리고 선행사로 「사람 + 사물(동물)」, 최상급, 서수, the only, the same 등이 쓰일 때는 that을 쓴다.

- The person **who(m)** I trust the most is my sister. 내가 가장 신뢰하는 사람은 나의 언니이다.
- The movie **which** I watched yesterday was very interesting. 내가 어제 본 영화는 매우 재미있었다.
- I have a friend **whose** mother is from Australia. 나는 어머니가 호주 사람인 친구가 있다.

관계대명사의 생략
목적격 관계대명사는 생략이 가능하고, 주격 관계대명사는 be동사와 함께 나올 경우에 함께 생략이 가능하다.

2 관계부사
관계부사는 관계대명사와 마찬가지로 선행사에 따라 종류가 결정된다. 문장에서 장소, 시간, 방법, 그리고 이유를 나타내는 부사 역할을 한다.

- Seoul is a city. 서울은 도시이다. I was born in the city. 나는 그 도시에서 태어났다.
  Seoul is the city **which** I was born **in**. 서울은 내가 태어난 도시이다.
  = Seoul is the city **in which** I was born.
  = Seoul is the city **where** I was born.
  ≫ 선행사가 장소를 나타내는 명사이기 때문에 장소를 나타내는 관계부사 where를 쓴다.

관계부사의 종류
선행사가 장소를 나타내면 where, 시간을 나타내면 when, 방법을 나타내면 how(이때 선행사가 the way면 둘 중 하나는 생략한다), 그리고 원인·이유를 나타내면 why를 쓴다.

- The company **where** I work is quite far from here. 내가 일하는 회사는 여기서 꽤 멀다.
- The day **when** I visited New York was Christmas. 내가 뉴욕을 방문했던 날은 크리스마스였다.
- Tell me **how** you learned tennis. 네가 테니스를 어떻게 배웠는지 말해줘.
- There are many reasons **why** it is beneficial to learn English. 영어를 배우는 것이 유익한 많은 이유가 있다.

관계부사의 생략
관계부사 when, how, why는 관계부사 that으로 대신할 수 있고, 선행사가 the time, the place, the reason 등의 일반적인 명사이면 생략도 가능하다.

관계대명사 또는 관계부사를 사용하여 아래의 문장들을 써 보자.

1. 많은 폭력적인 장면을 포함한 TV 프로그램들은 아이들에게 해롭다.

_____

Key expressions ~에 해로운 harmful to   포함하다 contain   폭력적인 장면 violent scene

2. 컴퓨터 게임을 하는 데 너무 많은 시간을 보내는 아이들은 친구를 사귀는 데 어려움을 겪는 경향이 있다.

_____

Key expressions 시간을 보내다 spend   ~하는 경향이 있다 tend to   친구를 사귀다 make friends

3. 휴대폰을 도난 당한 여성이 저기에 있다.

_____

Key expressions 도난당하다 be stolen   휴대폰 mobile phone

4. 이것이 내가 그를 고용한 이유이다.

_____

Key expressions 고용하다 hire

5. 나는 그를 처음으로 만난 날을 잊을 수가 없다.

_____

Key expressions 처음으로 for the first time   잊다 forget

Sample Answers

1. TV programs which contain many violent scenes are harmful to children.
2. Children who spend too much time playing computer games tend to have difficulty making friends.
3. The woman whose mobile phone was stolen is over there.
4. This is the reason why I hired him.
5. I can't forget the day when I met him for the first time.

PAGODA
IELTS Speaking

IELTS Speaking을 위한 필수 표현

IELTS Speaking에서 자주 쓸 수 있는 유용한 표현들을 학습하여 다양한 표현들로 답변하도록 하자.

필수 스킬 1 무언가가 있는지 없는지를 묘사한다.

'무언가가 있다/없다'라는 표현을 할 때 항상 쓰이는 There is와 There are는 뒤에 오는 주어가 단수 명사인지 복수 명사인지에 따라 사용이 결정된다.

1 「There is + 단수 명사/불가산 명사」

- **There is** a lot of <u>wisdom</u> in the book. 책 속에 많은 지혜가 있다.
- **There is** severe <u>air pollution</u> in the city. 도시에는 심각한 대기 오염이 있다.
- **There is** little <u>information</u> about the new boss. 새로운 상사에 대한 정보가 거의 없다.
- **There is** no <u>reason</u> why I should apologise to them. 내가 그들에게 사과해야 할 이유가 없다.

2 「There are + 복수 명사」

- **There are** a number of <u>benefits</u>. 많은 이점들이 있다.
- **There are** many <u>students</u> who study through the Internet. 인터넷으로 학습하는 많은 학생들이 있다.
- **There are** some educational TV <u>programs</u>. 몇몇의 교육적인 TV 프로그램들이 있다.
- **There are** few <u>professionals</u> in the countryside. 시골에는 전문직 종사자들이 거의 없다.

Check-up test

아래의 빈칸을 채워 문장을 완성해 보자.

1. _____ several things that I would like to do.
   내가 하고 싶은 몇 가지 것들이 있다.

2. _____ several important qualities for employees to achieve their ambitions at work.
   직장에서 직원들이 그들의 목표를 달성하기 위한 중요한 자질이 몇 가지 있다.

3. _____ fierce competition in the market worldwide.
   전 세계 시장에는 치열한 경쟁이 있다.

4. _____ a strong bond between us.
   우리 사이에 강한 유대감이 있다.

5. Unfortunately, _____ little evidence to prove my innocence.

불행하게도 내 결백을 증명할 증거가 거의 없다.

> **Sample Answers**
>
> 1. There are
> 2. There are
> 3. There is
> 4. There is
> 5. there is

필수 스킬 2 **Speaking에서 자주 쓸 수 있는 표현을 통째로 학습하여 상황에 맞춰 말한다.**

IELTS Speaking에서 어떤 주제가 나오든지 사용할 수 있는 표현들이 있다. 이러한 표현들을 학습하여 상황에 맞게 사용한다.

1 ～에 영향을 미치다 affect, influence, have (an) influence on, exert (an) influence on, have (an) effect on, exert (an) effect on

- TV는 아이들에게 긍정적인/이로운 영향을 미친다.
  TV **influences** children in a positive way. = TV **has (a)** positive **influence on** children.
  TV **affects** children in a beneficial way. = TV **exerts (a)** beneficial **effect on** children.

- 컴퓨터 게임은 아이들에게 부정적인/해로운 영향을 미친다.
  Computer games **influence** pupils in a negative way.
  = Computer games **have (a)** negative **influence on** pupils.
  Computer games **affect** pupils in a detrimental way.
  = Computer games **have (a)** detrimental **effect on** pupils.

2 ～에 중요한 역할을 하다 play an important role in, play a vital role in

- 규칙적인 운동은 신체적, 정신적 건강을 유지하는 데 중요한 역할을 한다.
  Regular exercise **plays an important role in** maintaining physical and mental health.

3 ～함으로써 by V-ing

- 학생들은 또래들과 운동을 함으로써 체력과 사회 능력을 향상시킬 수 있다.
  Students can improve physical strength and social skills **by playing** sports with their peers.

4 ～을 초래하다/야기하다 cause, result in, lead to

- 도시화는 많은 문제들을 초래한다.
  Urbanisation **causes** many problems. = Urbanisation **results in** a number of problems.

아래의 빈칸을 채워 문장을 완성해 보자.

1. Parents exert a strong _____ on their children's behaviour.
부모들은 그들의 아이들의 행동에 강한 영향을 미친다.

2. Trees _____ providing fresh air.
나무는 신선한 공기를 공급하는 데 중요한 역할을 한다.

3. Tourism has had a _____ on the local economy.
관광산업은 그 지역 경제에 이로운 영향을 미쳐왔다.

4. Students can save their time _____.
학생들은 온라인으로 공부함으로써 시간을 절약할 수 있다.

5. The increasing number of cars in the city has _____ severe air pollution.
도시의 증가하는 자동차의 수는 심각한 대기 오염을 야기하고 있다.

Sample Answers

1. influence/effect
2. play a vital role in
3. beneficial effect/beneficial influence
4. by studying online
5. caused/resulted in/led to

---

5 견문을 넓히다/시야를 넓히다 broaden one's horizons, widen one's perspectives

- 이것은 학생들이 견문을 넓히도록 도울 수 있다.
  This can help students (to) **broaden their horizons**.

- 사람들은 다른 문화를 공유함으로써 그들의 관점을 넓힐 수 있다.
  People can **widen their perspectives** by sharing different cultures.

6 ~에 위협을 가하다 threaten, pose a threat to

- 유전공학은 생태계에 위협을 가할 수 있다.
  Genetic engineering could **threaten** the ecosystem.
  = Genetic engineering could **pose a threat to** the ecosystem.

7 ~에 노출되다 be exposed to

- 어린이들은 TV 시청 동안에 유해한 콘텐츠에 노출될 수 있다.
  Children may **be exposed to** harmful content while watching TV.

Check-up test

아래의 빈칸을 채워 문장을 완성해 보자.

1. Working overseas can _____.
    해외에서 일하는 것은 젊은 노동자들의 견문을 넓혀줄 수 있다.

2. Being exposed to various events can _____.
    다양한 사건에 노출되는 것은 사람들의 시야를 넓힐 수 있다.

3. Global warming _____ to the existence of many plants and animals.
    지구 온난화는 많은 동식물의 생존에 위협이 된다.

4. It is very important for children _____ a good educational environment.
    아이들이 좋은 교육 환경에 노출되는 것은 매우 중요하다.

5. The new policy could _____ the local economy.
    새로운 정책은 그 지역 경제를 위협할 수 있었다.

Sample Answers

1. broaden young workers' horizons   2. widen people's perspectives
3. poses a threat   4. to be exposed to   5. threaten

PAGODA IELTS Speaking

CHAPTER
02

실전 다지기

PART 1
OVERVIEW

🔷 Part 1 소개

IELTS Speaking Part 1은 전체 Speaking 시험 시간인 11~14분 중에 총 4~5분간 진행된다. 그리고 Part 1을 포함한 시험의 모든 과정은 녹음된다. 시험관이 녹음기를 켜고, 간단한 신분 확인을 한 후 시험이 시작된다.

출제 경향

Part 1에서는 인터뷰 형식으로 응시자의 이름과 국적을 묻고 신분증을 확인한 후 비교적 개인적인(Personal) 혹은 친숙한 2~3개의 주제(Topic)들을 다루며, 각 주제별로 2~4개 정도의 질문들이 주어진다.

Part 1 진행 예시

Introduction	What is your name? 성함이 어떻게 되세요? Where are you from? 어디 출신이세요? May I see your ID, please? 신분증을 보여 주시겠어요?

⬇

Topic 1 ((ex) Home)	Where do you live? 어디에 사나요? Are you living in an apartment or a house? 아파트에 사나요, 아니면 주택에 사나요? What do you like about your place? 당신이 살고 있는 곳에 대해 좋아하는 점은 무엇인가요?

⬇

Topic 2 ((ex) Cooking)	Have you ever cooked? 요리해 본 적 있나요? Do you like cooking? 요리하는 것을 좋아하나요? Do you want to learn how to cook? 요리하는 법을 배우고 싶은가요? Is it difficult for you to cook Korean food? 당신은 한국 음식 요리하는 것을 어렵게 느끼나요?

Part 1 답변 전략

IELTS Speaking 시험은 컴퓨터로 보는 다른 영어능력평가 시험들과는 다르게 사람이 직접 질문하며 그에 따른 답변을 평가하는 시험이다. 따라서 실제 시험관과의 자연스러운 의사소통 능력을 보여줘야 한다. 의사소통에서 가장 중요한 것 중 하나는 상대방에게 긍정적인 인상을 심어주는 것인데, 좋은 인상을 주기 위해서는 대화 중 상대방과의 적절한 눈맞춤과 친근하면서도 자신감 있는 자세를 보여줘야 한다.

1. 자신감을 갖는다.

Speaking Part 1은 질문을 알아듣고, 질문에 맞는 답변을 하는가를 평가하는 파트이다. 따라서 매우 고급스러운 표현을 구사하기를 바라거나 엄청난 논리를 요구하지 않는다. Part 1에서 가장 중점을 두는 부분은 '영어로 의사소통을 하는 데 어려움이 없는가'이기 때문에 영어를 말하는 데 있어 부담스러워 하는 느낌을 주지 말고, 최대한 자신감 있게 대답하자.

2. 예의 바르고 친절하게 대화에 임한다.

많은 응시자들이 외국인 시험관은 캐쥬얼하게 대하는 것이 자연스럽다고 착각하는데, 실제로 인터뷰 형식으로 진행되는 Speaking 시험은 예의와 격식을 갖춰 대답해야 한다.

3. 시험관과 눈을 마주치고 대화한다.

Speaking 시험 동안에 너무 떨려서 아래만 보고 이야기한다거나 다른 곳을 보고 이야기하는 것은 함께 대화를 나누는 상대방에 대한 예의에 벗어날 뿐만 아니라 효과적인 내용 전달도 되지 않는다. 따라서 이야기하는 동안 시험관의 눈을 마주보며 대화를 나눈다.

4. 적절한 몸짓을 사용하며 자연스러움을 보여준다.

몇몇 응시자들은 시험 보는 동안 경직된 자세로 암기한 것을 말하듯 로봇처럼 답변하기도 하는데, 이것은 매우 어색해 보일 수 있다. 필요하다면 손을 자연스럽게 움직이며 이야기하는 등 제스처를 이용해서 전달하고자 하는 의미를 더욱 효과적으로 나타내자.

실전 전략 1 모든 질문에 완전한 문장으로 답변한다.

모든 질문에 답변을 할 때 단어만 말하는 것이 아니라, 주어와 동사를 포함한 완전한 문장으로 답변한다. 비록 이름과 국적 등을 묻는 아주 간단한 질문일지라도 응시자의 영어 능력을 테스트하는 인터뷰 과정이기 때문에 단어만 말하기보다는 문장 구사 능력을 보여 줄 수 있도록 완전한 문장으로 말하자.

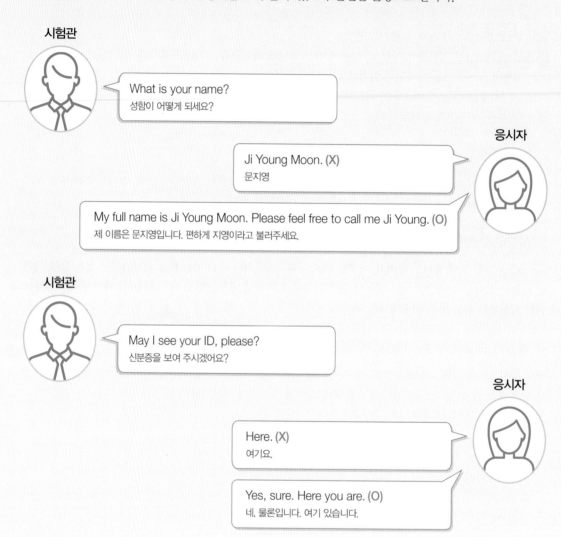

시험관

What is your name?
성함이 어떻게 되세요?

응시자

Ji Young Moon. (X)
문지영

My full name is Ji Young Moon. Please feel free to call me Ji Young. (O)
제 이름은 문지영입니다. 편하게 지영이라고 불러주세요.

시험관

May I see your ID, please?
신분증을 보여 주시겠어요?

응시자

Here. (X)
여기요.

Yes, sure. Here you are. (O)
네, 물론입니다. 여기 있습니다.

질문의 동사와 시제에 알맞은 답변을 한다.

Part 1은 비교적 오랜 생각을 요구하는 질문이 아니라 바로 답변을 할 수 있는 주제들에 대한 질문이므로 질문의 앞부분(시제를 포함한 문법)을 집중하여 잘 듣고, 질문에 맞는 시제와 (조)동사를 이용하여 바로 답을 한다.

일반의문문 (Be, Do, Have, 조동사 의문문)

Q **Do** you have a hobby?
취미가 있나요?

A Yes, I **do**. 네, 있습니다.
A No, I **don't**. 아니요, 없습니다.

Q **Are** you interested in music?
음악에 관심이 있나요?

A Yes, I **am**. 네, 있습니다.
A No, I **am not**. 아니요, 없습니다.

Q **Have** you ever had any pets?
애완동물을 길러 본 적 있나요?

A Yes, I **have**. 네, 있습니다.
A No, I **haven't**. 아니요, 없습니다.

Q **Are there** many parks in your town?
당신 동네에 공원들이 많이 있나요?

A Yes, **there are**. 네, 있습니다.
A No, **there aren't**. 아니요, 없습니다.

Q **Would** you like to take a course in photography?
사진 수업을 듣고 싶은가요?

A Yes, I **would**. 네, 듣고 싶습니다.
A No, I **wouldn't**. 아니요, 듣고 싶지 않습니다.

Q **Can** you swim?
수영할 수 있나요?

A Yes, I **can**. 네, 할 수 있습니다.
A No, I **can't**. 아니요, 하지 못합니다.

Q **Did** you learn how to swim when you were a child?
당신은 어릴 때 수영하는 법을 배웠나요?

A Yes, I **did**. 네, 배웠습니다.
A No, I **didn't**. 아니요, 배우지 않았습니다.

Q **How often** do you take buses?
당신은 얼마나 자주 버스를 타나요?

A I **always** take buses. 저는 항상 버스를 탑니다.
A I **rarely** take buses. 저는 거의 버스를 타지 않습니다.

- 모든 질문에 반드시 위와 같은 패턴으로 답변할 필요는 없지만 위의 답변 패턴은 좋은 시작이 될 수 있다. 예를 들어 Do you have a hobby?(취미가 있나요?)라는 질문의 답변은 Yes, I do.도 가능하지만, 단순히 Yes.라고 즉각적인 대답을 한 후에 I enjoy watching films in my free time (저는 여유 시간에 영화 보는 것을 즐깁니다.)이라고 답변할 수 있다.
- 또한 Yes or No로 답변할 수 있는 질문의 경우에는 아이디어를 생각하기 위해 주저하기보다는 우선 Yes인지 No인지 답변하고 시작하면 더 명확하게 나의 의견을 전달할 수 있다.
- How often으로 시작하는 질문은 빈도수를 묻는 질문이므로, 빈도를 나타내는 always, usually, often, sometimes, rarely, 또는 never 등의 부사를 이용하여 답변한 후 구체적인 설명을 해주는 것이 좋다.

<table>
<tr><td>실전 전략 3</td><td>질문에 대한 직접적인(direct) 답변을 바로 한 후, 부연 설명으로 유창성과 일관성을 유지한다.</td></tr>
</table>

질문을 받으면 설명이 아니라 질문에 맞는 답변을 바로 해야 한다. 답변을 바로 하지 않고 생각하느라 정적이 흐르거나 다른 답변을 한다면, 유창성(fluency) 점수에 영향을 미칠 수 있다. 또한 답변을 한 후 1~3문장의 부연 설명으로 이유(reason), 예시(example) 혹은 추가 정보(extra details)를 통해 앞에서의 답변을 뒷받침해 주면 일관성(coherence) 점수를 받을 수 있다. 이때 답변이 너무 길게 되면 시험관은 중간에 말을 끊고 다른 질문을 하게 되므로 너무 길지 않게 답변해야 한다.

[답변 방식]

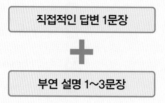

직접적인 답변 1문장

+

부연 설명 1~3문장

시험관

질문 1 Where do you live now?
현재 어디에 사나요?

[잘못된 예시] 직접적인 답변을 바로 하지 않는 경우   응시자

답변 When I was young, I lived in Busan. I spent my childhood there, and then I moved to Seoul. (X)
저는 어렸을 때 부산에서 살았습니다. 저는 그곳에서 유년시절을 보냈고, 그 후에 서울로 이사 왔습니다.

[좋은 예시] 직접적인 답변 + 부연 설명

답변 I live in Seoul at the moment.
부연 설명 It is the busiest city in my country, and I've been living in this place for almost 15 years. But when I was a kid, I lived in Busan. I spent my childhood there, and then I moved to Seoul.
저는 현재 서울에 삽니다. 이곳은 우리나라에서 가장 붐비는 도시이며, 저는 이곳에서 약 15년 동안 살고 있습니다. 하지만 어렸을 때는 부산에서 살았습니다. 저는 그곳에서 유년시절을 보냈고, 그 후에 서울로 이사 왔습니다.

현재를 묻는 질문에 대한 답변이 바로 나오지 않고, 과거에 대한 설명이 나오는 첫 번째 답변은 좋은 점수를 받을 수 없다. 따라서 의미 없는 설명 대신 질문에 대한 직접적인 답변을 먼저 하고, 그와 연관된 1~3문장의 부연 설명을 덧붙여 일관성(coherence)과 설득력을 보여 주자.

시험관

질문2 What do you like about your place?
당신이 살고 있는 곳에 대해 좋아하는 점은 무엇인가요?

[잘못된 예시] 부연 설명 없이 단답형의 답변을 하는 경우   응시자

답변 I like my living room. (X)
저는 거실을 좋아합니다.

[좋은 예시] 직접적인 답변 + 부연 설명

답변 The living room is my favourite spot in my house.
부연 설명 This is because it has big windows which allow natural light to come in and in fact, this makes me feel refreshed every morning.
거실은 제가 사는 곳에서 가장 좋아하는 공간입니다. 왜냐하면 거실에 큰 창문들이 있어서 자연광이 들어오기 때문입니다. 실제로 이것은 아침마다 저를 상쾌하게 해 줍니다.

첫 번째와 같은 단답형의 답변은 응시자의 영어 능력을 충분히 보여 주지 않으므로 높은 점수를 기대할 수 없다. 따라서 직접적인 답변 후 질문에 관련된 부연 설명을 꼭 해야 한다. 예를 들면, 위 답변에 가능한 부연 설명으로는 왜 거실을 좋아하는지(이유), 거실의 어떤 부분을 좋아하는지(예시) 등이 있다. 나의 답변과 직접적으로 연관된 부연 설명을 덧붙여서 간결하면서도 명확한 답변을 하여 고득점을 받도록 하자. 단, 부연 설명은 반드시 핵심 답변과 연관성이 있는 내용으로 하여 일관성을 유지하도록 한다.

부연 설명을 나타내는 Expressions

This is because S + V. 이것은 주어가 동사하기(이기) 때문이다.
- The best thing about my place is the location. This is because there are many convenient facilities.
  제가 사는 곳의 가장 좋은 점은 위치입니다. 왜냐하면 많은 편의 시설들이 있기 때문입니다.

In fact, S + V. 실제로 주어는 동사하다(이다).
- In fact, in front of my apartment there is a really nice park where I can take a walk.
  실제로 아파트 앞에 제가 산책할 수 있는 정말 멋진 공원이 있습니다.

실전 전략 4 질문에 나온 어휘를 그대로 반복하여 답변하지 말고 다른 말로 바꾸어 표현하여(paraphrasing) 어휘력을 보여 준다.

질문의 어휘를 그대로 사용하여 대답하면, 응시자의 어휘 능력을 충분히 보여 줄 수가 없다. 따라서 동의어나 유의어를 최대한 많이 사용하고 품사를 변형시켜 대답하는 것이 어휘력(Lexical Resource)에서 고득점을 받을 수 있는 전략이 된다.

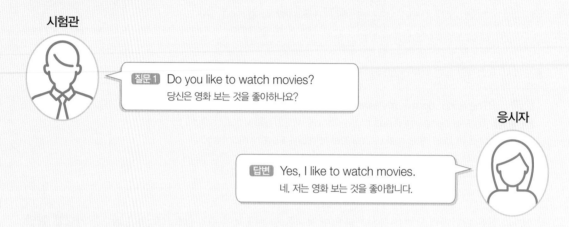

시험관

질문 1 Do you like to watch movies?
당신은 영화 보는 것을 좋아하나요?

응시자

답변 Yes, I like to watch movies.
네, 저는 영화 보는 것을 좋아합니다.

위의 대답은 질문의 어휘를 그대로 사용하여 대답하였는데, 이것은 고득점을 받을 수 있는 답변이 아니다. 질문의 동사 like를 똑같이 사용하여 대답하지 말고 대신 enjoy, be fond of, love와 같이 동일한 의미를 지닌 다른 어휘를 사용하여 답변하자. 아래의 예를 보자.

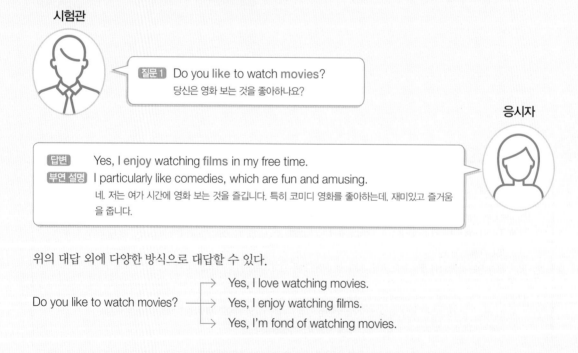

시험관

질문 1 Do you like to watch movies?
당신은 영화 보는 것을 좋아하나요?

응시자

답변 Yes, I enjoy watching films in my free time.
부연 설명 I particularly like comedies, which are fun and amusing.
네, 저는 여가 시간에 영화 보는 것을 즐깁니다. 특히 코미디 영화를 좋아하는데, 재미있고 즐거움을 줍니다.

위의 대답 외에 다양한 방식으로 대답할 수 있다.

Do you like to watch movies?
→ Yes, I love watching movies.
→ Yes, I enjoy watching films.
→ Yes, I'm fond of watching movies.

시험관

질문 2 What sports do you play regularly?
당신은 어떤 운동(스포츠)을 규칙적으로 하나요?

응시자

답변 I play tennis.
저는 테니스를 칩니다.

위의 질문에서는 regularly라는 부사를 사용하여 '규칙적으로' 하는 운동에 대해 질문했으므로 답변을 할 때 '규칙적으로 한다'라는 대답이 들어가면 질문의 요지를 잘 파악한 답변이 된다. 예를 들어, '매주 일요일 아침 마다(every Sunday morning)', '최소한 일주일에 두 번(at least twice a week)' 등과 같이 '규칙적으로 운동 하고 있음'을 나타낼 수 있는 표현 어구들을 이용하자.

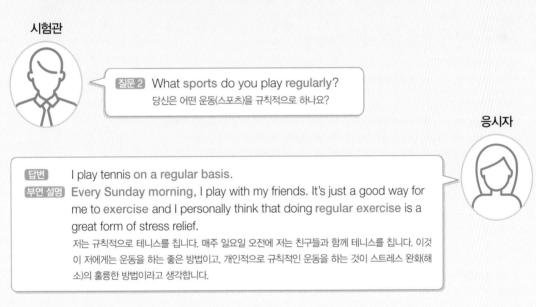

시험관

질문 2 What sports do you play regularly?
당신은 어떤 운동(스포츠)을 규칙적으로 하나요?

응시자

답변 I play tennis on a regular basis.
부연 설명 Every Sunday morning, I play with my friends. It's just a good way for me to exercise and I personally think that doing regular exercise is a great form of stress relief.
저는 규칙적으로 테니스를 칩니다. 매주 일요일 오전에 저는 친구들과 함께 테니스를 칩니다. 이것 이 저에게는 운동을 하는 좋은 방법이고, 개인적으로 규칙적인 운동을 하는 것이 스트레스 완화(해 소)의 훌륭한 방법이라고 생각합니다.

위의 예시처럼 동의어를 이용하거나 품사를 바꾸어 대답하여 폭넓은 어휘력을 보여 주자. 또한 대부분의 시 험 응시자들이 말하는 뻔한 패턴보다는 남들과 다르게 말하는 것도 고득점을 받기에 도움이 된다. 예를 들 어, 많은 응시자들이 '그것은 스트레스를 풀기에 좋은 방법이다.'라는 문장을 만들 때 '(스트레스를) 풀다, 줄 이다'라는 동사를 이용해서 말한다. 하지만 동사가 아닌 '(스트레스) 완화'라는 명사를 이용하여 말하면 더 높 은 점수를 기대해 볼 수 있다.

It is a great way to **relieve stress**. ⋯⋯▸ It is a great form of **stress relief**.

Practice

1 Do you like to watch movies?

🎧 P1-Pr1

당신은 영화 보는 것을 좋아하나요?

Step 1. Brainstorming 하기

답변	Yes or No 대답하기	Yes
부연 설명	(부연 설명) 좋아하는 장르 말하기 (이유) 좋아하는 이유 말하기 (예시/경험) 구체적인 예시/나의 경험	코미디(comedies) 재미있고 신나고 웃음을 준다(fun, exciting and hilarious) 스트레스 해소에 도움을 준다(help me relieve stress)

Step 2. 아이디어 & 표현 영작하기

답변
Yes, I do.

좋아하는 장르 말하기
I enjoy watching films, particularly comedies.

좋아하는 이유 말하기
I like them **because** they are fun, exciting and hilarious.

부연 정보 말하기
Since laughter is the best medicine, watching films can **also** help me relieve stress.
네. 저는 영화 보는 것을 즐깁니다. 특히 코미디 장르를 좋아해요. 왜냐하면 이것들은 재미있고 신나고 웃음을 주기 때문입니다. 웃음이 가장 좋은 약이기 때문에 영화를 보는 것은 스트레스 해소에 도움을 주기도 합니다.

🖋 Vocabulary / Expressions

film [n] 영화   particularly [adv] 특히, 특별히   hilarious [adj] 아주 우스운 [재미있는]   laughter [n] 웃음   medicine [n] 약   relieve [v] (긴장/스트레스를) 풀다, 해소하다   laughter is the best medicine 웃음이 명약(최고의 약)이다

나만의 답변 만들기

2 Do you want to learn how to cook?

🎧 P1-Pr2

당신은 요리하는 법을 배우고 싶은가요?

Step 1. Brainstorming 하기

답변	Yes or No 대답하기	Yes
부연 설명	(이유) 배우고 싶은 이유 (예시/경험) 구체적 예시/나의 경험 어떤 음식을 배우고 싶은지 왜 배우고 싶은지	필수적이다(essential) 간단한 음식 조리법 배움(learned how to make simple things) 디저트 만드는 법을 배우고 싶다(learn how to make desserts) 단 음식을 좋아한다(have a sweet tooth)

Step 2. 아이디어 & 표현 영작하기

답변

Yes, I'd like to learn how to cook various dishes.

이유 말하기

Since I live on my own, it is **essential** for me to know how to cook.

부연 설명 말하기

In fact, I learned how to make some simple things **such as** pasta and a few traditional Korean dishes.

배우고 싶은 음식 말하기 + 이유 말하기

And recently, I decided to learn how to make some desserts **such as** chocolate cake **since** I have a sweet tooth.

네, 저는 다양한 음식들을 요리하는 법을 배우고 싶습니다. 제가 혼자 살기 때문에 요리하는 방법을 아는 것은 저에겐 필수적입니다. 실제로 저는 파스타와 몇 가지 한국 음식 같은 간단한 것들을 만드는 법을 배웠습니다. 그리고 최근에는 제가 단 것을 좋아하기 때문에 초콜릿 케이크 같은 디저트 만드는 법을 배우기로 했습니다.

📋 Vocabulary / Expressions

on one's own 혼자　　various [adj] 다양한　　dish [n] 요리　　essential [adj] 필수적인　　dessert [n] 디저트　　have a sweet tooth 단 것을 좋아하다

나만의 답변 만들기

PAGODA IELTS Speaking

PART

1

주제별 스킬

IELTS SPEAKING PART 1에서 자주 출제되는 주제들을 학습하고, 나만의 답변을 미리 준비하여 실전에 대비하자.

UNIT 01
직업과 학업 (Work and Study)

응원 바로 듣기

[Work and Study] 주제는 IELTS Speaking Part 1에서 첫 번째로 물어보는 질문으로 거의 대부분의 응시자에게 출제되는 주제이다. 따라서 일을 하고 있다면 일과 관련된 답변을 미리 준비해 두고, 학업 중이라면 그에 맞는 답변을 미리 학습하여 실전에 대비하자. 이 주제는 다른 주제들과 달리 매우 자세히 그리고 장황하게 이야기할 필요는 없다. 간단하고 명확하게 답변하도록 하자.

🎯 자주 나오는 문제 알아보기

당신은 일을 하나요, 아니면 학생인가요? ★
Do you work or are you a student?

당신은 왜 그 전공을 선택했나요? ★
Why did you choose that course? 학생일 경우

당신의 전공에서 무엇이 가장 좋은가요? ★
What do you like most about the major? 학생일 경우

당신은 왜 그 직업을 선택했나요? ★
Why did you choose your occupation? 일을 할 경우

당신의 일에서 무엇이 가장 좋은가요? ★
What do you like most about your work? 일을 할 경우

주제별 유용한 어휘와 표현들을 학습하여 질문의 답변을 준비해 두자.

📦 Useful Vocabulary/Expressions

직업 관련 어휘/표현	
회계사 an accountant	건축가 an architect
변호사 a lawyer, a solicitor	간호사 a nurse
엔지니어 an engineer	판매원, 점원 a shop assistant
자영업의 self-employed	마케팅 부서에서 in the marketing department
재무 부서에서 in the finance department	IT 부서에서 in the IT department
인사 부서에서 in the human resources department	대기업에서 일하다 work for a big company
건설 회사에서 일하다 work for a construction company	광고 회사에서 일하다 work for an advertising company
의류 회사에서 일하다 work for a clothing company	고객을 상대하다 deal with customers/clients
여성 의류를 디자인하다 design women's clothing	직원을 관리하다 manage employees/workers
재무 기록을 작성하다 make financial records	전자 기기를 제조하다 manufacture electronic devices
프로젝트를 하다 work on a project	직장 동료 a co-worker, a colleague
상사 a boss	팀원 a team member
고용주, 사장 an employer, an owner	직원 an employee, a worker, a staff

학업 및 전공 관련 어휘/표현	
회계학 accounting	통계학 statistics
경제학 economics	법학 law
경영학 business administration	건축학 architecture
생물학 biology	공학 engineering
화학 chemistry	철학 philosophy
강의를 듣다 take a lecture	개별/그룹별 지도 수업을 듣다 take a tutorial class
발표를 하다 give a presentation	보고서를 쓰다 write a report/paper
설문 조사를 하다 conduct a survey	교수 a lecturer, a tutor
유망한 분야 a promising field	이 분야에 관심이 있는 interested in this area/field

1 Do you work or are you a student? 학생일 경우

당신은 일을 하나요, 아니면 학생인가요?

나만의 답변을 해 보자.

[난이도 하 답변]

★ 5.5-	핵심 답변 I am a student. 저는 학생입니다.

위와 같은 단답형의 답변은 절대 좋은 점수를 받을 수 없다. 반드시 한두 문장의 부연 설명으로 무슨 일을 하는지 또는 어떤 것을 전공하는지 함께 말하자.

[난이도 중 답변]

★★ 5.5+	핵심 답변 I am a student. 부연 설명 I am majoring in accounting at university and I enjoy studying that field. 저는 학생입니다. 저는 대학에서 회계학을 공부하고 있으며, 그 분야를 공부하는 것을 즐깁니다.

전공을 이야기하는 방법으로는 be majoring in (전공 과목) 또는 be doing a course in (전공 과목)(I am doing a course in accounting. 나는 회계학을 전공하고 있다.) 등이 있다.

[난이도 상 답변]

★★★ 6.5+	핵심 답변 I am a student. 부연 설명 I am majoring in accounting at university, and I enjoy studying it since I've always been interested in that field. 저는 학생입니다. 저는 대학에서 회계학을 공부하고 있으며, 항상 그 분야에 관심을 가져왔기 때문에 그것을 공부하는 것을 즐깁니다.

IELTS Speaking 시험에서 현재완료와 수동태가 결합된 [have been p.p.]와 같은 다양한 문법을 사용한다면 가산점을 받을 수 있다.

Vocabulary / Expressions

accounting n 회계학   field n 분야   be interested in ~에 관심이 있다

위의 예시 답변을 학습한 후 다시 나만의 답변을 해 보자.

2 Why did you choose that course? [학생일 경우]

🎧 P1-U1_2

당신은 왜 그 전공을 선택했나요?

나만의 답변을 해 보자.

[난이도 하 답변]

★ 5.5-	**핵심 답변** I chose my major because I like dealing with numbers. 저는 숫자를 다루는 것을 좋아해서 제 전공을 선택했습니다.

[난이도 중 답변]

★★ 5.5+	**핵심 답변** I chose my major because I want to get a job in that field. **부연 설명** Being an accountant is my dream after graduation. 저는 그 분야에 직업을 구하고 싶어서 제 전공을 선택했습니다. 회계사가 되는 것은 졸업 후 제 꿈입니다.

위의 답변은 전공을 선택한 이유로 '그 분야에 직업을 구하고 싶어서'라고 말한 후 '회계사'라는 직업을 언급함으로써 바로 앞 문장의 적절한 부연 설명을 하고 있다.

[난이도 상 답변]

★★★ 6.5+	**핵심 답변** I decided to study accounting because it is a promising field. **부연 설명** In fact, there are great employment opportunities not only in my country but also overseas. 저는 회계학이 유망한 분야이기 때문에 공부하기로 결정했습니다. 실제로 우리나라뿐만 아니라 해외에서도 큰 고용 기회가 있습니다.

'유망한 분야'라는 답변에 이어 '큰 고용 기회'라는 부연 설명으로 답변의 일관성을 보여 주었다.

 Vocabulary / Expressions

deal with ~을 다루다   get a job 직업을 구하다   accountant n 회계사   promising adj 유망한   employment opportunity 고용 기회   overseas adv 해외에서

위의 예시 답변을 학습한 후 다시 나만의 답변을 해 보자.

3 What do you like most about the major? 학생일 경우 P1-U1_3
당신의 전공에서 무엇이 가장 좋은가요?

나만의 답변을 해 보자.

[난이도 하 답변]

★ 5.5-	핵심 답변 I enjoy studying tax law. 저는 세법을 공부하는 것을 즐깁니다.

'무엇이 가장 좋은가?'라는 질문에 '무엇이 좋다'라는 답변만 하지 말고 반드시 왜 좋은지 혹은 구체적으로 좋은 예시 등을 들어 답변의 설득력을 보여 주자.

[난이도 중 답변]

★★ 5.5+	핵심 답변 I particularly enjoy studying tax law. 부연 설명 I think it is very practical and helpful in real life. 저는 특히 세법을 공부하는 것을 즐깁니다. 제 생각에는 그것이 매우 실용적이고 실제 삶에서 유용합니다.

[난이도 상 답변]

★★★ 6.5+	핵심 답변 What I like best about my major is studying tax law. 부연 설명 I believe it is a very beneficial and practical subject. For example, it teaches me how to manage assets. 제가 제 전공에서 가장 좋아하는 것은 세법을 공부하는 것입니다. 저는 그것이 매우 유익하고 실용적인 과목이라고 생각합니다. 예를 들면, 그것은 제게 자산을 관리하는 방법을 가르쳐 줍니다.

📝 **Vocabulary / Expressions**

tax law 세법　　particularly adv 특히　　helpful adj 도움이 되는, 유용한　　beneficial adj 유익한　　practical adj 실용적인　　manage v 관리하다　　assets n 자산

위의 예시 답변을 학습한 후 다시 나만의 답변을 해 보자.

4 Do you work or are you a student? 일을 할 경우 🎧 P1-U1_4

당신은 일을 하나요, 아니면 학생인가요?

나만의 답변을 해 보자.

[난이도 하 답변]

★ 5.5-	핵심 답변 I work. 저는 일합니다.

위의 예시는 절대로 하지 말아야 하는 답변이다. 반드시 충분한 답변을 하도록 하자.

[난이도 중 답변]

★★ 5.5+	핵심 답변 I work for a clothing company. 부연 설명 I am in charge of designing women's clothing. 저는 의류 회사에서 일합니다. 저는 여성 의류 디자인을 담당하고 있습니다.

[난이도 상 답변]

★★★ 6.5+	핵심 답변 I work as a fashion designer for a clothing company. 부연 설명 I've been doing the job for about three years. 저는 패션 디자이너로 의류 회사에서 일합니다. 약 3년간 이 일을 해왔습니다.

✏ Vocabulary / Expressions

clothing n 의류   designer n 디자이너

위의 예시 답변을 학습한 후 다시 나만의 답변을 해 보자.

5 Why did you choose your occupation? 일을 할 경우

🎧 P1-U1_5

당신은 왜 그 직업을 선택했나요?

나만의 답변을 해 보자.

[난이도 하 답변]

★ 5.5-	핵심 답변 I chose my job because I am interested in that area. 저는 그 분야에 관심이 있어서 제 직업을 선택했습니다.

[난이도 중 답변]

★★ 5.5+	핵심 답변 I chose my job because I've always been interested in fashion. 저는 항상 패션에 관심이 있어서 제 직업을 선택했습니다.

위의 답변은 앞에 나온 [난이도 하 답변]과 매우 유사하지만, 사용된 시제 하나로 더 높은 점수대를 기대할 수 있다. 이렇듯 같은 답변처럼 들리지만 시제 또는 어휘, 그리고 답변하는 내용의 일관성 혹은 논리성 등이 점수에 크게 영향을 미치므로 이러한 것들을 고려하여 답변하도록 하자.

[난이도 상 답변]

★★★ 6.5+	핵심 답변 I chose my job because I've always been interested in fashion. 부연 설명 In particular, I am fascinated by a variety of fabrics and colours. 저는 항상 패션에 관심이 있어서 제 직업을 선택했습니다. 특히 저는 다양한 옷감과 색감에 매료됩니다.

✏️ Vocabulary / Expressions

fascinated adj 매료된　　a variety of 다양한　　fabric n 옷감, 천

위의 예시 답변을 학습한 후 다시 나만의 답변을 해 보자.

6 What do you like most about your work? 일을 할 경우 🎧 P1-U1_6
당신의 일에서 무엇이 가장 좋은가요?

나만의 답변을 해 보자.

[난이도 하 답변]

★ 5.5-	핵심 답변 I like my co-workers the most. 저는 직장 동료들을 가장 좋아합니다.

[난이도 중 답변]

★★ 5.5+	핵심 답변 I like my co-workers the most. 부연 설명 I work with nice people who are willing to help me whenever I am in trouble. 저는 직장 동료들을 가장 좋아합니다. 저는 문제가 생길 때마다 기꺼이 저를 도와주려는 좋은 사람들과 함께 일합니다.

'직장 동료가 좋다'라는 핵심 답변의 부연 설명으로 어떠한 동료들인지를 묘사하여 연관성 있는 답변이 된다.

[난이도 상 답변]

★★★ 6.5+	핵심 답변 I like my co-workers the most. 부연 설명 I work with nice people who are willing to help me whenever I am in trouble. Thanks to them, I have enjoyed my work. 저는 직장 동료들을 가장 좋아합니다. 저는 문제가 생길 때마다 기꺼이 저를 도와주려는 좋은 사람들과 함께 일합니다. 저는 그들 덕분에 즐겁게 일합니다.

 Vocabulary / Expressions

be willing to 기꺼이 ~하다   be in trouble 곤경에 처해 있다   thanks to ~덕분에

위의 예시 답변을 학습한 후 다시 나만의 답변을 해 보자.

집(Home)

음원 바로 듣기

[Home] 주제는 IELTS Speaking Part 1에서 가장 많이 출제되는 주제이다. 반드시 아래 나오는 문제들의 답변을 미리 준비하여 시험에서 유창하게 말할 수 있도록 하자.

🎲 자주 나오는 문제 알아보기

당신은 주택에 사나요, 아니면 아파트에 사나요? ★
Do you live in a house or an apartment?

당신이 사는 곳에서 가장 좋은 것은 무엇인가요? ★
What do you like most about the area where you live?

당신의 집에서 당신이 가장 좋아하는 공간은 어디인가요? 그곳을 묘사해 주세요. ★
What is your favourite room in your home? Describe it.

미래에 당신은 어떤 종류의 집에서 살고 싶나요? ★
In the future, what type of home would you like to live in? (Why?)

주제별 유용한 어휘와 표현들을 학습하여 질문의 답변을 준비해 두자.

Useful Vocabulary/Expressions

사는 곳 종류	
고층 아파트 a high-rise apartment	일층 주택 a single-storey house
방 세 개 아파트 a three-bedroom apartment	이층 주택 a two-storey house
원룸 a studio apartment	기숙사 a dormitory, a hall of residence

사는 곳 관련 어휘/표현	
편의 시설 convenient facilities	잘 갖춰진 보안 시설 a well-equipped security system
작은 정원이 있는 with a small garden	넉넉한 주차 공간 ample parking space
편리한 위치에 있다 be in a convenient location	매우 가까운 거리 a stone's throw away
자연과 가까운 close to nature	사람들로 가득 찬 packed with people
인구가 밀집한 densely populated	도시 중심에 in the centre of the city, in the heart of the city
10층에 on the 10th floor	놀라운 자연환경 stunning natural surroundings
친환경적인, 자연 친화적인 eco-friendly, environmentally-friendly	교외에, 변두리에 on the outskirts
도시에 in a city, in an urban area	시골에 in the countryside, in a rural area, in a remote area
위층 이웃 an upstairs neighbour	이웃사람들, 근처, 이웃 neighbourhood

집 실내 묘사 관련 어휘/표현	
넓은 거실 a spacious living room	발코니 a balcony
안방 a master room	화장실 a bathroom
큰 창문 a large window	서재 a study
공간이 넓은 spacious	비좁은 cramped
정리가 잘 된 well-organised	정리가 안 된, 지저분한 messy
가구가 모두 갖춰진 fully-furnished	실용적인 functional
아늑한 cosy	편안한 comfortable
평화로운 peaceful	방음이 잘 되는, 방음 장치가 된 soundproof
통풍이 잘 되는 airy, well-ventilated	탁 트인 생활 공간 an open living space
전통적인 디자인 a traditional design	지극히 평범한 디자인 a conventional design
전형적인 디자인 a typical design	초현대적인 디자인 an ultra-modern design
최첨단 컴퓨터 시스템 a state-of-the-art computer system	

건축 자재 관련 어휘/표현	
콘크리트 concrete	돌 stone
철, 철강 steel	벽돌 brick
목재, 나무 timber, wood	유리 glass

1 Do you live in a house or an apartment?

당신은 주택에 사나요, 아니면 아파트에 사나요?

나만의 답변을 해 보자.

[난이도 하 답변]

★ 5.5-	**핵심 답변** I live in an apartment with my family. 저는 지의 가족과 함께 아파트에 삽니다.

위와 같은 단답형의 답변은 좋은 점수를 받을 수 없다. 살고 있는 아파트를 묘사할 수 있는 형용사 등을 이용하여 조금 더 구체적인 답변을 하자.

[난이도 중 답변]

★★ 5.5+	**핵심 답변** I live in a studio apartment on my own. **부연 설명** It is in a convenient location where there are many big malls and various modes of transport. 저는 혼자서 원룸에 삽니다. 그것은 여러 가지 큰 쇼핑몰과 다양한 교통수단이 있는 편리한 위치에 있습니다.

핵심 답변으로 사는 곳을 말한 후 위치를 추가 설명함으로써 충분한 답변이 된다.

[난이도 상 답변]

★★★ 6.5+	**핵심 답변** I live in a high-rise apartment in the centre of the city. **부연 설명** I've been living there for about three years. Since my place is on the 17th floor, I can see the river, which makes me feel relaxed. 저는 도시 중심에 있는 고층 아파트에 삽니다. 저는 그곳에서 3년 정도 살고 있습니다. 저희 집은 17층에 있기 때문에 강을 볼 수 있고, 그것이 저를 편안하게 합니다.

어디에 사는지에 대한 답변과 함께 사는 곳의 특징과 그것에 대해 느끼는 개인적인 감정까지 설명한 위의 예시 답변은 고득점을 받기 위한 충분한 답변이 된다. 또한 현재완료진행 시제를 사용함으로써 문법 가산점까지 받을 수 있으므로 좋은 예시가 된다.

✐ Vocabulary / Expressions

on one's own 혼자, 혼자서   various adj 다양한   mode n 수단   high-rise adj 고층의   relaxed adj 편안한

위의 예시 답변을 학습한 후 다시 나만의 답변을 해 보자.

2 What do you like most about the area where you live?

당신이 사는 곳에서 가장 좋은 것은 무엇인가요?

나만의 답변을 해 보자.

[난이도 하 답변]

> ★
> **5.5-**
>
> 핵심 답변 I like the park in my neighbourhood the most.
> 저는 저희 동네의 공원을 가장 좋아합니다.

'공원이 가장 좋다'라는 답변은 핵심 답변은 되지만, 왜 좋은지에 대한 설명이 부족하다. 반드시 한두 문장을 더해 부연 설명을 하도록 하자.

[난이도 중 답변]

> ★★
> **5.5+**
>
> 핵심 답변 The park in my neighbourhood is my favourite spot. 부연 설명 I often enjoy taking a walk there after dinner.
> 저희 동네에 있는 공원은 제가 가장 좋아하는 곳입니다. 저는 종종 저녁 식사 후에 그곳에서 산책하는 것을 즐깁니다.

첫 번째 [난이도 하 답변]은 문제에 언급된 동사 like를 그대로 사용하여 답변함으로써 어휘의 다양성을 보여주지 못했으나, 위의 답변은 다른 패턴으로 답변 함과 동시에 가장 좋아하는 장소인 공원에서 무엇을 하는지도 말해줌 으로써 충분한 답변이 된다.

[난이도 상 답변]

> ★★★
> **6.5+**
>
> 핵심 답변 The park in my neighbourhood is my favourite spot. 부연 설명 Sometimes I take a walk in the park along the river after dinner. This is my favourite moment since I can have some peaceful time.
> 저희 동네에 있는 공원은 제가 가장 좋아하는 곳입니다. 저는 가끔 저녁 식사 후에 강을 따라 공원에서 산책합니다. 이때가 제가 가장 좋아하는 순간인데 왜냐하면 평화로운 시간을 보낼 수 있기 때문입니다.

위의 예시 외에도 What I like best about my place is ~. 혹은 The best thing about my place is ~.(내가 사는 곳에서 내가 가장 좋아하는 것은 ~이다.)와 같이 답변을 시작해도 좋다. 핵심 답변 후에 공원에서 무엇을 하는지 그리고 이것이 어떤 감정을 들게 하는지 설명하여 논리적으로 이야기를 전개해 나가면 좋다.

✏️ Vocabulary / Expressions

neighbourhood n 동네, 이웃, 근처   take a walk 산책하다   along the river 강을 따라   moment n 순간   peaceful adj 평화로운

위의 예시 답변을 학습한 후 다시 나만의 답변을 해 보자.

3 What is your favourite room in your home? Describe it.

당신의 집에서 당신이 가장 좋아하는 공간은 어디인가요? 그곳을 묘사해 주세요.

나만의 답변을 해 보자.

[난이도 하 답변]

★
5.5-

핵심 답변 My favourite room in my home is the living room.
저희 집에서 제가 가장 좋아하는 공간은 거실입니다.

위와 같이 문제의 어휘를 그대로 반복해서 답변하는 것은 좋은 방법이 아니다. 최소한 문제에서 사용된 어휘를 동의어나 유의어로 바꾸어 답변하자. 핵심 답변 외에 부연 설명하는 것도 잊지 말자.

[난이도 중 답변]

★★
5.5+

핵심 답변 The living room is my favourite place. **부연 설명** I particularly love the couch. Whenever I see it, it calls me to sit down and relax.
거실은 제가 가장 좋아하는 곳입니다. 저는 특히 소파를 좋아하는데, 제가 그것을 볼 때마다 앉아서 쉬고 싶게 합니다.

[난이도 상 답변]

★★★
6.5+

핵심 답변 The living room is my favourite spot in my place. **부연 설명** It has large windows and a comfortable couch. Although it is not spacious, it is quite bright and pleasant. Also, there is not much furniture, so it is neat and organised.
거실은 제가 사는 곳에서 제가 가장 좋아하는 곳입니다. 거실에는 큰 창문들과 편안한 소파가 있습니다. 비록 넓지는 않지만, 꽤 밝고 쾌적합니다. 또한 가구도 많지 않아서 깔끔하고 정돈되어 있습니다.

가장 좋아하는 공간을 묘사하라고 하였기 때문에 구체적으로 어떤 가구가 있는지 그리고 분위기는 어떤지를 묘사해 주어야 한다. 거실에 큰 창문들이 있고 편안한 소파가 있다는 구체적인 설명과 함께, 이 공간에서 느낄 수 있는 분위기를 설명함으로써 질문에서 요구한 내용의 충분한 답변이 된다.

🗂 Vocabulary / Expressions

couch n 소파, 카우치   comfortable adj 편안한   spacious adj 공간이 넓은   bright adj 밝은   pleasant adj 쾌적한   furniture n 가구   neat adj 깔끔한   organised adj 정돈된

위의 예시 답변을 학습한 후 다시 나만의 답변을 해 보자.

4 In the future, what type of home would you like to live in? (Why?) 🎧 P1-U2_4

미래에 당신은 어떤 종류의 집에서 살고 싶나요?

나만의 답변을 해 보자.

[난이도 하 답변]

★ 5.5-	핵심 답변 In the future, I would like to live in a two-storey house. 미래에 저는 2층 집에서 살고 싶습니다.

[난이도 중 답변]

★★ 5.5+	핵심 답변 In the future, I would like to live in a two-storey house which has a small garden. 부연 설명 Since I love dogs, I would like to raise two big dogs and play with them in the garden. 미래에 저는 작은 정원이 있는 2층 집에서 살고 싶습니다. 제가 개를 좋아하기 때문에 2마리의 큰 개를 기르고 그들과 함께 정원에서 놀고 싶습니다.

'정원이 있는 집에 살고 싶다'라는 핵심 답변에 이어서 '큰 개를 기르고, 개와 함께 정원에서 놀고 싶다'라는 연관성 있는 부연 설명을 하여 알맞은 답변이 된다.

[난이도 상 답변]

★★★ 6.5+	핵심 답변 My dream house is a two-storey house with a garden on the outskirts. 부연 설명 This is because I'd like to live in a pristine environment and feel closer to nature. Also, in the garden, I could grow various types of trees and flowers, which would be pleasurable. 제 꿈의 집은 교외에 있는 정원이 있는 2층 집입니다. 왜냐하면 저는 자연 그대로의 환경에서 살면서 자연과 더 가깝게 느끼고 싶기 때문입니다. 또한 정원에서 저는 다양한 종류의 나무와 꽃을 기를 수 있는데, 그것은 즐거운 일일 겁니다.

✂ Vocabulary / Expressions

raise v 기르다   on the outskirts 교외에, 변두리에   pristine adj 자연 그대로의, 오염되지 않은   grow v 기르다   various adj 다양한
pleasurable adj 즐거운

위의 예시 답변을 학습한 후 다시 나만의 답변을 해 보자.

독서(Reading)

음원 바로 듣기

[Reading] 주제는 IELTS Speaking Part 1 주제로 출제 빈도수가 매우 높다. 그중 어떤 문제들이 자주 나오는지를 확인해 보고, 학습 후 나만의 답변도 준비하여 실전에 대비하자.

🔹 자주 나오는 문제 알아보기

당신은 어디서 가장 독서를 즐기나요? ★
Where do you most enjoy reading? (Why?)

당신은 혼자 독서하는 것을 좋아하나요, 아니면 사람들과 그룹으로 독서하는 것을 좋아하나요? ★
Do you like to read alone or with a group of people? (Why?)

당신은 보통 즐거움을 위해 독서하나요, 아니면 정보를 얻기 위해 독서하나요? ★
Do you normally read for enjoyment or to get information?

아이들은 책을 읽을 때 큰 소리로 읽어야 하나요? ★
Should children read aloud when they are reading books? (Why?)

주제별 유용한 어휘와 표현들을 학습하여 질문의 답변을 준비해 두자.

🧊 Useful Vocabulary/Expressions

책 장르 및 장르별 특징		
소설 fiction	범죄와 탐정 소설 crime and detective	매우 긴장감 넘치고 흥미로운 highly suspenseful and intriguing 손에 땀을 쥐게 하는 on the edge of one's seat
	만화와 그래픽 소설 comic and graphic novel	재미있고 웃긴 amusing and hilarious 스트레스 해소에 도움을 준다 help readers relieve stress
	동화 fairy tale	즐겁고 교육적인 entertaining and educational 스트레스 해소에 도움을 준다 help readers relieve stress
	연애 소설 romance	낭만적이고/아름답고 감동적인 romantic and touching 관계에 대한 교훈을 준다 give readers lessons about relationships
	공상 과학 소설 science fiction (sci-fi)	상상력이 풍부하고 영감을 주는 imaginative and inspirational 창의성 발달에 도움을 준다 help develop one's creativity
비소설 nonfiction	일대기, 전기 biography	교육적이고 영감을 주는 educational and inspirational 다양한 교훈을 준다 give readers various lessons
	자기계발서 self-help books	현실적이고 교육적인 realistic and educational 동기 부여가 되는 것을 느끼다 feel motivated
	수필, 에세이 essay	현실적이고 교육적인 realistic and educational 다양한 교훈을 준다 give readers various lessons

독서 타입별 특징	
혼자	책에 더 집중할 수 있다 can concentrate more on books
그룹	감정을 나눌 수 있다 can share one's feelings 다른 사람들의 생각을 들을 수 있다 can listen to other people's thoughts 시야를 넓힐 수 있다 can broaden perspectives

책을 읽는 목적 및 장점	
즐거움	여가 시간을 보내다 spend one's free time – 스트레스를 풀 수 있다 can relieve stress
정보	일(업무)의 일부이다 be part of one's job – 전문성을 향상시키다 enhance one's expertise

책 관련 어휘/표현	
잠자리 독서 (취침 전 독서) bedtime reading	흥미를 끄는 gripping
책을 많이 읽는 독자/사람 a big reader	관심을 끌다, 집중시키다 grab one's attention
(책을) 처음부터 끝까지 from cover to cover	술술 읽히는 책, 흥미진진한 책 a real page-turner
마음을 사로잡는, 매혹적인 captivating	그것을 내려놓을 수 없다, 그만두지 못하다 cannot put it down
몹시 신나는, 매우 감동적인 mind-blowing	

독서 공간 묘사 관련 어휘/표현	
아늑하고 쾌적한 구석 자리 a cosy and comfortable nook	쥐 죽은 듯 조용한, 엄청나게 조용한 dead quiet

1 Where do you most enjoy reading? (Why?)

당신은 어디서 가장 독서를 즐기나요?

나만의 답변을 해 보자.

[난이도 하 답변]

★ 5.5-
> 핵심 답변 I usually read books in my room 부연 설명 because I can concentrate on the book.
> 저는 보통 제 방에서 책을 읽습니다. 왜냐하면 저는 책에 집중할 수 있기 때문입니다.

위의 답변은 직접적인 답변은 하였지만 부연 설명이 부족하여 5.5점 이상을 받을 수 없다. 왜 나의 방에서 책에 집중할 수 있는지에 대한 설명도 함께 언급하여 답변의 설득력을 높이자.

[난이도 중 답변]

★★ 5.5+
> 핵심 답변 I prefer reading books at home. 부연 설명 This is because it is the most comfortable place for me.
> 저는 집에서 책을 읽는 것을 선호합니다. 왜냐하면 그곳이 저에게는 가장 편안한 장소이기 때문입니다.

Brainstorming ⋯ Where? 집, Why? 가장 편안한 장소여서

위의 예시는 질문에 맞는 답변과 연관성 있는 부연 설명을 함으로써 알맞은 답변이 된다. 하지만 더 높은 점수를 위해서는 고급 문법과 어휘에 신경 쓰도록 하자.

[난이도 상 답변]

★★★ 6.5+
> 핵심 답변 I prefer going to a quiet place such as a library or a park. 부연 설명 This is because I tend to get distracted easily if there are lots of people or if there are many sounds that can catch my attention.
> 저는 도서관이나 공원 같은 조용한 곳에 가는 것을 선호합니다. 왜냐하면 저는 사람이 많거나 주의를 끄는 소리가 많으면 쉽게 주의가 산만해지는 경향이 있기 때문입니다.

위의 답변은 질문의 Where에 해당하는 책을 즐겨 읽는 장소(조용한 장소)를 언급하고 예시(도서관, 공원)를 들어 줌으로써 충분히 구체적인 답변이 된다. 뿐만 아니라 왜(Why?) 조용한 장소를 좋아하는지도 설명함으로써 설득력을 더해 주었다.

✏ Vocabulary / Expressions

concentrate on ~에 집중하다　library ⓝ 도서관　comfortable place 편안한 장소　tend to ~하는 경향이 있다　quiet place 조용한 장소　get distracted 산만해지다. 집중을 못하다　such as ~와 같은　catch one's attention 관심을 가져다, 주의를 끌다

위의 예시 답변을 학습한 후 다시 나만의 답변을 해 보자.

2 Do you like to read alone or with a group of people? (Why?)

당신은 혼자 독서하는 것을 좋아하나요, 아니면 사람들과 그룹으로 독서하는 것을 좋아하나요?

나만의 답변을 해 보자.

[난이도 하 답변]

★ 5.5-	핵심 답변 I like to read with a group of people. 부연 설명 This is because I can share my feelings with others after reading. 저는 사람들과 그룹으로 독서하는 것을 좋아합니다. 책을 읽은 후 다른 사람들과 제 감정들을 나눌 수 있기 때문입니다.

[난이도 중 답변]

★★ 5.5+	핵심 답변 I am fond of reading books with others. 부연 설명 I can broaden my perspectives by listening to other people's thoughts. 저는 다른 사람들과 함께 책 읽는 것을 좋아합니다. 다른 사람들의 생각을 들어봄으로써 저는 저의 시야를 넓힐 수 있습니다.

like 대신 be fond of를 사용하고 'broaden one's perspectives(시야/관점을 넓히다)'라는 표현을 사용한 것은 어휘의 다양성을 보여줄 수 있는 좋은 답변이 된다. 또한 문맥에 맞는 적절한 문법 사용(by -ing ~함으로써)은 점수를 올려준다.

[난이도 상 답변]

★★★ 6.5+	핵심 답변 I prefer reading with others to reading on my own 부연 설명 since it allows me to share ideas and feelings with others after reading. For instance, by listening to other people's thoughts, I can broaden my perspectives. In fact, I have found it really helpful. 저는 혼자 독서를 하는 것보다 다른 사람들과 함께 독서하는 것을 선호합니다. 왜냐하면 그것은 독서를 한 후 생각과 감정을 다른 사람들과 공유할 수 있게 해 주기 때문입니다. 예를 들면 다른 사람들의 생각을 들어봄으로써, 저는 저의 시야를 넓힐 수 있습니다. 실제로 저는 이것이 정말 도움이 된다고 느꼈습니다.

위의 답변은 질문에 대해 '다른 사람들과 함께 독서하는 것을 좋아한다'라는 명확한 답변과 함께 그것의 좋은 점과 예시를 들어 설득력을 높여주었다. 그리고 5형식 문장을 이용하여 느낀 점을 표현함으로써 문법 부분에서도 점수를 받을 수 있다.

✏️ Vocabulary / Expressions

share v 나누다, 공유하다　be fond of ~을 좋아하다/즐기다　broaden one's perspectives 시야/관점을 넓히다　listen to ~을 듣다
thought n 생각, 사고　on one's own 혼자　allow v 허락하다, 가능하게 하다　find v ~라고 알다/느끼다　helpful adj 도움이 되는

위의 예시 답변을 학습한 후 다시 나만의 답변을 해 보자.

3 Do you normally read for enjoyment or to get information? P1-U3_3

당신은 보통 즐거움을 위해 독서하나요, 아니면 정보를 얻기 위해 독서하나요?

나만의 답변을 해 보자.

[난이도 하 답변]

★ 5.5-	핵심 답변 I usually read for enjoyment. 부연 설명 I like reading science fiction. 저는 보통 즐거움을 위해 독서합니다. 저는 공상 과학 소설 읽는 것을 좋아합니다.

[난이도 중 답변]

★★ 5.5+	핵심 답변 Well, it depends. 부연 설명 Sometimes, I read for pleasure in my free time. I like reading science fiction, which is imaginative and inspirational. However, I also often read for specific information related to my field. 글쎄요, 상황에 따라 다릅니다. 가끔은 여가 시간에 즐거움을 위해 독서합니다. 저는 상상력이 풍부하고 영감을 주는 공상 과학 소설 읽는 것을 좋아합니다. 하지만 때로는 제 분야와 관련된 구체적인 정보를 위해 독서하기도 합니다.

위의 답변은 질문에 제시된 두 경우를 모두 언급하며 각 경우에 연관성 있는 부연 설명을 제공함으로써 알맞은 답변이 된다.

[난이도 상 답변]

★★★ 6.5+	핵심 답변 Well, it depends. 부연 설명 I need to do a certain amount of reading as part of my job. It enhances my expertise. On the other hand, I also read for leisure. I particularly like reading science fiction, which is imaginative and inspirational. This can help develop my creativity. 글쎄요, 상황에 따라 다릅니다. 저는 제 일의 일부로 일정량의 독서를 해야 합니다. 그것은 제 전문성을 향상시킵니다. 반면에 저는 또한 여가를 위해 독서하기도 합니다. 저는 특히 상상력이 풍부하고 영감을 주는 공상 과학 소설 읽는 것을 좋아합니다. 이것은 저의 창의력을 발달시키는 데 도움을 줄 수 있습니다.

위의 답변은 질문에 제시된 두 경우로 나눠 답변하면서 각 경우의 장점들을 언급하여 충분한 부연 설명을 하였다.

Vocabulary / Expressions

pleasure n 즐거움, 기쁨   imaginative adj 상상력이 풍부한   inspirational adj 영감을 주는   specific adj 특정한   related to ~와 관련된   field n 분야   enhance v 향상시키다, 높이다   expertise n 전문 지식, 전문 기술   creativity n 창의성, 창의력

위의 예시 답변을 학습한 후 다시 나만의 답변을 해 보자.

4 Should children read aloud when they are reading books? (Why?)

아이들은 책을 읽을 때 큰 소리로 읽어야 하나요?

🎧 P1-U3_4

나만의 답변을 해 보자.

[난이도 하 답변]

★ 5.5-	핵심 답변 Yes, they should read aloud. 부연 설명 It can be helpful for them. 네, 아이들은 크게 읽어야 합니다. 그것은 그들에게 도움이 될 수 있습니다.

위의 답변에는 핵심 답변은 있으나 어떤 부분에서 도움이 되는지 부연 설명이 부족하여 설득력이 떨어진다.

[난이도 중 답변]

★★ 5.5+	핵심 답변 Yes, they should read aloud 부연 설명 because it can be beneficial to them. For instance, they can improve their pronunciation and diction by reading aloud. 네, 아이들은 크게 읽어야 합니다. 그것은 그들에게 유익할 수 있기 때문입니다. 예를 들면, 그들은 큰 소리로 읽음으로써 발음과 어법을 향상시킬 수 있습니다.

핵심 답변과 함께, 예시를 통해 어떤 부분에서 도움이 되는지 부연 설명함으로써 충분한 답변이 된다.

[난이도 상 답변]

★★★ 6.5+	핵심 답변 Yes, I think so. 부연 설명 Although it's not essential, I think it can be helpful for them to do so – especially in front of their teachers or parents so they can be corrected on their pronunciation and diction. 네, 그렇게 생각합니다. 그것이 필수적인 것은 아니지만, 특히 선생님이나 부모님 앞에서 그렇게 하는 것은 그들에게 도움이 될 수 있다고 생각합니다. 그래야 그들의 발음이나 어법이 교정될 수 있습니다.

Brainstorming ⋯ Yes – 아이들에게 도움이 됨 (필수는 아님) – 특히 선생님이나 부모님 앞에서
어떤 도움? – 발음 & 어법 교정

핵심 답변 후 왜 그렇게 생각하는지(도움이 된다고 생각하는지) 명확한 이유를 말해줌으로써 충분히 설득력 있는 답변이 된다.

🖉 Vocabulary / Expressions

aloud adv 크게   helpful adj 도움이 되는   beneficial adj 유익한   pronunciation n 발음   diction n 어법, 발음   essential adj 필수적인   especially adv 특히

위의 예시 답변을 학습한 후 다시 나만의 답변을 해 보자.

영화(Movies)

음원 바로 듣기

[Movies] 주제는 IELTS Speaking Part 1뿐만 아니라 Part 2와 3에서도 매우 잘 출제되는 주제이다. 그중 어떤 문제들이 자주 나오는지를 확인해 보고, 학습 후 나만의 답변도 준비하여 실전에 대비하자.

🔷 자주 나오는 문제 알아보기

이 나라 사람들은 보통 어디에서 영화를 보나요? ★
Where do people in this country usually watch movies?

당신은 어떤 종류의 영화를 좋아하나요? ★
What kinds of movies do you like?

당신의 영화 취향이 예전에 비해서 변했다고 생각하나요? 왜 그런가요? ★
Do you think your tastes in movies have changed compared to before? How so?

영화는 어떤 방식으로 사람들의 생각과 행동에 영향을 미치나요? ★
In what ways do movies influence people's thinking and behaviour?

주제별 유용한 어휘와 표현들을 학습하여 질문의 답변을 준비해 두자.

🔹 Useful Vocabulary/Expressions

영화 장르 및 장르별 특징	
액션 영화 action movies	재미있고 흥미로운 fun and exciting 손에 땀을 쥐게 하는, 마음이 조마조마한 on the edge of one's seat
공포 영화 horror movies	매우 긴장감 넘치는 highly suspenseful 손에 땀을 쥐게 하는, 마음이 조마조마한 on the edge of one's seat
코미디 comedies	즐겁고 재미있는(웃긴) enjoyable and hilarious 스트레스 해소에 도움을 준다 help me relieve stress
스릴러 영화 thriller movies	매우 긴장감 넘치는 highly suspenseful 손에 땀을 쥐게 하는, 마음이 조마조마한 on the edge of one's seat
공상 과학 영화 science fiction movies	상상력이 풍부하고 영감을 주는 imaginative and inspirational 창의성 발달에 도움을 준다 help develop one's creativity
교육 영화 educational movies	유익하고 교육적인 informative and educational 다양한 교훈을 준다 give me various lessons
다큐멘터리 documentaries	현실적이고 교육적인 realistic and educational 경험을 쌓게 해 준다 give me new experience
로맨스 영화 romantic movies	낭만적이고/아름답고 감동적인 romantic and touching 관계에 대한 교훈을 준다 give me lessons about relationships
영화 관련 어휘/표현	
최신 개봉한 영화 a recently released movie	저예산 영화 a low-budget movie
엄격한 검열 strict censorship	주연 the leading role
자막 subtitles	첨단 특수 효과 advanced special effects
영화광 a movie buff	기분 좋은 영화 a feel-good movie
마음을 사로잡는, 매혹적인 captivating	(너무 슬퍼서) 눈물 흘리게 하는 영화 a tear-jerker
몹시 신나는, 매우 감동적인 mind-blowing	관심을 끌다, 집중시키다 grab one's attention
흥미를 끄는 gripping	
영화를 본 후 느낀 감정 관련 어휘/표현	
흥분된, 신이 난 excited	즐거운 cheerful
흥겨운 amused	무서운 scared
영감을 받은 inspired	지루한 bored
행복한 happy	우울한 depressed
감동 받은 touched	슬픈 sad

1 Where do people in this country usually watch movies?

이 나라 사람들은 보통 어디에서 영화를 보나요?

나만의 답변을 해 보자.

[난이도 하 답변]

★ 5.5-	핵심 답변 Koreans go to cinemas to watch films, or they watch them in their houses through their smart TVs. 한국인들은 영화를 보기 위해 영화관에 가거나 혹은 스마트 TV를 통해서 집에서 영화를 봅니다.

[난이도 중 답변]

★★ 5.5+	핵심 답변 Generally, most Koreans go to cinemas to watch films. 부연 설명 They can enjoy advanced special effects and a big screen there. Also, going to the movies is an excellent way to socialise. 일반적으로 대부분의 한국인들은 영화를 보기 위해 영화관에 갑니다. 그들은 그곳에서 첨단 특수 효과와 큰 화면을 즐길 수 있습니다. 또한 영화 보러 영화관에 가는 것은 사람들과 어울리는 훌륭한 방법입니다.

'어디에서 영화를 보나요?'라는 질문의 답변으로는 다양한 장소가 있을 수 있지만 모두 다 언급하지 않고, 일반적인 곳 하나만을 선택하여 답변해도 괜찮다. 위와 같이 핵심 답변과 함께 그 경우의 특징들을 부연 설명으로 답변해 주자.

[난이도 상 답변]

★★★ 6.5+	핵심 답변1 Well, many Koreans go to cinemas to watch films. 부연 설명1 They can enjoy advanced special effects and a big screen. 핵심 답변2 On the other hand, some people like to watch films at home. 부연 설명2 With technological advancements, they also can have a great movie viewing experience through their smart TV in their place. 음, 많은 한국인들은 영화를 보기 위해 영화관에 갑니다. 그들은 첨단 특수 효과와 큰 화면을 즐길 수 있습니다. 반면에 어떤 사람들은 집에서 영화를 보는 것을 좋아합니다. 기술 발전과 함께, 그들 또한 집에서 스마트 TV를 통해 멋진 영화 관람 경험을 할 수 있습니다.

위의 답변은 영화관에서 영화를 보는 경우와 집에서 보는 경우 두 가지로 나눠 핵심 답변 두 개와 그에 따른 부연 설명으로 질문에 대한 충분한 답변이 된다.

Vocabulary / Expressions

cinema n 영화관   generally adv 일반적으로, 대게   excellent adj 훌륭한   socialise v 사교 활동하다, 사람들과 어울리다
technological advancement 기술 진보, 기술 발전   viewing n 감상, 관람, 시청

위의 예시 답변을 학습한 후 다시 나만의 답변을 해 보자.

2 What kinds of movies do you like?

 P1-U4_2

당신은 어떤 종류의 영화를 좋아하나요?

나만의 답변을 해 보자.

[난이도 하 답변]

★ 5.5-	**핵심 답변** I like comedies. **부연 설명** This is because they are enjoyable and hilarious. 저는 코미디 영화를 좋아합니다. 이것은 그것들이 즐겁고 재미있기 때문입니다.

[난이도 중 답변]

★★ 5.5+	**핵심 답변** I fancy watching comedies. **부연 설명** This is because they are enjoyable and hilarious. Thus, watching these types of movies helps me relieve stress. 저는 코미디 영화 보는 것을 좋아합니다. 이것은 그것들이 즐겁고 재미있기 때문입니다. 따라서 이런 종류의 영화를 보는 것은 제가 스트레스를 해소하는 데 도움을 줍니다.

[난이도 상 답변]

★★★ 6.5+	**핵심 답변** I am into comedies these days. **부연 설명** This is because they are enjoyable and hilarious. Whenever I feel blue, I tend to watch them because it lifts my mood and helps me relieve stress. 저는 요즘 코미디 영화에 빠져 있습니다. 이것은 그것들이 즐겁고 재미있기 때문입니다. 우울할 때마다 저는 그것들을 보는 경향이 있습니다. 왜냐하면 그것이 저의 기분을 좋게 하고, 스트레스를 해소하는 데 도움을 주기 때문입니다.

위의 예시 답변은 좋아하는 장르를 말하고, 왜 좋아하는지 설명한 후 언제 이런 영화를 보는지, 그리고 보고 난 후 나의 감정은 어떤지를 순차적이고 일관성 있는 구조로 답변했다. 이런 구조의 답변 형식은 고득점을 받기 위해 꼭 필요한 구조이다.

 Vocabulary / Expressions

enjoyable [adj] 즐거운   hilarious [adj] 재미있는, 아주 우스운   fancy [v] 좋아하다   relieve stress 스트레스를 풀다   be into ~을 매우 좋아하다, ~에 빠져 있다   these days 요즘   feel blue 기분이 우울하다   lift the mood 기분을 좋게 하다

위의 예시 답변을 학습한 후 다시 나만의 답변을 해 보자.

3 Do you think your tastes in movies have changed compared to before?

How so? 당신의 영화 취향이 예전에 비해서 변했다고 생각하나요? 왜 그런가요?

🎧 P1-U4_3

나만의 답변을 해 보자.

[난이도 하 답변]

> **핵심 답변** Yes, my tastes in movies have changed. **부연 설명** I used to like to watch animated movies when I was young, but now I enjoy watching action films.
>
> 네, 영화에 대한 저의 취향이 바뀌었습니다. 제가 어릴 때는 애니메이션 영화 보는 것을 좋아했었는데, 지금은 액션 영화 보는 것을 좋아합니다.

[난이도 중 답변]

> **핵심 답변** Yes, my preference in movies has changed. **부연 설명** I used to like to watch animated movies when I was younger, but now I enjoy watching action films. I'm captivated by exciting action scenes.
>
> 네, 영화에 대한 저의 선호도가 바뀌었습니다. 제가 어릴 때는 애니메이션 영화 보는 것을 좋아했었는데, 지금은 액션 영화 보는 것을 좋아합니다. 흥미진진한 액션 장면들에 제 마음이 사로잡힙니다.

위와 같이 taste(취향)를 preference(선호)로 바꾸어 사용하여 어휘력 부분에서 점수를 받을 수 있도록 하자.

[난이도 상 답변]

> **핵심 답변** Yes, my preference in movies has changed a lot. **부연 설명** For example, when I was a kid, I used to like animated films. I would even cry and beg my mom to take me to the latest animated movies back then. However, as I grew up, I started to fancy more realistic stories, and today I like watching romantic comedies.
>
> 네, 영화에 대한 저의 선호도가 많이 바뀌었습니다. 예를 들어, 제가 어릴 때에는 애니메이션 영화 보는 것을 좋아했었습니다. 그때엔 제가 엄마에게 최신 영화를 보러 데려가 달라고 심지어 울며 조르기도 했었습니다. 하지만 자라면서 저는 좀더 현실적인 이야기에 끌리기 시작했고, 요즘은 로맨틱 코미디를 보는 것을 좋아합니다.

위의 답변은 핵심 답변으로 '영화에 대한 나의 선호도가 바뀌었다'라고 말한 후 어떻게 바뀌었는지 예시를 들어 순차적으로 묘사함으로써 충분한 답변이고 좋은 예시이다.

✏️ Vocabulary / Expressions

taste n 기호, 취향   animated adj 만화 영화로 된   preference n 선호(도), 선호하는 것   captivate v 마음을 사로잡다   scene n 장면
beg v 애원하다   the latest 최신의   back then 과거 그 당시에   realistic adj 현실적인

위의 예시 답변을 학습한 후 다시 나만의 답변을 해 보자.

4 In what ways do movies influence people's thinking and behaviour?

영화는 어떤 방식으로 사람들의 생각과 행동에 영향을 미치나요?　　P1-U4_4

나만의 답변을 해 보자.

[난이도 하 답변]

| ★ 5.5- | 핵심 답변 I think movies have a significant effect on people's views and behaviour. This is because films are influential.
저는 영화가 사람들의 견해와 행동에 중요한 영향을 미친다고 생각합니다. 영화가 영향력이 있기 때문입니다. |

위의 답변은 어휘를 다양하게 바꾸어 사용했지만, 핵심 내용이 부족한 답변이다. 어떤 방식으로 영향을 미치는지를 질문했는데 이 부분에 대한 답변 없이 영화가 영향력이 있다고만 말한다면 좋은 점수를 기대할 수 없다. 반드시 묻는 말에 답을 하도록 하자.

[난이도 중 답변]

| ★★ 5.5+ | 핵심 답변 I think movies attract people's attention through the messages in the films. 부연 설명 For example, I saw a movie about a female lawyer who overcame her difficulties and succeeded. It taught me to try harder with positive thinking.
저는 영화가 영화 속의 메시지를 통해 사람들의 관심을 끈다고 생각합니다. 예를 들어, 저는 어려움을 극복하고 성공한 여성 변호사에 대한 영화를 보았습니다. 그것은 저에게 긍정적인 사고로 더 열심히 노력하는 법을 가르쳐 주었습니다. |

[난이도 상 답변]

| ★★★ 6.5+ | 핵심 답변 There are many ways. For instance, movies can change people's ideas about common day-to-day issues, such as saving the environment. 부연 설명 To be specific, the documentary *An Inconvenient Truth* explores the effects of global warming and the catastrophe that could ensue if people don't change their viewpoints and practices. This has made individuals more conscious of environmental concerns.
여러 방식들이 있습니다. 예를 들어, 영화는 환경을 구하는 것과 같은 일상적인 문제에 대한 사람들의 생각을 바꿀 수 있습니다. 구체적으로 말하자면, 다큐멘터리 "불편한 진실"은 지구 온난화의 영향과 사람들이 그들의 관점과 관행을 바꾸지 않는다면 일어날 수 있는 재앙을 탐구합니다. 이것은 사람들로 하여금 환경 문제들을 더 자각하게 만들었습니다. |

Vocabulary / Expressions

significant adj 중요한, 큰　effect n 영향　view n 견해　behaviour n 행동　influential adj 영향력이 있는　attract people's attention 사람들의 관심을 끌다　lawyer n 변호사　overcome v 극복하다　difficulty n 어려움　positive thinking 긍정적인 사고　save v 구하다　explore v 탐구하다　global warming 지구 온난화　catastrophe n 재앙　ensue v 뒤따르다　viewpoint n 관점　practice n 실천, 관행

위의 예시 답변을 학습한 후 다시 나만의 답변을 해 보자.

음악(Music)

음원 바로 듣기

[Music] 주제는 IELTS Speaking Part 1뿐만 아니라 Part 2와 3에서도 매우 잘 출제되는 주제이다. 그중 어떤 문제들이 자주 나오는지를 확인해 보고, 학습 후 나만의 답변도 준비하여 실전에 대비하자.

🏅 자주 나오는 문제 알아보기

당신은 보통 언제 음악을 듣나요? ★
When do you usually listen to music?

당신은 음악이 문화의 중요한 부분이라고 생각하나요? ★
Do you think music is an important part of the culture? (Why or why not?)

당신 나라의 전통 음악은 얼마나 인기가 있나요? ★
How popular is your country's traditional music?

당신의 음악 취향이 최근에 어떻게 바뀌었나요? ★
How have your tastes in music changed in recent years?

주제별 유용한 어휘와 표현들을 학습하여 질문의 답변을 준비해 두자.

Useful Vocabulary/Expressions

음악 들을 때	
기분이 우울할 때 when I feel blue/depressed	기분이 좋지 않을 때, 기분이 나쁠 때 when I am in a bad mood
기분이 좋을 때 when I am in a good mood	운동할 때 when I work out/exercise, when I do exercise
운전할 때 when I drive	통근할 때, 출퇴근할 때 when I commute
일할 때 when I work	긴장을 풀고 싶을 때, 쉬고 싶을 때 when I want to chill out/relax
음악 관련 어휘/표현	
음악을 듣다 listen to music	라이브 공연 live performance
라이브 음악 live music	녹음된 음악, 음반 recorded music
음악을 사랑하는 사람, 음악 애호가 a music lover	음악적 취향 one's taste in music
기억하기 쉬운 노래, 중독성 있는 노래 catchy songs	경쾌한 음악 cheerful music
음감이 없다, 음치이다 be tone-deaf	음악 축제 music festival
지루하게 들리다 sound boring	감정이 풍부하다, 감정에 북받치다 be full of emotion
기분을 좋게 하다 lift the mood	듣기 좋은, 음악 같은 melodious
힘이 나게 하다, 격려하다 cheer somebody up	분위기를 잡다 set the mood
분위기를 전환하다 change the mood	취향이 다양하다, 다양한 취향을 가지고 있다 have eclectic tastes
음악 장르	
전통 음악, 민요, 민속 음악 folk music	클래식 음악 classical music
대중 음악 pop music	락 음악 rock music
댄스 음악 dance music	오페라 opera
재즈 jazz	

1 When do you usually listen to music?

당신은 보통 언제 음악을 듣나요?

나만의 답변을 해 보자.

[난이도 하 답변]

★ 5.5-	핵심 답변 I listen to music when I exercise. 부연 설명 Listening to music while working out is helpful. 저는 운동할 때 음악을 듣습니다. 운동하면서 음악을 듣는 것은 도움이 됩니다.

운동하면서 음악을 듣는 것이 어떤 면에서 도움이 되는지 부연 설명이 필요하다.

[난이도 중 답변]

★★ 5.5+	핵심 답변 I relish listening to music when I drive long distances. 부연 설명 To be specific, I choose to listen to cheerful music, which helps keep me awake. In fact, it can also lift my mood. 저는 장거리 운전할 때 음악 듣는 것을 좋아합니다. 구체적으로 말하면, 저는 저를 깨어 있게 하는 데 도움이 되는 경쾌한 음악 듣는 것을 선택합니다. 실제로 그것은 저의 기분을 좋게 하기도 합니다.

'언제 듣는지 → 어떤 음악을 듣는지 → 그 음악이 어떤 영향을 미치는지' 순서대로 질문의 답변을 이어갔다. 따라서 위의 예시는 충분한 답변이 된다.

[난이도 상 답변]

★★★ 6.5+	핵심 답변 Well, since I am a music lover, I listen to music almost all the time. 부연 설명 For instance, when I'm in a bad mood, I choose cheerful music which helps lift my mood. But if I need to calm down, I opt for classical music. 음. 저는 음악을 사랑하는 사람이기 때문에, 거의 항상 음악을 듣습니다. 예를 들어, 기분이 좋지 않을 때는 제 기분을 좋게 해 줄 수 있는 경쾌한 음악을 선택합니다. 하지만 마음을 진정시켜야 한다면 저는 클래식 음악을 택합니다.

위의 답변에는 a music lover, be in a bad mood, lift the mood, opt for 등 고득점을 받을 수 있는 어휘와 표현들이 있다. 이러한 관용어구들을 학습하여 자연스럽게 쓰도록 하자.

🗂 Vocabulary / Expressions

exercise v 운동하다   work out 운동하다   helpful adj 도움이 되는   relish v 좋아하다, 즐기다   long distance 먼 거리, 장거리   to be specific 구체적으로   awake adj 깨어 있는   lift the mood 기분을 좋게 하다   be in a bad mood 기분이 나쁘다   music lover 음악 애호가   calm down 진정하다   opt for ~을 선택하다/택하다

위의 예시 답변을 학습한 후 다시 나만의 답변을 해 보자.

2 Do you think music is an important part of the culture? (Why or why not?)

당신은 음악이 문화의 중요한 부분이라고 생각하나요?　　　　　　　　　　　　　　🎧 P1-U5_2

나만의 답변을 해 보자.

[난이도 하 답변]

★ 5.5-	핵심 답변 Yes, I think music is an important part of the culture. 부연 설명 Music helps people understand each other. 네, 저는 음악이 문화의 중요한 부분이라고 생각합니다. 음악은 사람들이 서로를 이해하는 데 도움이 됩니다.

질문을 그대로 받아서 답변하는 것은 고득점을 위한 답변 방식이 아니다. 따라서 최대한 질문에 있는 표현을 나의 말로 바꿔 표현(paraphrasing)하도록 하자.

[난이도 중 답변]

★★ 5.5+	핵심 답변 Yes, I think music plays an essential role in the culture. 부연 설명 Music can express people's emotions and thoughts. Thus, it enriches people's lives. 네, 저는 음악이 문화에서 중요한 역할을 한다고 생각합니다. 음악은 사람들의 감정과 생각을 표현할 수 있습니다. 따라서 그것은 사람들의 삶을 풍요롭게 해 줍니다.

[난이도 상 답변]

★★★ 6.5+	핵심 답변 Yes, I consider music to play a vital role in the culture 부연 설명 since it represents one's cultural identity. Also, it is part of human expression so it can convey people's emotions and thoughts. Thus, it gives more value to life. 네, 저는 음악이 사람의 문화적 정체성을 나타내기 때문에 문화에서 매우 중요한 역할을 한다고 생각합니다. 또한 그것은 인간의 표현의 일부분으로 사람들의 감정과 생각을 전달할 수 있습니다. 그러므로 이것은 삶에 더 많은 가치를 줍니다.

✏️ Vocabulary / Expressions

express ⓥ 표현하다　　emotion ⓝ 감정　　thought ⓝ 생각, 사고　　enrich ⓥ 풍요롭게 하다　　vital ⓐⓓⓙ 매우 중요한　　play a vital role in ~에서 매우 중요한 역할을 하다　　consider ⓥ 생각하다　　represent ⓥ 나타내다, 상징하다　　convey ⓥ 전달하다　　value ⓝ 가치

위의 예시 답변을 학습한 후 다시 나만의 답변을 해 보자.

3 How popular is your country's traditional music? P1-U5_3

당신 나라의 전통 음악은 얼마나 인기가 있나요?

나만의 답변을 해 보자.

[난이도 하 답변]

★
5.5-

핵심 답변 Well, I think it's not popular. 부연 설명 Nowadays, it's not common to listen to this type of music.

글쎄요, 인기가 없는 것 같습니다. 요즘은 이런 종류의 음악을 듣는 것이 흔한 일이 아닙니다.

[난이도 중 답변]

★★
5.5+

핵심 답변 Well, I think it's not popular. 부연 설명 Not many people listen to this type of music. Most people enjoy listening to pop music or dance music which helps them to get rid of stress.

글쎄요, 인기가 없는 것 같습니다. 이런 종류의 음악을 듣는 사람이 많지 않습니다. 대부분의 사람들이 스트레스를 해소하는 데 도움이 되는 대중 음악이나 댄스 음악을 즐겨 듣습니다.

[난이도 상 답변]

★★★
6.5+

핵심 답변 Well, I don't think it is popular nowadays. 부연 설명 In fact, it is only popular among the elderly. The youngsters feel it's too old-fashioned for them and also dull. They would rather listen to Western music.

글쎄요, 저는 그것이 요즘에 인기가 있다고 생각하지 않습니다. 사실 그것은 노인들 사이에서만 인기가 있습니다. 젊은이들은 그것이 그들에게 너무 구식이고 또한 지루하다고 느낍니다. 그들은 오히려 서양 음악을 듣기를 원합니다.

📝 Vocabulary / Expressions

popular adj 인기 있는   get rid of stress 스트레스를 해소하다   the elderly 노인들   youngster n 젊은이   old-fashioned adj 구식의   dull adj 지루한, 재미없는   rather adv 오히려, 차라리   Western adj 서양의

위의 예시 답변을 학습한 후 다시 나만의 답변을 해 보자.

4 How have your tastes in music changed in recent years? P1-U5_4

당신의 음악 취향이 최근에 어떻게 바뀌었나요?

나만의 답변을 해 보자.

[난이도 하 답변]

★ 5.5-	핵심 답변 I listened to dance music before, but I like to listen to ballads these days. 저는 전에는 댄스 음악을 들었지만, 요즘은 발라드 듣는 것을 좋아합니다.

위의 답변에는 핵심 답변만 있고 부연 설명이 없다. 부연 설명으로 이유나 예시 등을 들어 더 자세히 답변하도록 하자.

[난이도 중 답변]

★★ 5.5+	핵심 답변 I listened to dance music before, but I like listening to ballads these days. 부연 설명 This is because I'm easily moved by good lyrics. 저는 전에는 댄스 음악을 들었지만, 요즘은 발라드 듣는 것을 좋아합니다. 왜냐하면 저는 좋은 가사에 쉽게 감동 받기 때문입니다.

[난이도 상 답변]

★★★ 6.5+	핵심 답변 I used to like dance music, which has an exciting rhythm and fast tempo, but nowadays, I feel more comfortable with ballads. Also, I tend to focus on the meaning of the lyrics in the songs. 부연 설명 In fact, I'm easily moved by good lyrics. 저는 예전에 신나는 리듬과 빠른 템포를 지닌 댄스 음악을 좋아했지만, 요즘은 발라드에 더 편안함을 느낍니다. 또한 저는 노래 가사의 의미에 집중하는 경향이 있습니다. 실제로 저는 좋은 가사에 쉽게 감동 받습니다.

📝 Vocabulary / Expressions

be moved 감동 받다   lyrics n 가사   feel comfortable 편안하게 느끼다   focus on ~에 집중하다   meaning n 의미, 뜻

위의 예시 답변을 학습한 후 다시 나만의 답변을 해 보자.

UNIT 06 식물(Plants)

음원 바로 듣기

[Plants] 주제는 IELTS Speaking Part 1 주제로 출제 빈도수가 매우 높다. 그중 어떤 문제들이 자주 나오는지를 확인해 보고, 학습 후 나만의 답변도 준비하여 실전에 대비하자.

🧊 자주 나오는 문제 알아보기

사람들은 왜 식물 기르기를 즐기나요? ★
Why do people enjoy growing plants?

당신은 나이 든 사람들이 젊은 사람들보다 식물을 기르는 것을 더 즐긴다고 생각하나요? ★
Do you think older people enjoy growing plants more than young people?

건물에 식물이 있는 것의 장점이 무엇인가요? 단점도 있나요? ★
What are the benefits of having plants in a building? Are there any drawbacks?

만약 당신에게 누군가가 식물을 선물로 준다면 기분이 어떨 것 같나요? ★
How would you feel if someone gave you a plant as a gift?

주제별 유용한 어휘와 표현들을 학습하여 질문의 답변을 준비해 두자.

Useful Vocabulary/Expressions

식물을 기르는 것의 장점	
하루를 밝게 하다 brighten up one's day	집을 밝게 하다 brighten homes
기운(기분)을 북돋다 lift one's spirits	책임감을 기르다 develop a sense of responsibility
집을 더 보기 좋게 하다 make the house look better	공기를 정화하다 purify the air
공기 질을 개선하다 improve air quality	보람될 수 있다 can be rewarding
아름다운 꽃을 즐길 수 있다 can enjoy beautiful flowers	

식물을 기르는 것의 단점	
건물 안으로 곤충이나 벌레를 끌어들일 수 있다 may attract insects or worms into the building	식물에 규칙적으로 물을 줘야 하는 것이 귀찮을 수 있다 need to water the plants regularly, which can be annoying
흙과 낙엽으로 지저분할 수 있다 can be messy with soil and fallen leaves	

식물 관련 어휘/표현	
실내용 분재 화초 houseplant	실내 식물 indoor plant
화분에 심은 식물 potted plant	난초 orchid
원예에 소질이 없다, 화초를 잘 가꾸지 못하다 have a black thumb	원예에 소질이 있다, 화초를 잘 가꾸다 have a green thumb
올바른 환경 조건을 제공하다 provide the right environmental conditions	일주일에 한 번 식물에 물을 주다 water the plants once a week
허브 herb	꽃이 피다, 꽃 blossom
씨앗으로부터 자라다 grow from seeds	

1 Why do people enjoy growing plants?

사람들은 왜 식물 기르기를 즐기나요?

나만의 답변을 해 보자.

[난이도 하 답변]

★ 5.5-	핵심 답변 People grow plants because it makes them happy. 사람들은 식물을 키웁니다. 왜냐하면 그것이 그들을 행복하게 만들기 때문입니다.

위의 답변은 '행복하게 만들기 때문에 식물을 기른다'는 핵심 답변만 있고 부연 설명이 없다. '왜 행복하게 만드는지' 혹은 '실제로 행복하게 느낀 경험' 등을 한두 문장으로 세부적인 부연 설명을 하도록 하자.

[난이도 중 답변]

★★ 5.5+	핵심 답변 People grow plants because it makes them happy. 부연 설명 In fact, it's exciting to see plants grow every day. 사람들은 식물을 키웁니다. 왜냐하면 그것이 그들을 행복하게 만들기 때문입니다. 실제로 식물이 매일 자라는 것을 보는 것은 신나는 일입니다.

[난이도 상 답변]

★★★ 6.5+	핵심 답변 I guess people have plants at home because it can be pleasurable and also plants make the house look better. 부연 설명 In fact, I have a few plants right on my balcony. It gives me a peaceful feeling to see them in the morning. 저는 사람들이 집에 식물을 가지고 있는데 왜냐하면 그것은 즐거울 수 있고 또한 식물이 집을 더 보기 좋게 만들기 때문이라고 생각합니다. 실제로 저는 발코니에 몇 개의 식물을 가지고 있습니다. 아침에 그것들을 보는 것은 평화로운 느낌을 줍니다.

왜 식물을 기르는지에 대한 핵심 답변에 이어, 구체적인 자신의 사례를 들어 부연 설명함으로써 더욱 설득력이 있다. 자신의 구체적인 예시는 점수를 올리는 중요한 요소들 중 하나이므로 가능하면 직접적인 사례 혹은 경험을 같이 이야기하자.

🔎 Vocabulary / Expressions

grow v 기르다   pleasurable adj 즐거운   look better 더 좋아 보이다   peaceful adj 평화로운

위의 예시 답변을 학습한 후 다시 나만의 답변을 해 보자.

2 Do you think older people enjoy growing plants more than young people? 당신은 나이 든 사람들이 젊은 사람들보다 식물을 기르는 것을 더 즐긴다고 생각하나요?

🎧 P1-U6_2

나만의 답변을 해 보자.

[난이도 하 답변]

★ 5.5-	핵심 답변 Yes, I think so. Older people like growing plants more than young people. 네, 그렇게 생각합니다. 나이 든 사람들이 젊은 사람들보다 식물 기르는 것을 더 좋아합니다.

[난이도 중 답변]

★★ 5.5+	핵심 답변 Yes, I think so. Older people like growing plants more than young people. 부연 설명 This is because growing plants doesn't require physical strength and taking care of living creatures is a valuable activity. That's why many older people grow plants as a hobby. 네, 그렇게 생각합니다. 나이 든 사람들이 젊은 사람들보다 식물 기르는 것을 더 좋아합니다. 식물을 기르는 것은 체력을 필요로 하지 않고, 살아 있는 생물을 돌보는 것은 가치 있는 활동이기 때문입니다. 그렇기 때문에 많은 노인들이 취미로 식물을 기릅니다.

[난이도 상 답변]

★★★ 6.5+	핵심 답변 Yes, I think so. Older people fancy growing plants more than young people. 부연 설명 This is because growing plants doesn't require physical strength and taking care of living creatures is a valuable activity. That's why many older people grow plants as a hobby. On the other hand, young people tend to enjoy more active tasks. 네, 그렇게 생각합니다. 나이 든 사람들이 젊은 사람들보다 식물 기르는 것을 더 좋아합니다. 식물을 기르는 것은 체력을 필요로 하지 않고, 살아 있는 생물을 돌보는 것은 가치 있는 활동이기 때문입니다. 그렇기 때문에 많은 노인이 취미로 식물을 기릅니다. 반면에 젊은이들은 더 활동적인 일을 즐기는 경향이 있습니다.

✏️ Vocabulary / Expressions

require v 필요로 하다, 요구하다   physical strength 체력   take care of ~을 돌보다   creature n 생물, 생명이 있는 존재   as prep
~로(서)   fancy v 원하다, ~하고 싶다

위의 예시 답변을 학습한 후 다시 나만의 답변을 해 보자.

3 **What are the benefits of having plants in a building?**
Are there any drawbacks? 건물에 식물이 있는 것의 장점이 무엇인가요? 단점도 있나요? 🎧 P1-U6_3

나만의 답변을 해 보자.

[난이도 하 답변]

★ 5.5-	핵심 답변 Plants can improve a building. However, it is hard to keep plants in good condition. 식물은 건물을 향상시킬 수 있습니다. 하지만 좋은 상태로 식물들을 유지하는 것은 어렵습니다.

위의 답변에는 핵심 답변만 있다. 항상 부연 설명하는 것을 잊지 말자.

[난이도 중 답변]

★★ 5.5+	핵심 답변 Plants can improve air quality in a building. However, growing plants can be annoying 부연 설명 because people need to water them regularly. 식물은 건물의 공기 질을 향상시킬 수 있습니다. 하지만 식물을 기르는 것은 사람들이 정기적으로 물을 주어야 하기 때문에 귀찮을 수 있습니다.

[난이도 상 답변]

★★★ 6.5+	핵심 답변 Well, first of all, plants can decorate a building more beautifully and also they can provide clean air. On the other hand, sometimes plants attract various insects. 부연 설명 I've noticed that ants can crawl into the building since they are attracted to the soil. 음, 우선 식물은 건물을 더 아름답게 꾸밀 수 있고 또한 깨끗한 공기를 제공해 줄 수 있습니다. 반면에 때때로 식물들은 다양한 곤충을 끌어들입니다. 저는 개미가 흙에 끌려서 건물 안으로 기어들어갈 수 있다는 것을 알아챘습니다.

위의 답변처럼 장점과 단점을 이야기하고 그중 하나만 부연 설명해 주어도 된다.

✏️ **Vocabulary / Expressions**

decorate v 장식하다   provide v 제공하다   on the other hand 반면에   attract v 끌어들이다   insect n 곤충   crawl v 기어가다
soil n 흙

위의 예시 답변을 학습한 후 다시 나만의 답변을 해 보자.

4 How would you feel if someone gave you a plant as a gift?

 P1-U6_4

만약 당신에게 누군가가 식물을 선물로 준다면 기분이 어떨 것 같나요?

나만의 답변을 해 보자.

[난이도 하 답변]

★ 5.5-	핵심 답변 I would feel happy 부연 설명 because I like plants. 저는 식물을 좋아하기 때문에 기쁠 것입니다.

[난이도 중 답변]

★★ 5.5+	핵심 답변 I would feel grateful 부연 설명 because it's a gift. What's more, I think plants can make people feel good, so they can be a great present. 저는 그것이 선물이기 때문에 감사할 것입니다. 게다가 식물은 사람들을 기분 좋게 만들어 줄 수 있기 때문에 좋은 선물이 될 수 있다고 생각합니다.

[난이도 상 답변]

★★★ 6.5+	핵심 답변 I would feel pleased 부연 설명 since nowadays I grow some plants. I particularly like herbs. They brighten up my day. And when I use herbs for cooking, it makes the dishes livelier. 저는 요즘 식물을 기르기 때문에 기쁠 것입니다. 저는 특히 허브를 좋아합니다. 그것들은 저의 하루를 활기차게 해 줍니다. 그리고 제가 허브를 요리에 이용하면 그것은 음식을 더 생기 있게 만들어 줍니다.

✎ Vocabulary / Expressions

pleased adj 기쁜, 만족하는   particularly adv 특히   brighten up 활기를 주다   dish n 요리   livelier adj 더 생기가 있는

위의 예시 답변을 학습한 후 다시 나만의 답변을 해 보자.

수영(Swimming)

음원 바로 듣기

[Swimming] 주제는 IELTS Speaking Part 1에서 잘 출제되는 주제이다. 그중 어떤 문제들이 자주 나오는지를 확인해 보고, 학습 후 나만의 답변도 준비하여 실전에 대비하자.

🔷 자주 나오는 문제 알아보기

사람들은 왜 수영을 즐기나요? ★
Why do people enjoy swimming?

당신은 언제 수영하는 법을 배웠나요? ★
When did you learn how to swim?

보통 당신은 수영장에서 수영하는 것을 선호하나요, 아니면 바다에서 수영하는 것을 선호하나요? ★
In general, do you prefer to swim in a swimming pool or in the ocean? (Why?)

당신은 모든 사람들이 수영을 배워야 한다고 생각하나요? ★
Do you think everyone should be taught to swim? (Why or why not?)

주제별 유용한 어휘와 표현들을 학습하여 질문의 답변을 준비해 두자.

🔷 Useful Vocabulary/Expressions

수영 관련 어휘/표현	
수영하러 가다 go for a swim, go swimming	수영을 배우다 learn how to swim, take swimming lessons
잠깐 수영을 하다 take a dip	수영장에 뛰어들다 jump in the pool
물에 떠 있다, 물에 뜨다 stay afloat	개헤엄 doggy-paddle
평형 breast stroke	배형 back stroke
실내 수영의 장점	
날씨와 관계없이 수영을 즐길 수 있다 can enjoy swimming regardless of the weather	비상시를 대비하여 항상 훈련된 구조요원이 있다 there are always trained lifeguards in case of emergency
안전하다 be safe	
바다 수영의 장점	
자연을 느낄 수 있다 can feel nature	일광욕을 즐길 수 있다 can enjoy sunbathing
수영의 장점	
즐길 수 있다 be enjoyable	전신 운동이다 exercise the whole body
지구력을 기르다 build endurance	건강을 지키다 keep fit
삶에 생기를 돋우다 enliven one's life	심신의 건강을 강화하다 strengthen mental and physical health
삶에서 매우 중요한 기술이다 be a vital skill in life	면역력을 강화시키다 build up one's immunity
살을 빼다 lose weight	기분을 북돋우다 boost one's mood

1 Why do people enjoy swimming?

사람들은 왜 수영을 즐기나요?

나만의 답변을 해 보자.

[난이도 하 답변]

★ 5.5-	핵심 답변 I think people enjoy swimming because it's good exercise. 부연 설명 It helps them to stay in shape. 저는 수영이 좋은 운동이기 때문에 사람들이 수영을 즐긴나고 생각합니다. 그것은 그들이 건강을 유지하도록 돕습니다.

[난이도 중 답변]

★★ 5.5+	핵심 답변 I guess people fancy swimming because it's good exercise. 부연 설명 Since it burns many calories, people can lose weight and also stay in shape. 저는 수영이 좋은 운동이기 때문에 사람들이 수영을 좋아한다고 생각합니다. 그것은 많은 칼로리를 소모하기 때문에, 사람들은 살을 뺄 수 있고 건강을 유지할 수도 있습니다.

[난이도 하 답변]에서는 단순히 건강을 유지한다고만 하였지만, 위의 답변은 구체적으로 어떻게 건강에 도움이 되는지를 설명해 주었으므로 앞의 답변보다 더 높은 점수대의 답변이 된다.

[난이도 상 답변]

★★★ 6.5+	핵심 답변 I guess people fancy swimming because it is an excellent way to exercise. 부연 설명 Especially in summer, when it's really hot, people can still feel refreshed while swimming. On the other hand, playing other sports in the summertime makes people sweat. 저는 수영이 운동하기에 아주 좋은 방법이기 때문에 사람들이 수영을 좋아한다고 생각합니다. 특히 매우 더운 여름에 사람들은 수영하면서 여전히 상쾌함을 느낄 수 있습니다. 반면에 여름에 다른 스포츠를 하는 것은 사람들로 하여금 땀을 흘리게 합니다.

✎ Vocabulary / Expressions

stay in shape 건강을 유지하다   burn calories 칼로리를 태우다   lose weight 체중을 줄이다, 살을 빼다   feel refreshed 기분이 상쾌하다
sweat ⓥ 땀을 흘리다

위의 예시 답변을 학습한 후 다시 나만의 답변을 해 보자.

2 When did you learn how to swim?

당신은 언제 수영하는 법을 배웠나요?

🎧 P1-U7_2

나만의 답변을 해 보자.

[난이도 하 답변]

★ 5.5-	**핵심 답변** When I was a kid, I used to take swimming lessons. **부연 설명** I learned for three years. 저는 어렸을 때 수영 레슨을 받곤 했습니다. 3년 동안 배웠습니다.

[난이도 중 답변]

★★ 5.5+	**핵심 답변** When I was a kid, I learned how to swim from my father. **부연 설명** As far as I can remember, we used to go swimming every weekend since I enjoyed it. 저는 어렸을 때 아버지께 수영하는 법을 배웠습니다. 제가 기억하기로는 제가 그것을 즐겼기 때문에 우리는 매 주말마다 수영하러 갔었습니다.

[난이도 상 답변]

★★★ 6.5+	**핵심 답변** When I was in primary school, I first learned how to swim from my father. **부연 설명** There was a swimming pool in a sports centre in my neighbourhood, and we used to visit there every weekend. At first, I was afraid of water, but soon I became very good at it. 제가 초등학교에 다닐 때, 저는 처음으로 아버지께 수영하는 법을 배웠습니다. 동네의 스포츠 센터에 수영장이 있었는데, 우리는 주말마다 그곳을 방문하곤 했습니다. 처음에는 물이 무서웠지만, 곧 아주 잘하게 되었습니다.

📝 Vocabulary / Expressions

as far as I can remember 내가 기억하기로는　primary school 초등학교　neighbourhood n 이웃, 동네　be afraid of ~을 두려워하다
become good at 잘하게 되다

위의 예시 답변을 학습한 후 다시 나만의 답변을 해 보자.

3 In general, do you prefer to swim in a swimming pool or in the ocean? (Why?) 보통 당신은 수영장에서 수영하는 것을 선호하나요, 아니면 바다에서 수영하는 것을 선호하나요?

🎧 P1-U7_3

나만의 답변을 해 보자.

[난이도 하 답변]

★ 5.5-	핵심 답변 I prefer to swim in a swimming pool 부연 설명 because I feel more comfortable in a swimming pool. 저는 수영장에서 수영하는 것을 선호합니다. 왜냐하면 수영장에서 더 편안함을 느끼기 때문입니다.

[난이도 중 답변]

★★ 5.5+	핵심 답변 I definitely enjoy swimming in the ocean more than in a swimming pool. 부연 설명 This is because I am into surfing. I can feel the cool breeze of the sea. 저는 확실히 수영장에서보다 바다에서 수영하는 것을 즐깁니다. 왜냐하면 제가 서핑을 좋아하기 때문입니다. 저는 시원한 바닷바람을 느낄 수 있습니다.

[난이도 상 답변]

★★★ 6.5+	핵심 답변 I prefer to swim in a swimming pool. 부연 설명 This is because I feel more comfortable in a swimming pool since there are no big waves. On the other hand, in the ocean, there are strong tides, which I find quite threatening. 저는 수영장에서 수영하는 것을 선호합니다. 왜냐하면 저는 수영장에는 큰 파도가 없으므로 더 편안함을 느끼기 때문입니다. 반면에 바다에는 강한 조수가 있는데, 저는 그것이 꽤 위협적이라고 느낍니다.

🖋 Vocabulary / Expressions

feel comfortable 편안하게 느끼다   definitely adv 확실히, 분명히   be into ~을 좋아하다   surfing n 파도타기, 서핑   breeze n 바람
wave n 파도   tide n 조수, 조류   quite adv 꽤   threatening adj 위협적인

위의 예시 답변을 학습한 후 다시 나만의 답변을 해 보자.

4 **Do you think everyone should be taught to swim? (Why or why not?)**
당신은 모든 사람들이 수영을 배워야 한다고 생각하나요?   🎧 P1-U7_4

나만의 답변을 해 보자.

[난이도 하 답변]

★ 5.5-	핵심 답변 Yes, I think people should know how to swim. 부연 설명 That way, they can protect themselves in emergencies. 네, 저는 사람들이 수영하는 법을 알아야 한다고 생각합니다. 그래야 비상시에 그들 자신을 보호할 수 있습니다.

[난이도 중 답변]

★★ 5.5+	핵심 답변 No, I don't think it's necessary to learn how to swim. 부연 설명 There are so many enjoyable activities apart from swimming, so people can do other activities for leisure. They can even wear life jackets and enjoy playing in the water. 아니요, 저는 수영하는 법을 배우는 것이 필요하다고 생각하지 않습니다. 수영 외에도 즐거운 활동들이 아주 많습니다. 따라서 사람들은 여가를 위해 다른 활동을 할 수 있습니다. 심지어 그들은 구명조끼를 입고 물놀이를 즐길 수 있습니다.

[난이도 상 답변]

★★★ 6.5+	핵심 답변 Yes, I think people should learn how to swim. 부연 설명 It is an essential skill which can save people's lives in emergencies. I've heard many times about people who survived in the ocean or rivers because they were able to swim. 네, 저는 사람들이 수영하는 법을 배워야 한다고 생각합니다. 그것은 비상시에 사람들의 생명을 구할 수 있는 필수적인 기술입니다. 저는 수영을 할 수 있었기 때문에 바다나 강에서 살아남은 사람들에 대해 여러 번 들었습니다.

핵심 답변과 부연 설명에 이어 왜 essential skill인지 구체적으로 예시를 들어서 더욱 설득력 있는 답변이 되었다.

✏️ Vocabulary / Expressions

protect v 보호하다   emergency n 비상사태, 위급한 경우   necessary adj 필요한, 필수적인   enjoyable adj 즐거운   apart from
~을 제외하고, ~외에도   leisure n 여가   wear v 입다   life jacket 구명조끼   essential adj 필수적인   save v 구하다

위의 예시 답변을 학습한 후 다시 나만의 답변을 해 보자.

UNIT 08 | 쇼핑(Shopping)

음원 바로 듣기

[Shopping] 주제는 IELTS Speaking Part 1뿐만 아니라 Part 2와 3에서도 매우 잘 출제되는 주제이다. 그중 어떤 문제들이 자주 나오는지를 확인해 보고, 학습 후 나만의 답변도 준비하여 실전에 대비하자.

🔹 자주 나오는 문제 알아보기

당신은 보통 어디로 쇼핑하러 가나요? ★
Where do you usually go shopping?

당신은 혼자 쇼핑하는 것을 좋아하나요, 아니면 친구와 함께 쇼핑하는 것을 선호하나요? ★
Do you like to shop alone or do you prefer to shop with a friend? (Why?)

당신은 쇼핑이 좋은 취미가 될 수 있다고 생각하나요? ★
Do you think shopping can be a good hobby? (Why or why not?)

온라인 쇼핑은 상점에서 쇼핑하는 것과 어떻게 다른가요? 장단점들은 무엇인가요? ★
How is online shopping different to shopping in a store? What are the pros and cons?

주제별 유용한 어휘와 표현들을 학습하여 질문의 답변을 준비해 두자.

📦 Useful Vocabulary/Expressions

쇼핑 장소 관련 어휘/표현	
시장 street market	대형 쇼핑몰 big shopping mall
동네 상점 local shop	백화점 department store
식료품점 grocery store	노점상 vendor
벼룩시장 flea market	싼, 저렴한 cheap
매우 비싼 overpriced	적정한, 비싸지 않은 reasonable
값비싼 pricey	값이 적당한, 감당할 수 있는 affordable
비싼 expensive	정가 fixed price
흥정하다 bargain	값을 깎다 haggle
싸게 사다 get a good deal	할인 받다 get a discount
생필품 essential commodities	식료품 쇼핑 grocery shopping
아이쇼핑, 구경하는 것 window shopping	(가게의 물건들을) 둘러보다 browse
환불할 수 있는 refundable	

쇼핑의 장점	
스트레스를 풀 수 있다 can relieve stress	기분을 고조시키다 elevate one's mood
마음을 가라앉히고 긴장을 푸는 soothing and relaxing	삶을 더 편리하고 편안하게 만들다 make life more convenient and comfortable

쇼핑의 단점	
물질주의를 초래하다 result in materialism	쓰레기를 야기하다 create waste
재정적으로 부담이 될 수 있다 can be a financial burden	물질적인 것에 너무 많은 가치를 둘 수 있다 may place too much value on material things

인터넷 쇼핑의 장점	
편리하다 be convenient	시간과 노력을 절약할 수 있다 can save time and effort
더 저렴하다 be cheaper	제품의 가격을 비교하기 쉽다 be easy to compare the price of a product

인터넷 쇼핑의 단점	
제품을 반품할 가능성이 높다 be a higher chance of returning the product	제품을 직접 만져 보거나 입어 볼 수 없다 cannot touch products or try them on
배송이 늦어질 수 있다 there may be a delay in delivery	

1 Where do you usually go shopping?

당신은 보통 어디로 쇼핑하러 가나요?

나만의 답변을 해 보자.

[난이도 하 답변]

★
5.5-

핵심 답변 I go to department stores or large shopping malls to shop. 부연 설명 This is because there are a lot of options for me.

저는 백화점이나 큰 쇼핑몰로 쇼핑하러 갑니다. 왜냐하면 제게 선택권이 많기 때문입니다.

[난이도 중 답변]

★★
5.5+

핵심 답변 I go to department stores or large shopping malls to shop. 부연 설명 This is because it's convenient to shop in one building. I can purchase various items in one place.

저는 백화점이나 큰 쇼핑몰로 쇼핑하러 갑니다. 왜냐하면 한 건물에서 쇼핑하는 것이 편리하기 때문입니다. 저는 한 장소에서 다양한 물건들을 구입할 수 있습니다.

[난이도 상 답변]

★★★
6.5+

핵심 답변 I go to department stores or large shopping malls to shop. 부연 설명 This is because there are a lot of options for me. To be more specific, because there are a great range of stores in one building, I can shop for various items in one place without having to move to another.

저는 백화점이나 큰 쇼핑몰로 쇼핑하러 갑니다. 왜냐하면 제게 선택권이 많기 때문입니다. 좀더 구체적으로 말하면, 한 건물에 매우 많은 상점들이 있기 때문에 저는 다른 곳으로 이동할 필요 없이 한 장소에서 다양한 물건들을 살 수 있습니다.

📝 Vocabulary / Expressions

purchase v 구입하다   various adj 다양한

위의 예시 답변을 학습한 후 다시 나만의 답변을 해 보자.

2 Do you like to shop alone or do you prefer to shop with a friend? (Why?)

당신은 혼자 쇼핑하는 것을 좋아하나요, 아니면 친구와 함께 쇼핑하는 것을 선호하나요? 🎧 P1-U8_2

나만의 답변을 해 보자.

[난이도 하 답변]

5.5-

핵심 답변 I like to go shopping with my friends **부연 설명** because they can help me to decide what to buy.
저는 친구들과 함께 쇼핑하러 가는 것을 좋아합니다. 왜냐하면 그들은 제가 무엇을 사야 할지 결정하는 데 도움을 줄 수 있기 때문입니다.

[난이도 중 답변]

5.5+

핵심 답변 I like to go shopping on my own. **부연 설명** Since I don't enjoy shopping, I only go shopping when I urgently need something.
저는 혼자 쇼핑하러 가는 것을 좋아합니다. 저는 쇼핑을 즐기지 않기 때문에 급하게 필요한 것이 있을 때에만 쇼핑하러 갑니다.

[난이도 상 답변]

6.5+

핵심 답변 I like to have company when I go shopping **부연 설명** since I can ask for their opinion whenever I am in two minds.
저는 쇼핑하러 갈 때 친구가 함께 하는 것을 좋아합니다. 왜냐하면 제가 결정을 못할 때 그들의 의견을 물어볼 수 있기 때문입니다.

in two minds(결정을 하지 못하고 망설이는)와 같은 관용어구의 사용은 고득점을 위한 좋은 방법이다.

📝 Vocabulary / Expressions
decide [v] 결정하다   urgently [adv] 급히   company [n] 일행, 함께 있음, 함께 있는 사람들

위의 예시 답변을 학습한 후 다시 나만의 답변을 해 보자.

3 Do you think shopping can be a good hobby? (Why or why not?) 🎧 P1-U8_3

당신은 쇼핑이 좋은 취미가 될 수 있다고 생각하나요?

나만의 답변을 해 보자.

[난이도 하 답변]

★ 5.5-	핵심 답변 Yes, I think shopping can be a great hobby. 부연 설명 Because it can help people to get rid of stress. 네, 저는 쇼핑이 좋은 취미가 될 수 있다고 생각합니다. 왜냐하면 그것은 사람들이 스트레스를 해소하는 데 도움이 될 수 있기 때문입니다.

위의 답변은 핵심 답변과 부연 설명이 있기는 하지만 스트레스를 없애는 데 도움이 된다는 답변에 대한 충분한 설명이 없어서 설득력이 떨어진다.

[난이도 중 답변]

★★ 5.5+	핵심 답변 Yes, I think shopping can be a great hobby. 부연 설명 Because most people enjoy their time while shopping, it can help people to get rid of stress. 네, 저는 쇼핑이 좋은 취미가 될 수 있다고 생각합니다. 대부분의 사람들은 쇼핑을 하는 동안 그들의 시간을 즐기기 때문에 사람들이 스트레스를 해소하는 데 도움이 될 수 있습니다.

[난이도 하 답변]과 비슷하지만 위의 답변에서는 '왜 스트레스를 해소할 수 있는지'에 대한 부연 설명(쇼핑을 하는 동안 그들의 시간을 즐기기 때문)을 하여 설득력을 높였다.

[난이도 상 답변]

★★★ 6.5+	핵심 답변 No, I don't think it's an enjoyable hobby 부연 설명 because it encourages a consumer culture, resulting in financial problems for some people. In fact, I've seen some people who are in financial difficulty because of a shopping addiction. 아니요, 저는 그것이 즐길 수 있는 취미라고 생각하지 않습니다. 왜냐하면 그것은 소비문화를 조장하고, 어떤 사람들에게는 재정적인 문제를 야기하기 때문입니다. 실제로 저는 쇼핑 중독 때문에 재정적으로 어려움을 겪고 있는 사람들을 보았습니다.

✏️ Vocabulary / Expressions

get rid of stress 스트레스를 해소하다   enjoyable adj 즐거운   encourage v 조장하다, 부추기다   consumer culture 소비문화
be in financial difficulty 재정적으로 어렵다, 궁핍하다   shopping addiction 쇼핑 중독

위의 예시 답변을 학습한 후 다시 나만의 답변을 해 보자.

4 How is online shopping different to shopping in a store? What are the pros and cons? 온라인 쇼핑은 상점에서 쇼핑하는 것과 어떻게 다른가요? 장단점들은 무엇인가요?

🎧 P1-U8_4

나만의 답변을 해 보자.

[난이도 하 답변]

★ 5.5-	**핵심 답변** While online shopping is convenient, there is a high probability of failure. By contrast, shopping in a store requires effort and time, but I can buy exactly what I want. 온라인 쇼핑은 편리한 반면 실패 확률이 높습니다. 이와 대조적으로 가게에서 쇼핑하는 것은 노력과 시간을 필요로 하지만, 제가 원하는 것을 정확히 살 수 있습니다.

[난이도 중 답변]

★★ 5.5+	**핵심 답변** While online shopping is convenient, there is a high probability of failure. By contrast, shopping in a store requires effort and time, but I can buy exactly what I want. **부연 설명** Based on many experiences, I only buy daily necessities on the Internet, since these purchases have a low probability of failure. 온라인 쇼핑은 편리한 반면 실패 확률이 높습니다. 이와 대조적으로 가게에서 쇼핑하는 것은 노력과 시간을 필요로 하지만, 제가 원하는 것을 정확히 살 수 있습니다. 많은 경험을 통해 저는 생필품만을 인터넷에서 구입하는데, 왜냐하면 실패 확률이 적기 때문입니다.

[난이도 상 답변]

★★★ 6.5+	**핵심 답변** Shopping on the Internet is more convenient than shopping in a physical store **부연 설명** because customers don't need to visit the shop personally. It can reduce time and effort. **핵심 답변** However, there is a higher likelihood of returns. **부연 설명** For example, I bought a pair of jeans online, and when they were delivered, I noticed they didn't fit me, so I had to return them. 인터넷 쇼핑은 상점에서 쇼핑하는 것보다 더 편리합니다. 왜냐하면 고객들이 직접 그 매장을 방문할 필요가 없기 때문입니다. 그것은 시간과 노력을 줄일 수 있습니다. 하지만 반품할 가능성이 더 높습니다. 예를 들면, 저는 온라인으로 청바지를 샀었는데, 배송되었을 때 그것이 몸에 맞지 않아서 반품해야 했습니다.

경험을 바탕으로 한 구체적인 예시는 고득점을 받는 데 매우 중요한 역할을 한다. 항상 자세하고 충분한 설명을 하자.

✏️ **Vocabulary / Expressions**

probability n 확률   failure n 실패   daily necessities 생활필수품   customer n 고객, 손님   personally adv 직접   likelihood n 가능성   return n 반품   deliver v 배달하다   fit v (사이즈가) 맞다

위의 예시 답변을 학습한 후 다시 나만의 답변을 해 보자.

UNIT 09 친구(Friends)

음원 바로 듣기

[Friends] 주제는 IELTS Speaking Part 1뿐만 아니라 Part 2와 3에서도 매우 잘 출제되는 주제이다. 그중 어떤 문제들이 자주 나오는지를 확인해 보고, 학습 후 나만의 답변도 준비하여 실전에 대비하자.

🔲 자주 나오는 문제 알아보기

당신은 언제 마지막으로 친구들과 어울려 놀았나요? 무엇을 했나요? ★
When did you last hang out with friends? What did you do?

당신은 종종 친구들을 집에 초대하나요? ★
Do you often invite friends to your home? (Why or why not?)

당신은 친구들과 개별적으로 시간을 보내는 것을 선호하나요, 아니면 친구들과 그룹으로 만나는 것이 좋은가요? ★
Do you prefer to spend time with friends individually, or would you rather meet up with a group of friends?

당신은 쉽게 새로운 친구들을 사귀나요? 보통 어디서 어떻게 친구들을 사귀나요? ★
Do you make new friends easily? How and where do you usually make friends?

주제별 유용한 어휘와 표현들을 학습하여 질문의 답변을 준비해 두자.

Useful Vocabulary/Expressions

친구들과 어울릴 때 할 수 있는 것	
영화 보러 가다 go to see a film, go to the movies	영화를 보다 catch a flick
술 마시러 가다 go for a drink	카페에서 대화하다 have a chat in a café
운동을 같이 하다 work out together	컴퓨터 게임을 하다 play computer games

친구들과 개인적으로 만날 때 장점	
깊은 대화를 할 수 있다 can have a deep conversation	더 깊은 관계를 맺을 수 있다 can establish a deeper relationship
대화에 집중할 수 있다 can concentrate on conversation	의견 대립이 적다 have little disagreement

친구들과 단체로 만날 때 장점	
팀 스포츠나 게임들을 할 수 있다 can play team sports or games	다양한 의견을 들을 수 있다 can hear various opinions
사회망(인간 관계 연결망)을 넓힐 수 있다 can expand social networks	

친구들과 어울리는 것의 장점	
소속감을 높이다 increase a sense of belonging	인생을 풍요롭게 하다 enrich one's life
심신의 건강을 증진하다 improve one's mental and physical health	

친구 관련 어휘/표현	
내성적인 introverted	내성적인 사람 an introvert
외향적인 extroverted	외향적인 사람 an extrovert
평생의 친구 lifelong friend	공통점이 있다 have something in common
우정을 유지하다 maintain a friendship	(~와) 만나다 meet up
많은 시간을 보내다 hang out	연락하고 지내다 keep in touch, get in touch, stay in touch
비슷한 관심사 similar interest	믿을 수 있는 reliable
사교적인 sociable	열린 마음을 가진 open-minded
공감하다 sympathise	~와 사이좋게 지내다 get along with
~와 어울려 다니다 hang out with	사교 모임 social gathering

1 **When did you last hang out with friends? What did you do?** P1-U9_1

당신은 언제 마지막으로 친구들과 어울려 놀았나요? 무엇을 했나요?

나만의 답변을 해 보자.

[난이도 하 답변]

★
5.5-

핵심 답변 I hung out with my friend last weekend. 부연 설명 We went to a nice restaurant and had dinner there.

저는 지난 주말에 친구와 놀았습니다. 우리는 멋진 레스토랑에 가서 저녁을 먹었습니다.

[난이도 중 답변]

★★
5.5+

핵심 답변 Well, to be honest, I don't remember when I last met my friend. 부연 설명 This is because I am busy working these days, so I don't have time to do anything but work.

음. 솔직히 말해서, 저는 제 친구를 언제 마지막으로 만났는지 기억이 나지 않습니다. 이것은 제가 요즘 일하느라 바빠서 일 외에 다른 것을 할 시간이 없기 때문입니다.

[난이도 상 답변]

★★★
6.5+

핵심 답변 It was last weekend. 부연 설명 I met my friend to go to see a movie, after which we had a nice dinner at an Italian restaurant. Even though we had to wait for a long time to be seated since the restaurant is popular, it was worth waiting because the food was amazing.

지난 주말이었습니다. 저는 영화를 보러 가기 위해 친구를 만났고 그 후에 우리는 이탈리아 레스토랑에서 근사한 저녁을 먹었습니다. 그 레스토랑이 인기가 있어서 우리는 오래 기다려야 했지만, 음식이 정말 훌륭해서 기다릴 만한 가치가 있었습니다.

📑 **Vocabulary / Expressions**

be busy V-ing ~하느라 바쁘다   wait for ~을 기다리다   be seated 앉다   amazing adj 놀라운

위의 예시 답변을 학습한 후 다시 나만의 답변을 해 보자.

2 Do you often invite friends to your home? (Why or why not?) P1-U9_2

당신은 종종 친구들을 집에 초대하나요?

나만의 답변을 해 보자.

[난이도 하 답변]

| ★ 5.5- | 핵심 답변 Yes, I sometimes invite my friends to my place. 부연 설명 We mostly have dinner and watch movies together.
네, 저는 때때로 친구들을 제 집에 초대합니다. 우리는 대부분 저녁을 먹고 함께 영화를 봅니다. |

[난이도 중 답변]

| ★★ 5.5+ | 핵심 답변 No, I don't. 부연 설명 Unfortunately, I have a roommate who shares my place. So I cannot invite my friends to my house freely. Instead, I visit their homes. I often take some homemade food or wine with me.
아니요, 그렇지 않습니다. 유감스럽게도 저는 함께 사는 룸메이트가 있습니다. 그래서 저는 제 친구들을 자유롭게 집으로 초대할 수 없습니다. 그 대신에 저는 그들의 집을 방문합니다. 저는 종종 집에서 만든 음식이나 와인을 가지고 갑니다. |

[난이도 상 답변]

| ★★★ 6.5+ | 핵심 답변 Yes, I do. 부연 설명 Some of my close friends love to come over to my place for a sleepover since I live on my own. For this reason, I invite them to boys' night every two months. Most commonly, my friends will bring some food and wine so we can relish our time together.
네, 그렇습니다. 제 친한 친구들 중 몇몇은 제가 혼자 살기 때문에 제 집에 놀러 오는 것을 좋아합니다. 이런 이유 때문에 저는 두 달에 한 번씩 '남자들의 밤'에 그들을 초대합니다. 가장 일반적으로 제 친구들은 우리가 함께 즐길 수 있도록 약간의 음식과 와인을 가지고 오곤 합니다. |

✍ Vocabulary / Expressions

invite v 초대하다   unfortunately adv 유감스럽게도, 불행히도   instead adv 대신에   homemade adj 집에서 만든   sleepover n 밤새 놀기, 함께 자며 놀기   relish v 즐기다

위의 예시 답변을 학습한 후 다시 나만의 답변을 해 보자.

3 Do you prefer to spend time with friends individually, or would you rather meet up with a group of friends?

당신은 친구들과 개별적으로 시간을 보내는 것을 선호하나요, 아니면 친구들과 그룹으로 만나는 것이 좋은가요? 🎧 P1-U9_3

나만의 답변을 해 보자.

[난이도 하 답변]

★ 5.5-	핵심 답변 I prefer to spend time with friends individually. 부연 설명 In this case, I can focus more on my friends and build deeper relationships with them. 저는 친구들과 개별적으로 시간을 보내는 것을 선호합니다. 이 경우에 저는 친구들에게 더 집중할 수 있고 그들과 더 깊은 관계를 맺을 수 있습니다.

[난이도 중 답변]

★★ 5.5+	핵심 답변 I opt to meet my friends individually. 부연 설명 That's because I can concentrate on the conversation, and establish a deeper relationship with them. Besides, as an introvert, I am more comfortable spending time with one friend at a time. 저는 친구들을 개별적으로 만나는 것을 선택합니다. 저는 대화에 집중할 수 있고, 그들과 더 깊은 관계를 맺을 수 있기 때문입니다. 뿐만 아니라, 내성적인 사람으로서 저는 한 번에 한 친구와 시간을 보내는 것이 더 편합니다.

[난이도 상 답변]

★★★ 6.5+	핵심 답변 I think it is better for me to hang out with a group of friends. 부연 설명 There are a lot more things to do such as playing team sports or games. By doing these activities, I can feel a sense of belonging and expand social networks. However, if I were to meet just one friend, we would have limited options as to what we could do, so playing sports might not be possible and typically we would end up chatting in a coffee shop in such a case. 저는 친구들과 그룹으로 어울리는 것이 저에게 더 좋다고 생각합니다. 팀 스포츠나 게임 같이 즐길 것이 훨씬 더 많습니다. 이러한 활동들을 함으로써 저는 소속감을 느끼고, 사회망을 넓힐 수 있습니다. 하지만 만약 제가 단지 한 명의 친구만 만난다면, 저희는 할 수 있는 것에 대해 제한적인 선택권을 가지게 되므로 스포츠를 하는 것은 불가능할 것이고 일반적으로 그런 경우에 결국은 커피숍에서 대화를 하게 될 것입니다.

📝 Vocabulary / Expressions

build relationships 관계를 쌓다   concentrate on ~에 집중하다   a sense of belonging 소속감   expand social networks 사회망을 넓히다   typically adv 일반적으로, 보통   end up 결국 ~하게 되다   chat v 수다 떨다, 대화하다

위의 예시 답변을 학습한 후 다시 나만의 답변을 해 보자.

4 **Do you make new friends easily? How and where do you usually make friends?** 당신은 쉽게 새로운 친구들을 사귀나요? 보통 어디서 어떻게 친구들을 사귀나요? 🎧 P1-U9_4

나만의 답변을 해 보자.

[난이도 하 답변]

★ 5.5-	핵심 답변 Well, no, I don't make new friends easily, but when I do, I tend to build deeper relationships with them. 음, 아니오. 전 새로운 친구들을 쉽게 사귀지 않지만, 사귀게 되면 그들과 더 깊은 관계를 맺는 경향이 있습니다.

[난이도 중 답변]

★★ 5.5+	핵심 답변 Yes, I do. I always relish meeting new people. I usually make friends at school, and mostly I become friends with people who I have a lot in common with. 네, 그렇습니다. 저는 항상 새로운 사람들을 만나는 것을 좋아합니다. 저는 보통 학교에서 친구들을 사귀는데, 대부분 저와 공통점이 많은 사람들과 친구가 됩니다.

[난이도 상 답변]

★★★ 6.5+	핵심 답변 Well, no. As an introvert, I find it difficult to make new friends. So I make friends with common connections through social gatherings. This is common among adults who are usually quite hesitant to make friends. 음, 아니오. 내성적인 사람으로서 저는 새로운 친구들을 사귀는 것이 어렵다고 느낍니다. 그래서 사교 모임을 통하여 저는 공통의 인맥을 통해 친구들을 사귑니다. 이것은 보통 친구 사귀는 것을 꽤 주저하는 어른들 사이에서 일반적입니다.

🗂 **Vocabulary / Expressions**

build relationships 관계를 쌓다   relish v 즐기다   have something in common with ~와 공통점을 가지다   introvert n 내성적인 사람
gathering n 모임   connection n (사람과의) 관계, 연줄   hesitant adj 주저하는, 망설이는

위의 예시 답변을 학습한 후 다시 나만의 답변을 해 보자.

선물(Gifts)

음원 바로 듣기

[Gifts] 주제는 IELTS Speaking Part 1뿐만 아니라 Part 2와 3에서도 매우 잘 출제되는 주제이다.
그중 어떤 문제들이 자주 나오는지를 확인해 보고, 학습 후 나만의 답변도 준비하여 실전에 대비하자.

🏅 자주 나오는 문제 알아보기

당신은 어떤 경우에 당신의 가족을 위해 선물을 사나요? ★
On what occasions do you buy gifts for your family?

당신은 친구와 직장동료들에게 선물을 주나요? ★
Do you give presents to your friends and co-workers? (Why or why not?)

당신이 마지막으로 선물을 받은 게 언제였나요? 그것은 무엇이었나요? ★
When was the last time you received a gift? What was it?

당신이 지금까지 받은 선물 중에서 최고의 선물은 무엇인가요? ★
What is the best gift you have ever received?

주제별 유용한 어휘와 표현들을 학습하여 질문의 답변을 준비해 두자.

🟦 Useful Vocabulary/Expressions

선물 관련 어휘/표현	
상품권 a gift certificate, a gift voucher	개인 전자 기기 a personal electronic device
전자 제품, 전자 기기 electrical goods	컴퓨터 a computer
노트북 a laptop computer	스마트폰 a smartphone
휴대폰 a mobile phone	문구류 stationery
학용품 school supplies	장난감 a toy
작은 선물 a small gift, a little present, a little thing	손으로 만든 handmade
선물을 주는 날	
기념일 an anniversary	생일 a birthday
졸업식 graduation	크리스마스 Christmas
평범한 날 an ordinary day	
선물을 주는 이유	
감사(한 마음), 고맙게 여김 thankfulness, gratefulness, gratitude, appreciation	보답, 보수 a consideration
친밀(함) closeness, intimacy	
선물을 주는 것의 장점	
사랑하는 사람들을 행복하게 만들다 make loved ones happy	그들과의 관계를 강화시키다 enhance relationships with them
그들이 우리와 더 가깝게 느끼게 하다 make them feel closer to us	사회적 유대 관계를 쌓도록 돕다 help to build up social ties
감사의 뜻을 표현하는 훌륭한 방법 a great way to express one's gratitude	

1 On what occasions do you buy gifts for your family? P1-U10_1

당신은 어떤 경우에 당신의 가족을 위해 선물을 사나요?

나만의 답변을 해 보자.

[난이도 하 답변]

5.5-

핵심 답변 I buy gifts for my family on special days such as birthdays and Christmas. **부연 설명** It's common to give presents to one's family on such days.

저는 생일이나 크리스마스 같은 특별한 날에 가족에게 줄 선물을 삽니다. 그런 날에 가족에게 선물을 주는 것은 일반적입니다.

[난이도 중 답변]

5.5+

핵심 답변 I buy gifts for my family on special days such as birthdays and Christmas. **부연 설명** It's customary to give presents to loved ones on such days.

저는 생일이나 크리스마스 같은 특별한 날에 가족에게 줄 선물을 삽니다. 그런 날에 사랑하는 사람들에게 선물을 주는 것은 관례입니다.

[난이도 상 답변]

6.5+

핵심 답변 I purchase presents for my parents on special days such as birthdays and Christmas. **부연 설명** It's customary to give presents to loved ones on such days. For example, last Christmas day, I bought a set of 'couple sleepwear' for my parents, and they loved it.

저는 생일이나 크리스마스 같은 특별한 날에 부모님께 드릴 선물을 삽니다. 그런 날에 사랑하는 사람들에게 선물을 주는 것은 관례입니다. 예를 들어, 지난 크리스마스에 저는 부모님을 위한 커플잠옷을 샀는데 부모님은 그것을 좋아하셨습니다.

📝 Vocabulary / Expressions

common adj 일반적인, 흔한　　customary adj 관례적인, 통상적인　　loved one 사랑하는 사람, 연인, 가족　　sleepwear n 잠옷

위의 예시 답변을 학습한 후 다시 나만의 답변을 해 보자.

2 Do you give presents to your friends and co-workers? (Why or why not?) 당신은 친구와 직장 동료들에게 선물을 주나요?

🎧 P1-U10_2

나만의 답변을 해 보자.

[난이도 하 답변]

★ 5.5-	핵심답변 Yes, I like to buy them small gifts 부연설명 to show appreciation for our friendship. Sometimes I give them coffee gift vouchers. 네, 저는 그들과의 우정에 대한 감사를 표시하기 위해 그들에게 작은 선물을 사주는 것을 좋아합니다. 때때로 저는 그들에게 커피 상품권을 줍니다.

[난이도 중 답변]

★★ 5.5+	핵심답변 Yes, I like to buy them small gifts 부연설명 to show appreciation for our bonds. They don't have to be expensive. For example, sometimes I give them coffee gift vouchers. 네, 저는 그들과의 유대감에 대한 감사를 표시하기 위해 그들에게 작은 선물을 사주는 것을 좋아합니다. 그것들이 꼭 비쌀 필요는 없습니다. 예를 들면, 때때로 저는 그들에게 커피 상품권을 줍니다.

[난이도 상 답변]

★★★ 6.5+	핵심답변 Yes, sometimes I give them small gifts such as homemade cookies 부연설명 since I like to share things with people I cherish. I believe it is a great way to build good relationships with them. 네, 가끔 저는 그들에게 집에서 만든 쿠키와 같은 작은 선물을 합니다. 왜냐하면 저는 제가 소중히 여기는 사람들과 무언가를 나누는 것을 좋아하기 때문입니다. 저는 이것이 그들과 좋은 관계를 맺는 훌륭한 방법이라고 생각합니다.

📝 Vocabulary / Expressions

gift voucher 상품권   bond n 유대감   homemade adj 집에서 만든, 손으로 만든   share v 나눠주다, 나누다   cherish v 소중히 여기다
build relationships 관계를 쌓다

위의 예시 답변을 학습한 후 다시 나만의 답변을 해 보자.

3 When was the last time you received a gift? What was it?

당신이 마지막으로 선물을 받은 게 언제였나요? 그것은 무엇이었나요?

나만의 답변을 해 보자.

[난이도 하 답변]

★ 5.5-	핵심 답변 The last time I received a gift was a month ago. 부연 설명 My friend gave me a tumbler. 제가 마지막으로 선물을 받았던 것은 한 달 전이었습니다. 제 친구가 서에게 텀블러를 주었습니다.

위의 답변은 질문에서 사용된 문장을 그대로 사용하였고, 무엇을 받았는지에 대한 답은 있었지만 부연 설명이 부족하여 좋은 점수를 받을 수 없다. 다양한 표현과 함께 부연 설명을 추가하여 더 좋은 점수를 받을 수 있도록 하자.

[난이도 중 답변]

★★ 5.5+	핵심 답변 It was a month ago. 부연 설명 My friend gave me a tumbler. I felt very grateful, and now I use it every single day since I am a coffee lover. 한 달 전이었습니다. 제 친구가 저에게 텀블러를 주었습니다. 저는 매우 고맙게 느꼈고, 저는 커피 애호가라서 지금 그것을 매일 사용합니다.

[난이도 상 답변]

★★★ 6.5+	핵심 답변 It was a month ago. My friend gave me a tumbler which she had bought as a souvenir in Seattle. 부연 설명 I felt very grateful, and now I use it every single day since I am a coffee lover. 한 달 전이었습니다. 제 친구가 시애틀에서 기념품으로 산 텀블러를 제게 주었습니다. 저는 매우 고맙게 느꼈고, 저는 커피 애호가라서 지금 그것을 매일 사용합니다.

✏️ Vocabulary / Expressions

tumbler n 텀블러   grateful adj 감사한   coffee lover 커피를 사랑하는 사람, 애호가   souvenir n 기념품

위의 예시 답변을 학습한 후 다시 나만의 답변을 해 보자.

4 What is the best gift you have ever received?

🎧 P1-U10_4

당신이 지금까지 받은 선물 중에서 최고의 선물은 무엇인가요?

나만의 답변을 해 보자.

[난이도 하 답변]

★ 5.5-	핵심 답변 My favourite gift is my mobile phone. 부연 설명 I received it from my mother. I like it very much because I like electronic devices. 제가 가장 좋아하는 선물은 제 휴대폰입니다. 저는 그것을 어머니로부터 받았습니다. 저는 전자 기기를 좋아하기 때문에 그것을 매우 좋아합니다.

[난이도 중 답변]

★★ 5.5+	핵심 답변 My favourite gift is the mobile phone I got from my mother as a birthday present last year. 부연 설명 This is because it was exactly what I wanted, and it was the latest one at that time. Since the device is essential in my life, I still use it every day. 제가 가장 좋아하는 선물은 작년 생일 선물로 어머니로부터 받은 휴대폰입니다. 그것은 바로 제가 원했던 것이었고, 당시 가장 최신 제품이었기 때문입니다. 그 기기는 제 생활에서 필수적이기 때문에, 저는 그것을 지금도 매일 사용합니다.

[난이도 상 답변]

★★★ 6.5+	핵심 답변 Well, the piano my father gave me for my birthday is my favourite gift so far. 부연 설명 I still remember the day when my father bought it for me. I was eight years old, and when I found it in my room after arriving home from school, I was over the moon. It is still in my place. 음, 아버지께서 제 생일 선물로 주신 피아노는 지금까지 제가 가장 좋아하는 선물입니다. 아버지께서 그것을 사 주신 날이 아직도 기억이 납니다. 저는 8살이었는데, 학교에서 돌아와서 제 방에서 그것을 발견했을 때, 저는 매우 기뻤습니다. 그것은 여전히 제 방에 있습니다.

📝 Vocabulary / Expressions

device n (기계적) 장치, 기구   latest adj 최신의   essential adj 필수적인   over the moon 매우 행복한, 황홀한

위의 예시 답변을 학습한 후 다시 나만의 답변을 해 보자.

UNIT 11 사진(Photography)

음원 바로 듣기

[Photography] 주제는 IELTS Speaking Part 1뿐만 아니라 Part 2와 3에서도 매우 잘 출제되는 주제이다. 그중 어떤 문제들이 자주 나오는지를 확인해 보고, 학습 후 나만의 답변도 준비하여 실전에 대비하자.

🎙 자주 나오는 문제 알아보기

당신은 언제 어디서 가장 자주 사진을 찍나요? ★
When and where do you most often take photographs?

당신은 인물 사진 찍는 것을 좋아하나요, 아니면 사물 사진 찍는 것을 좋아하나요? ★
Do you like to take pictures of people or of things? (Why?)

당신은 당신 자신의 사진을 직접 찍는 것을 좋아하나요, 아니면 다른 사람이 찍어주는 것을 더 좋아하나요? ★
Do you like to take pictures of yourself, or do you prefer to have your pictures taken by somebody else?

당신은 사진작가로 돈을 잘 버는 것이 여전히 가능하다고 생각하나요? ★
Do you think it is still possible to make good money as a photographer?

주제별 유용한 어휘와 표현들을 학습하여 질문의 답변을 준비해 두자.

🔷 Useful Vocabulary/Expressions

사진기 및 장치 관련 어휘/표현	
조작하기 쉬운, 작동하기 쉬운 easy to operate	사용하기 쉬운 user-friendly
휴대하기 쉬운 portable	편리한 handy
소형의, 작은 compact	부피가 큰 bulky
사진 편집 앱 photo editing app	고화질 사진 high-definition photo
고해상도 사진 high-resolution photo	최첨단기술 state-of-the-art technology
최신 기기, 최신의 기기장치 the latest device	

사진 관련 어휘/표현	
사진이 잘 받는 photogenic	사진 찍히는 것을 싫어하는 camera-shy
순간 촬영 snapshot	카메라 셔터를 누르다 click the shutter
사진으로 기록하다 capture	셀카 selfie
인물 사진 portrait	풍경 사진 landscape photo
음식 사진 food shot	패션 사진 fashion photo
상기시키는 것 a reminder	생애를 기록하다 document one's life
사진을 인쇄하다 have pictures printed	(과거를) 돌아보다, 회상하다 look back
상기하다, 생각나게 하다 recall	순간을 사진으로 담다, 순간을 포착하다 capture moments
추억을 간직하다 cherish the memories	굉장히 아름다운 stunning
이국적인 exotic	액자 a photo frame
앨범에 사진을 끼우다 put a picture in an album	

1 When and where do you most often take photographs?

당신은 언제 어디서 가장 자주 사진을 찍나요?

나만의 답변을 해 보자.

[난이도 하 답변]

★
5.5-

핵심 답변 I mostly take pictures when I travel. 부연 설명 I take a lot of pictures to remember the special moments.

저는 여행할 때 주로 사진을 찍습니다. 저는 그 특별한 순간을 기억하기 위해 많은 사진을 찍습니다.

[난이도 중 답변]

★★
5.5+

핵심 답변 I mostly take pictures when I travel, especially when I go to a new and exotic place. 부연 설명 Pictures always make me remember the moment I took them.

저는 여행할 때 주로 사진을 찍는데, 특히 새롭고 이국적인 곳에 갈 때 그렇습니다. 사진들은 항상 제가 사진을 찍은 그 순간을 기억하게 만듭니다.

[난이도 상 답변]

★★★
6.5+

핵심 답변 I mostly take pictures when I travel, especially when I go to a new and exotic place. 부연 설명 Whenever I see stunning landscapes or beautiful scenery, I tend to take photos of them to cherish those special moments and to document my journey.

저는 여행할 때 주로 사진을 찍는데, 특히 새롭고 이국적인 곳에 갈 때 그렇습니다. 굉장히 아름다운 풍경이나 아름다운 경치를 볼 때마다, 저는 그 특별한 순간들을 간직하고 저의 여정을 기록하기 위해 그것들을 찍는 경향이 있습니다.

📝 Vocabulary / Expressions

remember v 기억하다   moment n 순간, 때   especially adv 특히, 특별히   exotic adj 이국적인   stunning adj 굉장히 아름다운
landscape n 풍경   scenery n 경치   cherish v (마음 속에) 간직하다   document v 기록하다   journey n 여행, 여정

위의 예시 답변을 학습한 후 다시 나만의 답변을 해 보자.

2 Do you like to take pictures of people or of things? (Why?)

당신은 인물 사진 찍는 것을 좋아하나요, 아니면 사물 사진 찍는 것을 좋아하나요?

나만의 답변을 해 보자.

[난이도 하 답변]

★ 5.5-	핵심 답변 I prefer taking pictures of people. 부연 설명 I like the various facial expressions people show. 저는 인물 사진 찍는 것을 더 좋아합니다. 저는 사람들이 보여 주는 다양한 얼굴 표정을 좋아합니다.

[난이도 중 답변]

★★ 5.5+	핵심 답변 I relish taking pictures of people I love. 부연 설명 For example, when I am with my grandmother, I take numerous pictures of her to capture the best shot of her. I think it's a great way to store precious memories with loved ones. 저는 제가 사랑하는 사람들의 사진을 찍는 것을 좋아합니다. 예를 들면, 할머니와 함께 있을 때 저는 그녀의 최고의 사진을 찍기 위해 수많은 사진을 찍습니다. 제 생각에는 이것이 사랑하는 사람들과 소중한 추억을 저장하는 좋은 방법인 것 같습니다.

위의 답변은 주제인 [사진]과 관련된 어휘를 많이 사용하여 어휘력 부분에서 고득점을 받을 수 있다. 항상 주제와 관련된 어휘를 많이 쓰도록 하자.

[난이도 상 답변]

★★★ 6.5+	핵심 답변 Since I love travelling, I keep clicking the shutter to capture magnificent scenery and exotic buildings I see while exploring rather than people. 부연 설명 I've always admired the beauty of nature. Moreover, every time I see those pictures, they take me back to the place. So, they are memoirs of happy times I had. 저는 여행을 좋아하기 때문에, 사람들보다는 탐험하는 동안에 제가 보는 매우 아름다운 경치와 이국적인 건물들의 사진을 찍기 위해 셔터를 계속 누릅니다. 저는 언제나 자연의 아름다움에 감탄해 왔습니다. 게다가 제가 그 사진들을 볼 때마다 그것들은 저를 다시 그 장소로 데려갑니다. 그래서 그것들은 제가 가졌던 행복한 시간들의 회고록입니다.

🖊 Vocabulary / Expressions

facial expression 얼굴 표정   relish v 즐기다   numerous adj 많은   capture v (사진으로) 담다, 기록하다   shot n 사진   store v 저장하다   precious adj 귀중한   memory n 기억, 추억   click the shutter 셔터를 찰칵 누르다   magnificent adj 매우 아름다운   exotic adj 이국적인   explore v 탐험하다   admire v 감탄하다   memoir n 회고록

위의 예시 답변을 학습한 후 다시 나만의 답변을 해 보자.

3 **Do you like to take pictures of yourself, or do you prefer to have your pictures taken by somebody else?** 🎧 P1-U11_3

당신은 당신 자신의 사진을 직접 찍는 것을 좋아하나요, 아니면 다른 사람이 찍어주는 것을 더 좋아하나요?

나만의 답변을 해 보자.

[난이도 하 답변]

★ 5.5-	핵심 답변 I like to take my own pictures of myself. 부연 설명 This is because I know the best angle. 저는 제 사진을 직접 찍는 것을 좋아합니다. 제가 제일 좋은 각도를 알기 때문입니다.

[난이도 중 답변]

★★ 5.5+	핵심 답변 I am more comfortable taking my own selfies rather than being photographed by others. 부연 설명 This is because I am more photogenic when I personally take them. 저는 다른 사람들에게 사진 찍히는 것보다 제 셀카를 찍는 것이 더 편합니다. 왜냐하면 제가 직접 사진을 찍을 때 사진이 더 잘 나오기 때문입니다.

[난이도 상 답변]

★★★ 6.5+	핵심 답변 I am more comfortable taking my own selfies rather than being photographed by others 부연 설명 since I am camera-shy. What is more, I find myself more photogenic when I personally take them. 저는 사진 찍히는 것을 좋아하지 않기 때문에 다른 사람들에게 사진 찍히는 것보다 제 셀카를 찍는 것이 더 편합니다. 게다가 저는 제가 직접 사진을 찍을 때 사진이 더 잘 나온다고 생각합니다.

📝 **Vocabulary / Expressions**

angle n 각도   selfie n 셀카   photogenic adj 사진이 잘 받는   camera-shy adj 사진 찍히는 것을 좋아하지 않는   find v ~라고 생각하다

위의 예시 답변을 학습한 후 다시 나만의 답변을 해 보자.

4 Do you think it is still possible to make good money as a photographer?

당신은 사진작가로 돈을 잘 버는 것이 여전히 가능하다고 생각하나요?　　　　🎧 P1-U11_4

나만의 답변을 해 보자.

[난이도 하 답변]

★ 5.5-	**핵심 답변** No, it's not possible. Most photographers cannot make good money. **부연 설명** This is because ordinary people can take good quality pictures with the latest cameras. 아니요, 불가능합니다. 대부분의 사진작가들은 돈을 잘 벌지 못합니다. 왜냐하면 일반인들이 최신 카메라로 좋은 품질의 사진을 찍을 수 있기 때문입니다.

[난이도 중 답변]

★★ 5.5+	**핵심 답변** Yes, it is possible. **부연 설명** Although it's not common, some professional photographers earn a lot of money because they do have artistic talents that ordinary people don't have. Their work is often considered to be of great value. 네, 가능합니다. 비록 흔한 일은 아니지만, 그들은 보통 사람들이 가지고 있지 않은 예술적 재능을 가지고 있기 때문에 몇몇 전문 사진작가들은 많은 돈을 법니다. 그들의 작품은 종종 엄청난 가치가 있다고 여겨집니다.

[난이도 상 답변]

★★★ 6.5+	**핵심 답변** No, I don't think it is easy for photographers to earn a lot of money. **부연 설명** Apart from only a few professional photographers, they even have a hard time making a living. Many state-of-the-art cameras which are user-friendly have allowed anyone to take high-definition pictures, and it has made their market value lower. 아니요, 저는 사진작가들이 많은 돈을 버는 것이 쉽다고 생각하지 않습니다. 소수의 사진작가들을 제외하면, 그들은 심지어 생계를 유지하는 데 어려움을 겪기도 합니다. 사용하기 쉬운 많은 최첨단 카메라들은 누구나 고화질 사진을 찍을 수 있게 했고, 그것이 그들의 시장 가치를 더 낮게 만들었습니다.

📝 **Vocabulary / Expressions**

photographer [n] 사진작가　　the latest 최신의　　artistic [adj] 예술적인　　talent [n] 재능　　ordinary [adj] 보통의, 평범한　　apart from ~을 제외하고　　professional [adj] 전문가의　　make a living 생계를 꾸리다　　state-of-the-art [adj] 최첨단의　　user-friendly [adj] 사용하기 쉬운 high-definition [adj] 고화질의　　market value 시장 가치

위의 예시 답변을 학습한 후 다시 나만의 답변을 해 보자.

[Sleep] 주제는 IELTS Speaking Part 1뿐만 아니라 Part 2와 3에서도 매우 잘 출제되는 주제이다. 그중 어떤 문제들이 자주 나오는지를 확인해 보고, 학습 후 나만의 답변도 준비하여 실전에 대비하자.

🎲 자주 나오는 문제 알아보기

당신은 하루에 얼마만큼의 수면이 필요한가요? ★
How much sleep do you need per night?

당신은 어렸을 때 더 많은 잠을 잤다고 생각하나요? ★
Do you think you got more sleep when you were younger?

당신은 자기 전에 책을 읽는 것에 대해 어떻게 생각하나요? ★
What do you think of reading a book before bed?

당신은 오후에 잠깐 낮잠을 자는 것이 도움이 된다고 생각하나요? ★
Do you think it is helpful to take a short nap in the afternoon?

주제별 유용한 어휘와 표현들을 학습하여 질문의 답변을 준비해 두자.

🔷 Useful Vocabulary/Expressions

수면 관련 어휘/표현	
낮잠을 자다 take a nap, get some daytime sleep, have naptime, get some shuteye	자러 가다, 잠자리에 들다 go to bed, hit the sack, hit the hay
늦잠 자다 oversleep, sleep in, lie in	잠들다 fall asleep
일어나다, 깨다 (정신적으로 잠에서 깨다) wake up	일어나다, 깨다 (정신과 몸이 깨다) get up
잠귀가 어두운 사람, 잘 안 깨는 사람 a heavy sleeper	잠귀가 밝은 사람, 잘 깨는 사람 a light sleeper
수면 장애 sleep disorder	수면 부족 sleep deprivation
불면증 insomnia	숙면 a good night's sleep

숙면의 장점	
기분을 북돋다 boost one's mood	생산성을 향상시키다 improve productivity
면역 체계를 강화시키다 strengthen the immune system	신체적으로 건강한 상태를 유지하다 keep in good physical condition
정신적으로 안정되다 be mentally stable	

수면 부족이 야기하는 문제	
정신 장애 mental illness	집중력 상실, 집중 불능 inability to concentrate
(조울증에서 볼 수 있는) 기분의 두드러진 변화 mood swings	우울증 depression
기억력 상실 loss of memory	

1 How much sleep do you need per night?

당신은 하루에 얼마만큼의 수면이 필요한가요?

나만의 답변을 해 보자.

[난이도 하 답변]

★ 5.5-	핵심 답변 I need to have at least six hours of sleep. 부연 설명 If I don't, I feel tired. 저는 적어도 6시간은 자야 합니다. 그렇지 않으면, 피곤합니다.

[난이도 중 답변]

★★ 5.5+	핵심 답변 I think it's sufficient for me to have seven to eight hours of sleep per night. 부연 설명 That's a good amount. 저는 하루에 7~8시간 정도면 충분한 것 같습니다. 그 정도가 적정합니다.

[난이도 상 답변]

★★★ 6.5+	핵심 답변 I need seven to eight hours of sleep for my brain to function properly. 부연 설명 If I don't, I get a midday crash. 저는 뇌가 제대로 기능하려면 7~8시간의 수면이 필요합니다. 그렇지 않으면, 한낮에 제대로 일하지 못합니다.

고득점 전략은 항상 길게 이야기하는 것이 아니다. 위의 답변처럼 간결하지만 자연스러운 답변이라면, 핵심 답변 한 문장과 부연 설명 한 문장으로도 충분하다.

✎ Vocabulary / Expressions

at least 적어도   feel tired 피로를 느끼다   sufficient adj 충분한   function v (제대로) 기능하다   properly adv 적절히, 제대로
midday n 정오, 한낮   crash n 사고, 충돌, 고장

위의 예시 답변을 학습한 후 다시 나만의 답변을 해 보자.

146 **PAGODA IELTS** Speaking

2 Do you think you got more sleep when you were younger? P1-U12_2

당신은 어렸을 때 더 많은 잠을 잤다고 생각하나요?

나만의 답변을 해 보자.

[난이도 하 답변]

★ 5.5-	**핵심 답변** Yes, I slept more when I was younger. **부연 설명** That's because I didn't have any worries back then, so I slept well. 네, 저는 어렸을 때 잠을 더 많이 잤습니다. 왜냐하면 그때는 아무 걱정이 없었기 때문에 잘 잤습니다.

[난이도 중 답변]

★★ 5.5+	**핵심 답변** Yes, I used to sleep more when I was a kid. **부연 설명** That's because I didn't have any worries back then, so I slept well. However, now I have so many things to consider, such as my future career or relationships with others. 네, 저는 어렸을 때 잠을 더 많이 자곤 했습니다. 왜냐하면 그때는 아무 걱정이 없었기 때문에 잘 잤습니다. 하지만 지금 저는 제 미래의 직업이나 다른 사람들과의 관계와 같이 고려해야 하는 것들이 많이 있습니다.

[난이도 상 답변]

★★★ 6.5+	**핵심 답변** Yes, I certainly got more sleep when I was a kid. **부연 설명** That's because back then, I didn't have troubles that an adult has like deadlines at work, differences with colleagues, and thinking about what's going to happen in the future. So I used to sleep well. However, nowadays, I sometimes have difficulty falling asleep. 네, 저는 어렸을 때 잠을 더 많이 잤습니다. 왜냐하면 그 당시 저는 성인이 갖는 직장에서의 마감일, 동료들과의 차이점, 그리고 미래에 일어날 일에 대해 생각하는 것과 같은 문제들이 없었기 때문입니다. 그래서 저는 잠을 잘 잤었습니다. 하지만 요즘 저는 가끔 잠드는 데 어려움을 겪습니다.

🖉 **Vocabulary / Expressions**

worry n 걱정거리   back then 그때에, 그 당시에   consider v 숙고하다, 고려하다   career n 직업   relationship n 관계   deadline n 마감 시간, 기한   colleague n 동료   happen v 일어나다, 발생하다   have difficulty (in) -ing ~하는 데 어려움을 겪다   fall asleep 잠들다

위의 예시 답변을 학습한 후 다시 나만의 답변을 해 보자.

3 What do you think of reading a book before bed?

당신은 자기 전에 책을 읽는 것에 대해 어떻게 생각하나요?

나만의 답변을 해 보자.

[난이도 하 답변]

★ 5.5-	핵심 답변 I think it is good to read a book before bed. 저는 잠자기 전에 책을 읽는 것이 좋다고 생각합니다.

[난이도 중 답변]

★★ 5.5+	핵심 답변 I think it's wonderful. 부연 설명 It's definitely better than using your smartphone because the light emitted from phones affects your sleep patterns, so experts say that reading a book is by far favourable if you want to get good sleep at night. 저는 정말 좋다고 생각합니다. 스마트폰을 사용하는 것보다 확실히 더 좋습니다. 전화기에서 나오는 빛이 수면 패턴에 영향을 주기 때문입니다. 그래서 전문가들은 밤에 잠을 잘 자고 싶다면 책을 읽는 것이 훨씬 유리하다고 말합니다.

[난이도 상 답변]

★★★ 6.5+	핵심 답변 I think it's terrific. 부연 설명 Since night is one of those times when it's quiet and peaceful, you can concentrate on what you're reading. Moreover, it's definitely better than using your smartphone because the light emitted from phones affects your sleep patterns, so experts say that reading a book is by far favourable if you want to get good sleep at night. 저는 아주 좋다고 생각합니다. 밤시간은 조용하고 평화로운 시간 중 하나이기 때문에 읽고 있는 것에 집중할 수 있습니다. 그리고 스마트폰을 사용하는 것보다 확실히 더 좋습니다. 전화기에서 나오는 빛이 수면 패턴에 영향을 주기 때문입니다. 그래서 전문가들은 밤에 잠을 잘 자고 싶다면 책을 읽는 것이 훨씬 유리하다고 말합니다.

 Vocabulary / Expressions

wonderful adj 훌륭한   definitely adv 확실히, 분명히   emit v 내다, 내뿜다   affect v 영향을 미치다   expert n 전문가   by far 훨씬
favourable adj 유리한   terrific adj 훌륭한, 아주 좋은

위의 예시 답변을 학습한 후 다시 나만의 답변을 해 보자.

4 Do you think it is helpful to take a short nap in the afternoon? 🎧 P1-U12_4

당신은 오후에 잠깐 낮잠을 자는 것이 도움이 된다고 생각하나요?

나만의 답변을 해 보자.

[난이도 하 답변]

★ 5.5-	핵심 답변 Yes, I think it is helpful to take a nap in the afternoon. 부연 설명 It can help people to improve their work performance. 네, 저는 오후에 낮잠을 자는 것이 도움이 된다고 생각합니다. 그것은 사람들이 그들의 업무 성과를 향상시키는 데 도움을 줄 수 있습니다.

[난이도 중 답변]

★★ 5.5+	핵심 답변 Yes, I think it is helpful to take a nap in the afternoon. 부연 설명 This is because it gives people a boost of energy, which helps people to improve their work performance. 네, 저는 오후에 낮잠을 자는 것이 도움이 된다고 생각합니다. 왜냐하면 그것은 사람들에게 에너지를 주기 때문에 사람들이 그들의 업무 성과를 향상시키는 데 도움을 줍니다.

[난이도 상 답변]

★★★ 6.5+	핵심 답변 Yes, I think it is beneficial to get some daytime sleep for the following reasons. 부연 설명 First, it can prevent fatigue. Also, it gives us a boost of energy and mental alertness to deal with our remaining work. Therefore, it can enhance our work performance. 네, 저는 다음과 같은 이유로 낮잠을 자는 것이 유익하다고 생각합니다. 첫째, 피로를 예방할 수 있습니다. 또한 그것은 우리에게 나머지 일을 처리할 수 있도록 에너지와 주의력을 증가시켜 줍니다. 따라서 그것은 우리의 업무 성과를 높일 수 있습니다.

🗂 Vocabulary / Expressions

work performance 업무 성과　a boost of energy 에너지 증가　beneficial adj 유익한　daytime sleep 낮잠　prevent v 예방하다
fatigue n 피로　mental alertness 주의력　deal with 다루다, 처리하다　remaining work 나머지 일　enhance v 높이다

위의 예시 답변을 학습한 후 다시 나만의 답변을 해 보자.

공원(Parks)

음원 바로 듣기

[Parks] 주제는 IELTS Speaking Part 1뿐만 아니라 Part 2와 3에서도 매우 잘 출제되는 주제이다. 그중 어떤 문제들이 자주 나오는지를 확인해 보고, 학습 후 나만의 답변도 준비하여 실전에 대비하자.

🔷 자주 나오는 문제 알아보기

당신의 동네에 공원이 많이 있나요? ★
Does your neighbourhood have many parks?

당신은 언제 마지막으로 공원을 방문했고 그곳에서 무엇을 했나요? ★
When did you last visit a park and what did you do there?

당신의 나라에 있는 공원들은 어떻게 개선될 수 있을까요? ★
How could parks in your country be improved?

당신은 당신의 도시가 앞으로 더 많은 공원을 지을 것이라고 생각하나요? ★
Do you think your city will build more parks in the future?

주제별 유용한 어휘와 표현들을 학습하여 질문의 답변을 준비해 두자.

🔷 Useful Vocabulary/Expressions

공원 종류 및 위치와 특징	
국립공원 national park	산간 지역에 위치한 located in a mountainous area 야생 동물들의 서식지 wild animals' habitat
놀이공원 amusement park	도시에 in the city 놀이기구를 타다 go on the rides
테마공원 theme park	서울 근처에 near Seoul 도시 근처에 near the city 다양한 축제(페스티벌)를 즐기다 enjoy various festivals
공원 (public) park	도시 중심에 in the city centre 우리 동네에 in my neighbourhood 긴장을 풀고 깨끗한 공기를 마시다 unwind and breathe clean air

공원에서 할 수 있는 활동	
자전거를 타다 ride a bicycle/bike	(가볍게) 산책하다 go for a walk
조깅하러 가다 go jogging	운동하다 exercise, do exercise
스포츠 게임을 하다 play sports games	긴장을 풀다, 휴식을 취하다 relax, unwind
소풍을 가다 go on a picnic	

공원 관련 어휘/표현	
녹지 지역 a green area	친환경적 지역 an environmentally-friendly area, an eco-friendly area
무성한 푸른 초목 lush green vegetation	길, 오솔길 a path
벤치 a bench	분수 a fountain
운동 기구 exercise equipment	평화로운 peaceful
여유로운 relaxing	여유 있는, 느긋한 relaxed

도시 공원의 장점	
대기 오염을 최소화하다 minimise air pollution	신선한 공기를 공급하다 provide fresh air
도시 주민들이 자연에 가까이 다가갈 수 있도록 돕다 help urban residents get close to nature	도시 주민들에게 여가를 위한 장소를 제공하다 provide urban residents with a place for leisure
동식물의 서식지 역할을 하다 serve as a habitat for animals and plants	도시를 더 좋아 보이게 하다 make the city look better

1 Does your neighbourhood have many parks?

당신의 동네에 공원이 많이 있나요?

나만의 답변을 해 보자.

[난이도 하 답변]

★ 5.5-	핵심 답변 Yes, there are several parks in my neighbourhood. 부연 설명 I often visit them to have a pleasant time. 네, 동네에 몇 개의 공원이 있습니다. 저는 즐거운 시간을 보내기 위해 종종 그곳들을 방문합니다.

[난이도 중 답변]

★★ 5.5+	핵심 답변 Yes, there is one beautiful park where I often spend my time. 부연 설명 It takes only 10 minutes to get there from my place on foot. Whenever I go there, I feel peaceful and relaxed. 네, 제가 종종 시간을 보내는 멋진 공원이 하나 있습니다. 저희 집에서 걸어서 10분밖에 걸리지 않습니다. 그곳에 갈 때마다 저는 평화롭고 여유로움을 느낍니다.

[난이도 상 답변]

★★★ 6.5+	핵심 답변 Yes, there are several lovely parks in the place where I live, such as Han River Park and Seoul City Park. 부연 설명 Those are really great spots to spend leisure time. For instance, I often go to Han River Park to ride a bike in my free time. It's a relaxing moment. 네, 제가 살고 있는 곳에는 한강공원과 서울시립공원 등 여러 개의 훌륭한 공원들이 있습니다. 그곳들은 여가 시간을 보내기에 정말 좋은 장소들입니다. 예를 들면, 저는 여가 시간에 종종 자전거를 타러 한강공원에 갑니다. 그것은 여유로운 순간입니다.

Vocabulary / Expressions

on foot 걸어서   peaceful adj 평화로운   relaxed adj 여유 있는, 편안한   ride a bike 자전거를 타다   relaxing adj 느긋하게 해 주는, 편한   moment n 순간, 때

위의 예시 답변을 학습한 후 다시 나만의 답변을 해 보자.

2 When did you last visit a park and what did you do there? P1-U13_2

당신은 언제 마지막으로 공원을 방문했고 그곳에서 무엇을 했나요?

나만의 답변을 해 보자.

[난이도 하 답변]

★
5.5-

핵심 답변 Two weeks ago, I went to the park with my mother. At that time, we had eaten a big dinner, so we went for a walk. **부연 설명** Spending time with my mother is always pleasurable.

2주 전에 저는 어머니와 함께 공원에 갔습니다. 그때 우리는 저녁을 많이 먹었었기 때문에 산책하러 갔습니다. 어머니와 함께 시간을 보내는 것은 항상 즐겁습니다.

[난이도 중 답변]

★★
5.5+

핵심 답변 Two weeks ago, I went to Han River Park with my friends to spend a peaceful weekend. We had some snacks there, and also we read our favourite books. **부연 설명** The weather was perfect, and we enjoyed the beautiful nighttime views of the river.

2주 전에 저는 평화로운 주말을 보내기 위해 친구들과 한강공원에 갔습니다. 우리는 그곳에서 간식을 먹었고, 또한 우리가 가장 좋아하는 책도 읽었습니다. 날씨는 완벽했고, 우리는 강의 아름다운 야경도 즐겼습니다.

[난이도 상 답변]

★★★
6.5+

핵심 답변 To be honest, I don't remember when I last visited a park. **부연 설명** It's always crowded, so I rarely go there. Everyone seems to go to a park whenever the weather is lovely. This is because there are a variety of activities people can enjoy, such as riding a bike or taking a walk, and a park is the only place where people have space to do those things.

솔직히 말하자면, 저는 마지막으로 언제 공원에 갔었는지 기억이 나지 않습니다. 그곳은 항상 붐벼서 저는 거의 가지 않습니다. 날씨가 좋을 때마다 모두가 공원에 가는 것 같습니다. 왜냐하면 자전거를 타거나 산책을 하는 등 사람들이 즐길 수 있는 다양한 활동이 있고 공원은 사람들이 그러한 것들을 할 수 있는 공간을 가진 유일한 장소이기 때문입니다.

위의 답변처럼 공원에 언제 갔는지 기억이 나지 않는다면 기억나지 않는다고 말해도 된다. 다만, 기억나지 않는다고 답한 후 답변을 끝내는 것이 아니라, 최대한 연관성 있는 답변을 해나가야 한다. 예를 들어, 그 공원의 특징이나 공원에서 사람들이 하는 것들을 함께 말해 준다.

✏ Vocabulary / Expressions

pleasurable **adj** 즐거운   to be honest 솔직히 말하자면   crowded **adj** 붐비는   rarely **adv** 드물게, 좀처럼 ~하지 않는   a variety of 다양한   take a walk 산책하다

위의 예시 답변을 학습한 후 다시 나만의 답변을 해 보자.

3 How could parks in your country be improved?

당신의 나라에 있는 공원들은 어떻게 개선될 수 있을까요?

나만의 답변을 해 보자.

[난이도 하 답변]

★
5.5-

핵심 답변 I think the government should hire more people to manage parks. **부연 설명** Some parks are not managed well, so no people visit them.

저는 정부가 공원을 관리하기 위해 더 많은 사람들을 고용해야 한다고 생각합니다. 일부 공원은 관리가 잘 되지 않아서 사람들이 방문하지 않습니다.

[난이도 중 답변]

★★
5.5+

핵심 답변 I think the government should hire more people in the parks at night. **부연 설명** It can ensure the safety of visitors.

저는 정부가 밤에 더 많은 사람들을 공원에 고용해야 한다고 생각합니다. 이것은 방문객들의 안전을 보장할 수 있습니다.

[난이도 상 답변]

★★★
6.5+

핵심 답변 Parks can be improved by hiring more people to manage the parks at night **부연 설명** to promote safety, **핵심 답변** and they should build more parking lots around the vicinity **부연 설명** to address traffic congestion and to make it more convenient for people.

공원은 안전을 도모하기 위해 밤에 공원을 관리할 더 많은 사람들을 고용함으로써 개선될 수 있고, 교통 혼잡을 해결하고 사람들에게 더 편리한 곳이 되도록 주변에 더 많은 주차장을 건설해야 합니다.

✏️ **Vocabulary / Expressions**

hire [v] 고용하다　　manage [v] 관리하다　　ensure [v] 보장하다　　safety [n] 안전　　promote [v] 도모하다, 조성하다　　parking lot 주차장 vicinity [n] 근처, 부근　　address [v] (문제를) 다루다, 처리하다　　traffic congestion 교통 혼잡　　convenient [adj] 편리한

위의 예시 답변을 학습한 후 다시 나만의 답변을 해 보자.

4 Do you think your city will build more parks in the future?

🎧 P1-U13_4

당신은 당신의 도시가 앞으로 더 많은 공원을 지을 것이라고 생각하나요?

나만의 답변을 해 보자.

[난이도 하 답변]

★ 5.5-	**핵심 답변** Yes, I think my city will construct more parks in the future. **부연 설명** Nowadays, we are all aware of the importance of having parks in the town, so I guess I will have more parks in my area. 네, 저는 우리 도시가 앞으로 더 많은 공원을 건설할 것이라고 생각합니다. 요즘 우리는 모두 마을에 공원이 있는 것의 중요성을 알고 있기 때문에, 저는 제가 사는 지역에 더 많은 공원이 생길 것 같습니다.

[난이도 중 답변]

★★ 5.5+	**핵심 답변** Yes, I think there will be more parks in my city in the future. **부연 설명** Nowadays, the local government is trying to improve the residential environment for the public. Having sufficient green areas is one of the conditions of a pleasant living environment. 네, 저는 앞으로 우리 도시에 더 많은 공원이 있을 것이라고 생각합니다. 요즘 지역정부는 대중을 위한 주거 환경을 개선하려고 노력하고 있습니다. 충분한 녹지대를 갖는 것은 쾌적한 생활 환경의 조건들 중 하나입니다.

[난이도 상 답변]

★★★ 6.5+	**핵심 답변** Yes, I think the local government will establish more green areas where residents can exercise and relax. **부연 설명** Nowadays, improving the quality of life is a matter of increasingly vital interest for people, so as a part of enhancing people's living standards, the government is considering making more places for leisure. 네, 저는 지역정부가 주민들이 운동하고 쉴 수 있는 녹지대를 더 많이 만들 것이라고 생각합니다. 요즘 삶의 질을 향상시키는 것이 사람들에게 점점 더 중요한 관심사가 되고 있기 때문에, 사람들의 생활 수준을 향상시키기 위한 일환으로, 정부는 여가를 위한 공간을 더 많이 만드는 것을 고려하고 있습니다.

📝 Vocabulary / Expressions

construct v 건설하다   be aware of ~을 알다   importance n 중요성   residential environment 주거 환경   sufficient adj 충분한   pleasant adj 쾌적한   living environment 생활 환경   establish v 설립하다   resident n 거주자, 주민   improve v 향상시키다, 개선하다   quality of life 삶의 질   increasingly adv 점점 더   vital adj 필수적인   enhance v 높이다   living standard 생활 수준   consider v 사려하다, 고려하다

위의 예시 답변을 학습한 후 다시 나만의 답변을 해 보자.

기후(Climate)

음원 바로 듣기

[Climate] 주제는 IELTS Speaking Part 1뿐만 아니라 Part 2와 3에서도 매우 잘 출제되는 주제이다. 그중 어떤 문제들이 자주 나오는지를 확인해 보고, 학습 후 나만의 답변도 준비하여 실전에 대비하자.

🧊 자주 나오는 문제 알아보기

당신의 고향은 기후가 어떤가요? ★
What is the climate like in your hometown?

기후는 당신의 기분에 어떻게 영향을 미치나요? ★
How does the climate affect your mood?

당신은 어떤 기후에서 가장 살고 싶은가요? ★
What kind of climate would you most like to live in?

기후가 교통수단에 어떻게 영향을 미칠 수 있나요? 당신의 지역에서 이런 일이 자주 일어나나요? ★
How can climate affect transportation? Does this happen often in your area?

주제별 유용한 어휘와 표현들을 학습하여 질문의 답변을 준비해 두자.

Useful Vocabulary/Expressions

계절별 기후 및 날씨 관련 어휘/표현	
봄 spring	온화한 moderate
	온화한 mild
	시원한 cool
	상쾌한 refreshing
	따뜻한 warm
여름 summer	습한 humid
	몹시 더운 scorching
	무더운 sultry
	매우 더운 extremely hot
가을 autumn, fall	온화한 moderate
	온화한 mild
	시원한 cool
	상쾌한 refreshing
	바람이 부는 windy
겨울 winter	추운 chilly
	몹시 추운 freezing
	매우 추운 extremely cold
	바람이 부는 windy

기후 및 날씨 관련 어휘/표현	
건조(한) 기후 dry climate	가뭄 drought
습한 기후 wet climate	홍수 flood
건조한 arid, dry	비가 억수같이 오다 rain cats and dogs
습한 humid	기온 temperature
촉촉한 moist	온대 기후 temperate climate
축축한, 눅눅한 damp	대륙성 기후 continental climate
흐린 overcast	열대성 기후 tropical climate
날씨가 궂은, 흐린 nasty	(비가) 마구 쏟아지다 pour
음울한 gloomy	(온도가) 0도 이하 below zero degrees
상쾌한 crisp	

기후 및 날씨가 영향을 미치는 감정 관련 어휘/표현	
활기 있는 energetic	기분이 우울하다 feel blue
활기가 넘치다 be full of energy	우울한 down in the dumps
생기를 주는 cheerful	무기력한 torpid
상쾌한 refreshed	활기가 없는 depressed
활동적인 active	몸을 많이 움직이지 않는 sedentary

1 What is the climate like in your hometown?

 P1-U14_1

당신의 고향은 기후가 어떤가요?

나만의 답변을 해 보자.

[난이도 하 답변]

★
5.5-

핵심 답변+부연 설명 In winter, it's extremely cold, but in summer, it's very hot. As for spring and fall, it is quite cool and mild. That's why I like spring.

겨울에는 극도로 춥지만 여름에는 매우 덥습니다. 봄과 가을의 경우는 꽤 시원하고 온화합니다. 그래서 저는 봄을 좋아합니다.

[난이도 중 답변]

★★
5.5+

핵심 답변+부연 설명 We have four distinct seasons, so the climate varies for each season. In winter, we get really strong winds and sometimes it's freezing. As for summer, it's mostly hot and humid, while in spring and fall, it is quite cool and mild, which is perfect for outdoor activities.

우리는 사계절이 뚜렷해서 계절마다 기후가 다릅니다. 겨울에는 정말 강한 바람이 불고 때로는 극도로 춥기도 합니다. 여름의 경우, 대체로 덥고 습한 반면, 봄과 가을에는 꽤 시원하고 온화해서 야외 활동에 제격입니다.

[난이도 상 답변]

★★★
6.5+

핵심 답변+부연 설명 We have four distinct seasons, so the climate varies for each season. In winter, we get really strong winds and it's freezing. Sometimes, it goes down below negative 10 degrees. As for summer, it's mostly scorching and humid, while it is pleasant in spring and fall since it is quite cool and mild. In fact, it's perfect for outdoor activities.

우리는 사계절이 뚜렷해서 계절마다 기후가 다릅니다. 겨울에는 정말 강한 바람이 불고 극도로 춥습니다. 가끔 영하 10도 이하로 내려가기도 합니다. 여름의 경우, 대체로 푹푹 찌고 습한 반면, 봄과 가을에는 꽤 시원하고 온화해서 쾌적합니다. 실제로 야외 활동에 제격입니다.

✏ Vocabulary / Expressions

extremely **adv** 극도로, 몹시   distinct **adj** 뚜렷한, 분명한   vary **v** 다르다   outdoor activity 실외 활동, 야외 활동   pleasant **adj** 쾌적한, 즐거운

위의 예시 답변을 학습한 후 다시 나만의 답변을 해 보자.

2 How does the climate affect your mood?

🎧 P1-U14_2

기후는 당신의 기분에 어떻게 영향을 미치나요?

나만의 답변을 해 보자.

[난이도 하 답변]

핵심 답변 It affects my mood a lot. 부연 설명 For example, an extreme climate makes me lazy, while a mild climate makes me active.

그것은 제 기분에 많은 영향을 미칩니다. 예를 들면, 극단적 기후는 저를 게으르게 하는 반면에 온화한 기후는 저를 활동적으로 만듭니다.

[난이도 중 답변]

핵심 답변 It influences my mood a lot. 부연 설명 For example, an extreme climate makes me sedentary, and I easily feel down, while a mild climate makes me vigorous.

그것은 제 기분에 많은 영향을 미칩니다. 예를 들면, 극단적 기후는 저를 움직이지 않게 하고 저는 쉽게 울적해집니다. 반면에 온화한 기후는 저를 활기차게 만듭니다.

[난이도 상 답변]

핵심 답변 Well, I am very sensitive to the climate, 부연 설명 so when it's freezing, I don't feel like going out, and I tend to feel blue. For example, I become sedentary in winter. However, in the spring or fall, the warm sunshine makes me be full of energy. In fact, on a sunny day, I always try to go out to explore a new world.

음, 저는 기후에 매우 민감해서 날씨가 몹시 추울 때는 밖에 나가고 싶지 않고 우울해지는 경향이 있습니다. 예를 들면, 저는 겨울에 몸을 많이 움직이지 않게 됩니다. 하지만 봄이나 가을에는 따스한 햇살이 저를 활기 넘치게 만듭니다. 실제로 화창한 날에는 저는 항상 새로운 세상을 탐험하기 위해 밖으로 나가려고 노력합니다.

✏️ Vocabulary / Expressions

affect v 영향을 미치다   lazy adj 게으른, 느긋한   active adj 활동적인   influence v 영향을 미치다   sedentary adj 몸을 많이 움직이지 않는   feel down 마음이 울적하다   vigorous adj 활기찬   sensitive to ~에 민감한   freezing adj 몹시 추운   feel like V-ing ~하고 싶다   feel blue 기분이 울적하다   be full of energy 활기가 넘치다   explore v 탐험하다, 탐사하다

위의 예시 답변을 학습한 후 다시 나만의 답변을 해 보자.

3 What kind of climate would you most like to live in?

 P1-U14_3

당신은 어떤 기후에서 가장 살고 싶은가요?

나만의 답변을 해 보자.

[난이도 하 답변]

★ 5.5-	핵심 답변 I like to live in a warm climate the most. 부연 설명 This is because I can enjoy outdoor activities. 저는 따뜻한 기후에서 사는 것을 가장 좋아합니다. 왜냐하면 야외 활동늘 즐길 수 있기 때문입니다.

[난이도 중 답변]

★★ 5.5+	핵심 답변 I love to live in a place where there are no extreme weather conditions. 부연 설명 This is because I feel a bit depressed and unpleasant when there is a spell of bad weather. 저는 극단적인 기후 조건이 없는 곳에서 사는 것을 좋아합니다. 왜냐하면 악천후가 계속되면 저는 기분이 좀 우울해지고 불쾌해지기 때문입니다.

[난이도 상 답변]

★★★ 6.5+	핵심 답변 I want to live in a place where there are sufficient warm, sunny days 부연 설명 since I love the sun. On the other hand, in the case of extreme weather conditions, I feel a bit depressed and unpleasant. 저는 햇살을 정말 좋아하기 때문에 따뜻하고 맑은 날이 충분히 있는 곳에서 살고 싶습니다. 반면에 극단적인 기후 조건에서는 저는 다소 우울하고 불쾌함을 느낍니다.

📝 Vocabulary / Expressions

warm climate 따뜻한 기후   depressed adj 우울한   unpleasant adj 불쾌한   sufficient adj 충분한   a spell of 한동안, 계속

위의 예시 답변을 학습한 후 다시 나만의 답변을 해 보자.

4 How can climate affect transportation? Does this happen often in your area? 기후가 교통수단에 어떻게 영향을 미칠 수 있나요? 당신의 지역에서 이런 일이 자주 일어나나요? 🎧 P1-U14_4

나만의 답변을 해 보자.

[난이도 하 답변]

★ 5.5-	핵심 답변 If there are too many rainy days, it causes traffic jams 부연 설명 because rain obstructs traffic. 비가 오는 날이 많으면 교통 체증을 야기합니다. 비가 교통을 방해하기 때문입니다.

[난이도 중 답변]

★★ 5.5+	핵심 답변 Sometimes, extreme climate changes influence road conditions. 부연 설명 For example, during the wet season, too much rain can damage roads and highways, which makes travelling difficult. 때때로 극심한 기후 변화는 도로 상황에 영향을 미칩니다. 예를 들면, 장마철 동안에는 비가 너무 많이 와서 도로와 고속도로에 피해를 입힐 수 있고, 이것은 이동을 어렵게 만듭니다.

[난이도 상 답변]

★★★ 6.5+	핵심 답변 Sometimes, extreme climate changes influence road conditions. 부연 설명 For example, during the wet season, too much rain can damage roads and highways, which makes travelling difficult. 핵심 답변 It happens once in a blue moon, but it can cause serious problems. 부연 설명 Thus, many people choose to take trains or subways during this period. 때때로 극심한 기후 변화는 도로 상황에 영향을 미칩니다. 예를 들면, 장마철 동안에는 비가 너무 많이 와서 도로와 고속도로에 피해를 입힐 수 있고, 이것은 이동을 어렵게 만듭니다. 이것은 매우 드물게 일어나지만, 심각한 문제를 야기할 수 있습니다. 따라서 많은 사람들은 이 시기에 기차나 지하철 타는 것을 선택합니다.

once in a blue moon과 같은 관용어구를 사용함으로써 가산점을 받을 수 있다.

🗋 Vocabulary / Expressions

obstruct [v] 막다, 방해하다   traffic [n] 교통   wet season 우기, 장마철   damage [v] 피해를 입히다   happen [v] 일어나다, 발생하다
once in a blue moon 매우 드물게

위의 예시 답변을 학습한 후 다시 나만의 답변을 해 보자.

PART 1 Exercise

응원 바로 듣기

1 **What do you do on holidays?**

🎧 P1-E1Q

나만의 답변을 해 보자.

2 **What kind of places do you like to travel to?**

🎧 P1-E2Q

나만의 답변을 해 보자.

예시 답변 및 해석 p. 282

3 Who would you like to travel with?

🎧 P1-E3Q

나만의 답변을 해 보자.

4 Are there many foreign tourists in your country?

🎧 P1-E4Q

나만의 답변을 해 보자.

PART 2
OVERVIEW

🛡 Part 2 소개

IELTS Speaking Part 2는 전체 Speaking 시험 시간인 11~14분 중에 총 3~4분간 진행된다. Part 1을 마치고 바로 이어서 진행되는 Part 2에서는 시험관이 한 가지 주제에 대한 질문이 적힌 질문지를 보여 주고 응시자는 이 질문에 대한 짧은 스피치를 1~2분 동안 하게 된다. 이때 브레인스토밍(brainstorming) 할 수 있는 1분의 시간이 주어지는데, 1분 동안 아이디어를 정리할 수 있도록 펜과 종이도 함께 제공된다. 시험관이 타이머를 이용하여 시간을 측정한다.

출제 경향

Part 2에서는 사람, 장소, 물건, 사건, 특별한 날(기념일) 등 다양한 범위의 주제 중 하나를 묘사해야 한다. 이때 함께 이야기해야 하는 3~4개(대부분 4개)의 세부 질문도 함께 제시된다.

Part 2 문제 예시

Describe a success your friend has achieved. 당신의 친구가 성취한 성공에 대해 묘사하세요.

You should say:
- **who** your friend is 당신의 친구가 누구인지
- **what** the success was 무슨 성공을 했는지
- **what** he or she did 그/그녀가 무엇을 했는지

and explain **how** you felt about the success. 그리고 당신이 그 성공에 대해 어떻게 느꼈는지 설명하세요.

응시자의 Part 2에 대한 답변이 끝나면, 시험관이 응시자가 발표한 주제에 관하여 1개의 추가 질문(Rounding-off Question)을 할 수 있다. 추가 질문에 대한 답변은 비교적 간결하게 한다.

🎲 Part 2 답변 전략

IELTS Speaking Part 2에서 가장 중요한 것은 길게 이야기할 수 있는 능력을 보여주는 것이다. Speaking 시험의 세 파트 중 유일하게 답변해야 하는 시간이 정해져 있는 이 파트에서 제안된 시간은 1~2분이지만, 위에 언급한 바와 같이 "길게" 이야기하는 능력을 보여 주기 위해서는 최소한 1분 40초 이상은 말하도록 한다. 2분을 초과하면 시험관이 답변하는 것을 멈추게 한다. 이때 질문지에 제시된 모든 질문에 답변했다면, 중간에 답변이 중지되더라도 감점은 없다. 따라서 제시된 모든 질문에 답을 하는 것이 매우 중요하다.

1. 최소 1분 40초, 최대 2분 동안 이야기한다.

Part 2는 시간을 잘 지키는 것이 매우 중요하므로 평상시에 반드시 시간을 재며 조리 있게 답변하는 연습을 하자. 2분의 시간을 다 채우면 가장 좋지만, 못 채우더라도 계속 이야기하려는 의지를 보여줘야 한다.

2. 세부 질문들에 모두 답한다.

질문지에 나온 하나의 주제에 대하여 답변할 때 같이 제시된 세부 질문들에 대해서도 모두 답변해야 한다. 이때 나열된 질문의 순서대로 대답할 필요는 없다. 일반적으로는 3~4개의 세부 질문들 중 마지막 질문에 조금 더 많은 시간을 할애하여 더 자세히 답변하도록 한다.

3. 주제와 관련된 어휘를 최대한 다양하게 사용한다.

한 주제에 관해 2분 동안 이야기하다 보면 했던 말을 반복하기도 하고, 사용했던 어휘를 다시 사용하기도 하는데 이것은 응시자의 어휘력(Lexical Resource) 점수에 반영된다. 성공(Success)에 관해 이야기를 한다면, '성공'의 동의어나 유의어 등을 다양하게 사용하고 때로는 품사를 바꿔서 쓰자.

e.g. 동의어/유의어   success [명사] = achievement, accomplishment, victory, triumph

품사 변형   success [명사] → successful [형용사], succeed [동사]

4. 적절한 시제를 사용한다.

Part 2에서는 보통 과거의 경험에 대해 묻는 질문이 자주 나온다. 이때 중요한 부분은 과거에 맞는 시제를 써야 한다는 것이다. 과거 이야기를 할 때 현재 시제나 현재완료 시제를 사용하면 감점이 되므로, 반드시 묘사하는 내용의 시간에 맞는 적절한 시제를 사용하자.

IELTS Speaking Part 2가 시작되고 질문지와 메모할 수 있는 종이, 펜을 받으면 문제를 빠르게 분석한 후 무엇을 이야기할 것인지 정한다. 그리고 바로 이야기하고자 하는 주제에 관한 세부 질문에 대해 한글이나 영어 중 편한 방식으로 간단하게 메모한다. 메모한 종이는 시험관이 확인하지 않을뿐더러 점수에 반영되지 않으므로 편하게 아이디어를 정리해 두자.

Step 1. 문제 분석

[주제] Describe a success your friend has achieved.

You should say:
[Q1] who your friend is
[Q2] what the success was
[Q3] what he or she did
[Q4] and explain how you felt about the success.

친구가 이룬 성공에 대해 이야기할 것 정하기

[1] 누구인지 – 친구 이름, 직업, 사는 곳 등 말하기
[2] 무엇을 성공했는지 – 학교? 직장? 어디에서 무슨 성공을 이루었는지 상세히 묘사하기
[3] 성공을 위해 그 친구가 무엇을 했는지 설명하기
[4] 친구의 성공에 대한 나의 감정을 상세히 말하기
★ 마지막 질문에 가장 치중하여 말하자.

Step 2. 브레인스토밍(brainstorming) (예시 1)

[Q1] 당신의 친구가 누구인지
- Hye Eun/high school friend
- lives in America
- computer programmer

[Q2] 무슨 성공을 했는지
- graduated from an Ivy League uni. in the States
- works for Facebook and Instagram

[Q3] 그/그녀가 무엇을 했는지
- devoted to studies
- slept 2~3 hours a night
- had plenty of experience

[Q4] 당신이 그 성공에 대해 어떻게 느꼈는지
- proud
- pleased
- admire

Step 2. 브레인스토밍(brainstorming) (예시 2)

1) 친구 누구?
혜은/고등학교 친구/미국에 거주/컴퓨터
프로그래머

2) 무슨 성공?
아이비리그 대학 졸업/세계적 기업 취업
(페이스북&인스타그램)

친구의 성공

3) 무엇을 했는지?
열심히 노력/2~3시간 잠/많은 경험

4) 나의 감정?
자랑스러움/기쁨/존경스러움

위의 두 가지 예시 중에서 편한 것을 선택하여 브레인스토밍(brainstorming)하는 연습을 한다. 익숙해지면 1분 동안에 많은 아이디어를 정리할 수 있게 된다. 최대한 많은 아이디어가 있어야 2분 동안 자연스럽게 이야기할 수 있으므로 평상시에 다양한 주제들에 대한 브레인스토밍(brainstorming) 연습을 해 보자.

실전 전략 2 서론을 갖추어 발표한다. 이때 어휘력을 보여 주기 위해 문제를 나의 말로 바꿔 표현(paraphrasing)하여 서론을 시작하자.

Part 2는 약 2분 동안 짧은 '발표' 형식으로 답변을 하는 것이기 때문에 격식을 차리지 않는 대화 형식보다는 서론, 본론, 그리고 결론이 갖춰진 논리적인 구조로 답변해야 좋은 점수를 받을 수 있다. 따라서 발표를 시작할 때 무엇에 관해 이야기할 것인지를 서론을 통해 간결하고 명확하게 보여 주자. 서론이 장황할 필요는 없지만, 문제를 그대로 읽는 것은 어휘력을 보여 줄 수 없기 때문에 동의어나 유의어 등을 이용하여 문제를 바꿔 표현(paraphrasing)한다.

[주제] Describe a success your friend has achieved. 당신의 친구가 성취한 성공에 대해 묘사하세요.

[서론]
[예시 1] I would like to talk about a success my friend has achieved.
　　　　저는 제 친구가 성취한 성공에 대해서 이야기하고 싶습니다.
[예시 2] I'm going to tell you about a remarkable accomplishment my friend has made.
　　　　저는 제 친구가 이룬 놀라운 성공에 대해 이야기하겠습니다.
[예시 3] Of all the accomplishments my friends have achieved, Hye Eun's victory in life takes the cake.
　　　　제 친구들이 이룬 모든 성공들 중에서, 혜은이의 인생 승리는 진짜 최고입니다.

[주제] Describe a movie you recently watched. 당신이 최근에 본 영화를 묘사하세요.

[서론]
[예시 1] I'd like to talk about a movie which I watched two weeks ago.
　　　저는 2주 전에 봤던 영화에 대하여 말하고 싶습니다.
[예시 2] I'm going to tell you about an exciting film that I saw not long ago.
　　　저는 얼마 전에 봤던 재미있는 영화에 대하여 말하겠습니다.
[예시 3] Of all the top-grossing films I've recently watched, *La La Land* takes the cake.
　　　제가 최근에 본 최고의 흥행 영화들 중에서 〈라라랜드〉가 최고입니다.

고득점 포인트!

Idiomatic Expressions 사용은 원어민들처럼 영어 사용의 자연스러움을 보여 주므로 답변할 때 관용적 표현
들을 많이 쓰도록 하자. take the cake는 '최고다' 혹은 '최악이다'라는 의미로 긍정적이거나 부정적인 측면 모
두 사용할 수 있고, 어떤 것이 가장 좋거나 가장 나쁘거나 할 때 쓸 수 있는 표현이다.

실전 전략 3　　**앞에서 다룬 서론과 함께 본론과 결론을 더해 논리적인 구조로 발표한다.**

앞에서 다루었던 서론에 이어 본론과 결론을 갖추어 2분 동안 주어진 주제에 관해 자세히 묘사한다. 정리해
두었던 아이디어를 최대한 활용하여 세부적으로 덧붙이며 이야기를 이끌어가자.

[주제] Describe a success your friend has achieved. 당신의 친구가 성취한 성공에 대해 묘사하세요.

You should say:
[Q1] **who** your friend is 당신의 친구가 누구인지
[Q2] **what** the success was 무슨 성공을 했는지
[Q3] **what** he or she did 그/그녀가 무엇을 했는지
[Q4] and explain **how** you felt about the success. 그리고 당신이 그 성공에 대해 어떻게 느꼈는지 설명하세요.

서론	무엇에 관해 이야기할 것인지 말한다.	I'm going to tell you about a remarkable accomplishment my friend has made. 저는 제 친구가 이룬 놀라운 성공에 대해 이야기하겠습니다.
본론	1) 누구인지	Her name is Hye Eun, my friend for more than ten years since high school. At the moment, she lives in the States and works for a reputable company as a computer programmer. 그녀의 이름은 혜은이고, 고등학교 때부터 10년 이상 친구입니다. 현재 그녀는 미국에서 살며 명성 있는 회사에서 컴퓨터 프로그래머로 일하고 있습니다.
	2) 무슨 성공을 했는지	I think she is hugely successful in terms of her career. This good friend of mine entered and graduated from an Ivy League university in America. Not to mention that she landed a programming position at both Facebook and Instagram, which made me proud of her. 저는 그녀가 그녀의 경력 면에서 굉장히 성공했다고 생각합니다. 저의 이 좋은 친구는 미국의 아이비 리그 대학에 입학을 했고 졸업을 했습니다. 말할 것도 없이 제 친구는 페이스북과 인스타그램 모두에서 프로그래밍 포지션을 따냈고, 저는 그녀를 자랑스럽게 생각합니다.
	3) 무엇을 했는지	She burnt the midnight oil in university, getting only two to three hours of sleep most nights. Also, she got plenty of experience to support her knowledge. 그녀는 대부분의 밤을 단 두세 시간만 자면서 대학에서 늦게까지 공부했습니다. 또한 그녀는 자신의 지식을 뒷받침할 수 있도록 많은 경험을 했습니다.
	4) 그 성공에 대해 어떻게 느꼈는지(느낀 감정들을 최소한 2가지 이상 묘사한다.)	There are several feelings I had about her achievements. First and foremost, well, I was proud of her. Before, she could not speak English fluently or articulately, but she strove her best to hit the books. Also, as a supportive best friend, I was happy for her success in life. Finally, I really admired her effort and enthusiasm. You can say I am her number one fan. 제 친구의 성공에 대해 느낀 여러 가지 감정들이 있습니다. 첫 번째로는 저는 그녀가 자랑스러웠습니다. 예전에는 그녀가 영어를 유창하거나 정확하게 말하지 못했었습니다. 하지만 그녀는 열심히 공부하기 위해 최선을 다했습니다. 또한 그녀를 지지하는 가장 친한 친구로서 저는 그녀의 성공에 기뻤습니다. 마지막으로 저는 그녀의 노력과 열정을 정말 존경합니다. 제가 그녀의 최고의 팬이라고 할 수 있습니다.
결론	위 내용을 정리한다.	These are the feelings that I had about her success. 이러한 것들이 제가 그녀의 성공에 대하여 느끼는 감정입니다.

Vocabulary / Expressions

remarkable adj 놀라운, 주목할 만한   accomplishment n 업적, 성취, 성공   at the moment 지금, 현재   reputable adj 명성 있는, 평판이 좋은   hugely adv 매우, 엄청나게   in terms of ~에 대해서/관해서   career n 경력, 직업   graduate from ~을 졸업하다   not to mention 물론, 말할 것도 없이   land v (직장/직업을) 차지하다, 얻다   be proud of ~을 자랑스러워하다, 자랑스럽게 여기다   burn the midnight oil 밤늦게까지 공부하다/일하다   plenty of 많은   fluently adv 유창하게   articulately adv 분명하게, 또렷하게   strive v 노력하다, 애쓰다   hit the books 열심히 공부하다   supportive adj 지지하는, 지원하는   achievement n 업적, 성취, 성공   support v 지지하다, 뒷받침하다, 지원하다   enthusiasm n 열정, 열의

Practice

🎧 음원 바로 듣기

1 아래 질문지의 질문에 1분 동안 브레인스토밍(brainstorming)한 후 약 2분 동안 말해 보자.

> **Describe a memorable trip you have taken.** 당신이 갔었던 기억에 남는 여행을 묘사하세요.
>
> You should say:
> - **when** and **where** you went 언제, 어디로 갔는지
> - **who** you were with 누구와 함께 갔는지
> - **what** you did 무엇을 했는지
> and explain **why** it was memorable. 그리고 왜 그것이 기억에 남는지 설명하세요.

Step 1. 문제 분석 & 브레인스토밍(brainstorming)하기

[Q1] when and **where** you went 언제, 어디로 갔는지
- 3 years ago
- Canada
- summer vacation

[Q2] who you were with 누구와 함께 갔는지
- my family

[Q3] what you did 무엇을 했는지
- visit tourist attractions
  - Rocky Mountains/Lake Louise/Banff National Park

[Q4] why it was memorable 왜 그것이 기억에 남는지
- celebration of my father's 60th birthday
- first family trip overseas

Step 2. 발표하기

🎧 P2-Pr1

서론	무엇에 관해 이야기할 것인지 말한다.	I'd like to talk about an unforgettable trip. 저는 잊을 수 없는 여행에 대해 이야기하고 싶습니다.
본론	1) 언제, 어디로 갔는지	Three years ago, I went to Canada for two weeks during summer vacation. 3년 전 저는 여름 휴가 때 2주 동안 캐나다에 갔습니다.
	2) 누구와 함께 갔는지	I went there with my dear family since the trip was to celebrate my father's 60th birthday. 아버지의 60번째 생신을 축하하기 위한 여행이어서 저는 사랑하는 가족들과 함께 갔습니다.
	3) 무엇을 했는지	We visited a lot of popular tourist attractions. For example, we visited the Rocky Mountains in Alberta. I was amazed at the emerald coloured water of Lake Louise. We also hiked in Banff National Park, which was so peaceful. I felt I was in the middle of nature. 저희는 유명한 관광 명소를 많이 방문했습니다. 예를 들어, 알버타 주에 있는 로키 산맥을 방문했습니다. 저는 루이스 호수의 에메랄드빛 물에 감탄했습니다. 저희는 또한 밴프 국립공원에서 하이킹을 했는데 매우 평화로웠습니다. 제가 자연 속에 있는 느낌이었습니다.

본론	4) 왜 그것이 기억에 남는지	It was the best trip that I have ever taken. There are several reasons why it was so special and memorable. First of all, we celebrated my father's 60th birthday there. He was over the moon since my mother and I prepared a surprise party for him. Moreover, it was our first overseas trip together because before my father was always busy working so we couldn't find sufficient time to travel. Thus, it was the most precious two weeks we've had as a family. 그것은 제가 지금까지 가 본 것 중에서 최고의 여행이었습니다. 그것이 그렇게 특별하고 기억에 남는 몇 가지 이유가 있습니다. 우선, 저희는 그곳에서 아버지의 60번째 생신을 축하해 드렸습니다. 어머니와 제가 아버지를 위해 깜짝 파티를 준비했는데 아버지께서는 매우 행복해하셨습니다. 게다가 예전에는 아버지께서 항상 일하느라 바쁘셔서 여행할 시간이 충분하지 않았기 때문에 이것이 저희 가족이 함께한 첫 번째 해외여행이었습니다. 그러므로 그것은 저희 가족이 함께했던 가장 소중한 2주였습니다.
결론	위 내용을 정리한다.	In conclusion, these are the reasons why I still remember the trip. 결론적으로 이것들이 제가 그 여행을 아직도 기억하는 이유입니다.

Vocabulary / Expressions

unforgettable [adj] 잊을 수 없는   celebrate [v] 축하하다   tourist attraction 관광 명소   amazed [adj] 놀라운, 놀란   magnificent [adj] 웅장한, 훌륭한   emerald [n] 에메랄드빛   over the moon 기분이 매우 좋은   hike [v] 하이킹을 가다   peaceful [adj] 평화로운

나만의 답변 만들기

Step 1. 문제 분석 & 브레인스토밍(brainstorming)하기

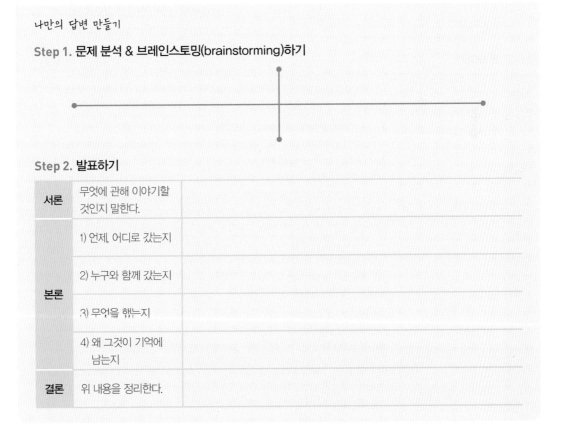

Step 2. 발표하기

서론	무엇에 관해 이야기할 것인지 말한다.	
본론	1) 언제, 어디로 갔는지	
	2) 누구와 함께 갔는지	
	3) 무엇을 했는지	
	4) 왜 그것이 기억에 남는지	
결론	위 내용을 정리한다.	

2 아래 질문지의 질문에 1분 동안 브레인스토밍(brainstorming)한 후 약 2분 동안 말해 보자.

> **Describe a movie you recently watched.** 당신이 최근에 본 영화를 묘사하세요.
>
> You should say:
> - **what** it is 그것이 무엇인지
> - **when** you saw this movie 언제 이 영화를 봤는지
> - **who** you watched with 누구와 함께 봤는지
> and explain **why** you like it/dislike it. 그리고 왜 그 영화를 좋아하는지/싫어하는지를 설명하세요.

Step 1. 문제 분석 & 브레인스토밍(brainstorming)하기

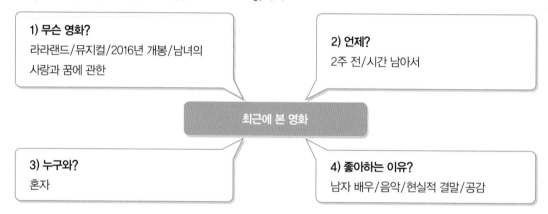

1) 무슨 영화?
라라랜드/뮤지컬/2016년 개봉/남녀의 사랑과 꿈에 관한

2) 언제?
2주 전/시간 남아서

최근에 본 영화

3) 누구와?
혼자

4) 좋아하는 이유?
남자 배우/음악/현실적 결말/공감

Step 2. 발표하기

🎧 P2-Pr2

서론	무엇에 관해 이야기할 것인지 말한다.	Of all the top-grossing films I've recently watched, *La La Land* takes the cake. 제가 최근에 본 최고의 흥행 영화들 중에서 〈라라랜드〉가 최고입니다.
본론	1) 무엇인지	It is a musical film released in 2016, which is about the love between a young male and a female who both have their dreams. The guy wanted to be a famous jazz pianist and he was kind of a purist when it came to music, and the girl also wanted to have a career in Hollywood. But there was a dilemma. If they wanted to be successful in their careers, they could not be together. So in the rest of the movie, it shows the struggle of juggling a relationship and the pursuit of a career. 2016년에 개봉한 이 뮤지컬 영화는 각자의 꿈을 갖고 있는 두 젊은 남녀의 사랑에 대한 것입니다. 남자는 유명한 재즈 피아니스트가 되고 싶어했고 음악에 관해서는 순수주의자였습니다. 여자는 할리우드에서 경력을 쌓고 싶어했습니다. 하지만 딜레마가 있었습니다. 만약 그들이 그들의 직업에서 성공하기를 원한다면 그들은 함께 할 수 없다는 것입니다. 그래서 영화의 나머지에서는 힘겹게 관계를 조절해나가고 직업을 추구하는 것을 보여줍니다.
	2) 언제 봤는지	I've watched it more than five times and the last time I watched it was about two weeks ago. 저는 이 영화를 다섯 번 이상 봤는데 마지막으로 본 게 약 2주 전이었습니다.
	3) 누구와 함께 봤는지	At that time, I was alone at home, and I had some time to kill, so I decided to watch it again since I really love watching this movie. 그때 저는 집에 혼자 있었고 때울 시간이 좀 있었습니다. 저는 이 영화 보는 것을 매우 좋아하기 때문에 다시 보기로 했습니다.

본론	4) 왜 좋아하는지	There are several reasons why I always have a ball watching this film. First of all, I am a big fan of the main actor, Ryan Gosling. I think he is such a great actor since his performance is perfect and he also sings well. Secondly, I am fond of the music and it suits every scene in the movie. Last but not least, although some people say it doesn't have a happy ending, I am really satisfied with how they left it. It's so realistic and empathetic. In fact, the movie had several Oscar nominations. 제가 이 영화 보는 것을 즐기는 여러 가지 이유가 있습니다. 우선, 저는 주연배우 라이언 고슬링의 열혈 팬입니다. 그는 연기도 완벽하고 노래도 잘해서 정말 대단한 배우라고 생각합니다. 둘째로, 저는 영화 속의 음악을 좋아하고 그것은 모든 장면에 잘 어울립니다. 마지막으로 중요한 것은 비록 몇몇 사람들은 행복한 결말이 아니라고 말하지만, 저는 그 결말에 매우 만족합니다. 정말 현실적이고 공감할 수 있는 것입니다. 실제로 그 영화는 몇 개의 오스카상 후보에 올랐습니다.
결론	위 내용을 정리한다.	To sum it up, these are the reasons why it is one of my favourite films. 요약해보면 이러한 것들이 그 영화가 제가 가장 좋아하는 영화들 중 하나인 이유입니다.

📝 **Vocabulary / Expressions**

top-grossing adj 흥행한, 최고의 수익을 내는   release v 개봉하다   purist n 순수주의자   when it comes to ~에 관해서는
dilemma n 딜레마, 진퇴양난   struggle n 분투, 투쟁   juggle v 곡예하듯 하다, 효율적으로 조직하다   pursuit n 추구   have a ball
매우 즐기다   a big fan of ~의 열혈 팬   performance n 연기, 공연   be fond of ~을 좋아하다   suit v 어울리다   last but not
least 마지막으로   realistic adj 현실적인   empathetic adj 공감하는   nomination n 후보

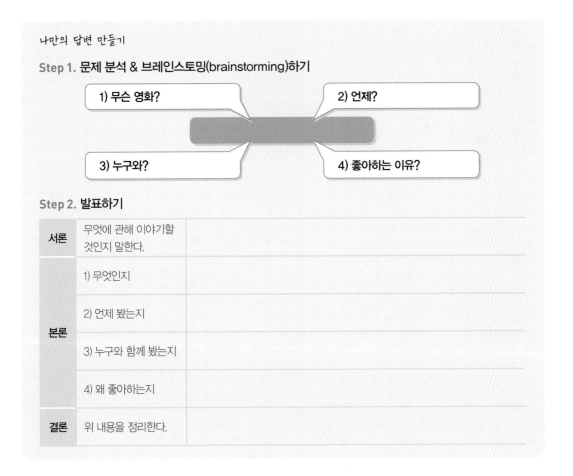

나만의 답변 만들기

Step 1. 문제 분석 & 브레인스토밍(brainstorming)하기

1) 무슨 영화?		2) 언제?
3) 누구와?		4) 좋아하는 이유?

Step 2. 발표하기

서론	무엇에 관해 이야기할 것인지 말한다.	
본론	1) 무엇인지	
	2) 언제 봤는지	
	3) 누구와 함께 봤는지	
	4) 왜 좋아하는지	
결론	위 내용을 정리한다.	

PAGODA IELTS Speaking

PART

2

주제별 스킬

IELTS SPEAKING PART 2에서 자주 출제되는 주제들을 학습하고, 나만의 답변을 미리 준비하여 실전에 대비하자.

유명인(Famous Person)

음원 바로 듣기

[유명인]과 관련된 주제는 IELTS Speaking Part 2의 단골 주제로 출제 빈도수가 매우 높다. 유명한 사람, 성공한 사람, 존경하는 사람, 나에게 큰 영향을 미친 사람, 가장 친한 친구 등 인물을 묘사하는 문제가 자주 나온다. 주제와 관련된 어휘를 학습하고 브레인스토밍(brainstorming) 연습을 많이 하여 어떤 문제들이 나오더라도 답변할 수 있도록 준비하고 실전에 대비하자.

🎲 자주 나오는 문제 알아보기

당신이 가장 좋아하는 유명한 사람을 묘사하세요. ★
Describe your favourite famous person.

당신이 잘 아는 성공한 사람을 묘사하세요.
Describe a successful person who you know well.

당신이 존경하는 사람을 묘사하세요.
Describe a person who you admire.

당신에게 큰 영향을 미친 사람을 묘사하세요.
Describe a person who has influenced you a lot.

당신의 가장 친한 친구를 묘사하세요.
Describe your best friend.

사람의 외모 및 성격 관련 어휘/표현

젊은 young	꾸미지 않은 plain
중년의 middle-aged	뚱뚱한 fat
늙은 old	비만인 obese
수줍은 shy	과체중의 overweight
느긋한 easy-going	마른 thin
기분 변화가 있는 moody	깡마른 skinny
성급한 hot-headed	날씬한 slender
똑똑한 smart	건장한 well-built
영리한 clever	매력적인 attractive
똑똑한, 지성 있는 intelligent	멋진 gorgeous
예의 바른, 공손한 polite	아름다운 beautiful
예의 바른 well-mannered	잘생긴 handsome
야망 있는 ambitious	잘생긴, 보기 좋은 good looking
웃기는 funny	보통의 ordinary
재치 있는 witty	태평한 laid-back
성취감을 느끼는 fulfilled	모험심이 강한 adventurous
사려 깊은 considerate	발랄한 cheerful
외교적 수완이 좋은 diplomatic	수다스러운 chatty
공정한 impartial	도움이 되는 helpful
관대한 generous	관찰력이 있는 observant
지략 있는 resourceful	인내심이 있는 patient
근면한 hardworking	두뇌 회전이 빠른 quick-witted
성실한 diligent	믿을 수 있는 dependable
미리 대책을 강구하는 proactive	신뢰할 수 있는 trustworthy
단호한 determined	열정적인 enthusiastic
열정적인 passionate	힘이 넘치는 energetic
집요한 persistent	전념, 헌신 dedication
결단력 있는 decisive	추구하다 pursue
뛰어난 outstanding	실현하다, 성취하다 fulfil
열정 passion, enthusiasm	성취하다 achieve
인내심 perseverance	영감을 주다 inspire
열혈 팬 loyal fan	영향을 미치다 influence

Describe your favourite famous person. 당신이 가장 좋아하는 유명한 사람을 묘사하세요.

You should say:
- **why** this person is famous 왜 이 사람이 유명한지
- **how long** this person has been famous 얼마나 오랫동안 유명했는지
- **when** you first heard of this person 언제 이 사람에 대해 처음 들었는지
and explain **what** about this person makes him/her your favourite famous person.
그리고 무엇이 이 사람을 당신이 가장 좋아하는 유명인으로 만들었는지를 설명하세요.

나만의 답변을 해 보자.

Step 1. 문제 분석 & 브레인스토밍(brainstorming)하기

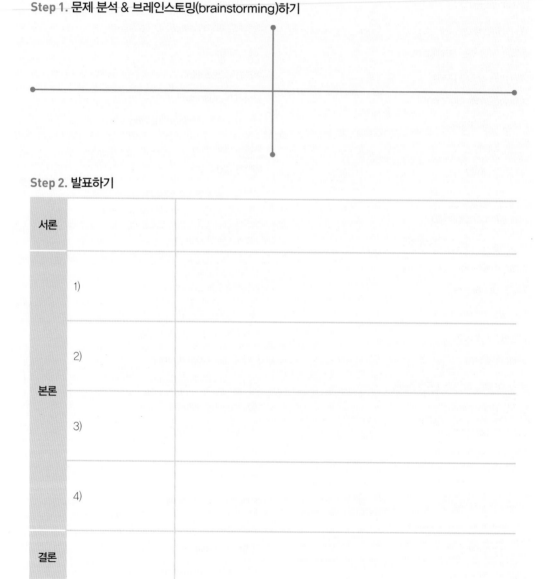

Step 2. 발표하기

서론		
본론	1)	
	2)	
	3)	
	4)	
결론		

Step 1. 문제 분석 & 브레인스토밍(brainstorming)하기

1) 왜 유명한지
- Ed Sheeran(singer/songwriter/record producer)
- his exceptional vocals

2) 얼마나 오랫동안 유명했는지
- for about 6 years

3) 언제 처음 들었는지
- 3 years ago
- friend's house

4) 왜 좋아하는지
- comfort my mind
- outstanding musical performances
- working for charities

[난이도 중 답변] ★★ 5.5+   P2-U1

서론	무엇에 관해 이야기할 것인지 말한다.	I'd like to tell you about Ed Sheeran, my favourite musician. 저는 제가 가장 좋아하는 음악가인 에드 시런에 대해 이야기하고 싶습니다.
본론	1) 왜 유명한지	He is an English singer and he is very famous around the world. Especially, he is noted for his exceptional vocals. 그는 영국 가수이고 전 세계적으로 매우 유명합니다. 특히 그는 뛰어난 보컬로 유명합니다.
	2) 얼마나 오랫동안 유명했는지	As far as I know, he first appeared on the TV music show in 2011 and had already earned fame as a great singer in 2013. For more than six years, he has maintained a global reputation. 제가 알기로는 그는 2011년 TV 음악 방송에 처음 출연했고 2013년에는 이미 훌륭한 가수로 명성을 얻었습니다. 6년 이상 그는 세계적인 명성을 유지해 왔습니다.
	3) 언제 처음 들었는지	I first heard his music about three years ago when I was invited to my friend's house. His songs touched me. Since then I have listened to his various songs. 저는 약 3년 전 친구 집에 초대 받았을 때 그의 음악을 처음 들었습니다. 그의 노래들은 저에게 감동을 주었습니다. 그때부터 저는 그의 다양한 노래를 듣고 있습니다.
	4) 왜 좋아하는지	He is my favourite singer because his music always comforts my mind. Moreover, he entertains me with his outstanding musical performances. He also has worked for various charities that can inspire others. 그는 제가 가장 좋아하는 가수입니다. 왜냐하면 그의 음악은 항상 제 마음을 위로해 주기 때문입니다. 게다가 그는 뛰어난 음악 공연으로 저를 즐겁게 해 줍니다. 그는 또한 다른 사람들에게 영감을 줄 수 있는 다양한 자선 단체에서 일해 왔습니다.
결론	위 내용을 정리한다.	Therefore, Ed Sheeran is my favourite celebrity. 그래서 에드 시런은 제가 가장 좋아하는 유명인입니다.

[난이도 ⑤ 답변] ★★★ 6.5+

서론	무엇에 관해 이야기할 것인지 말한다.	I'd like to tell you about Ed Sheeran, my favourite musician. 저는 제가 가장 좋아하는 음악가인 에드 시런에 대해 이야기하고 싶습니다.
본론	1) 왜 유명한지	He is an English singer and he is very famous around the world. Besides that, he is also a songwriter, record producer and actor. But, far and away, he is most noted for his exceptional vocals. 그는 영국 가수이고 전 세계적으로 매우 유명합니다. 그 외에도 그는 작곡가, 음반제작자, 그리고 배우입니다. 그러나 단연코 그는 뛰어난 보컬로 가장 유명합니다.
	2) 얼마나 오랫동안 유명했는지	As far as I know, he first appeared on the TV music show in 2011 and had already earned fame as a great singer in 2013. For more than six years, he has maintained his global reputation. 제가 알기로는 그는 2011년 TV 음악 방송에 처음 출연했고 2013년에는 이미 훌륭한 가수로 명성을 얻었습니다. 6년 이상 그는 세계적인 명성을 유지해 왔습니다.
	3) 언제 처음 들었는지	I first heard his music about three years ago when I happened to be invited to a friend's house. The songs touched me so personally at that time that I fell in love with them as soon as I heard them. Since then I have been listening to his various songs. 저는 3년 전 우연히 친구 집에 초대 받았을 때 그의 음악을 처음 들었습니다. 그때 그 노래들은 저에게 정말 개인적으로 감동을 주어서 저는 듣자마자 사랑에 빠졌습니다. 그때부터 저는 그의 다양한 노래를 듣고 있습니다.
	4) 왜 좋아하는지	There are a lot of reasons why he is my favourite artist. First of all, his music always comforts my mind since he is a great lyricist. Moreover, he entertains me with his outstanding musical performances. Finally, as a celebrity, he has been working for various charities that can inspire others. 그가 저의 가장 좋아하는 예술가인 여러 가지 이유가 있습니다. 우선, 그가 위대한 작사가이기 때문에 그의 음악은 항상 제 마음을 위로해 줍니다. 게다가 그는 뛰어난 음악 공연으로 저를 즐겁게 해 줍니다. 마지막으로 그는 유명인으로서 다른 사람들에게 영감을 줄 수 있는 다양한 자선 단체에서 일해 오고 있습니다.
결론	위 내용을 정리한다.	Therefore, Ed Sheeran is my favourite celebrity. 그래서 에드 시런은 제가 가장 좋아하는 유명인입니다.

위의 답변은 유명한 사람을 묘사하면서 단순히 '가수'라는 어휘만을 반복하여 사용하지 않고, musician, singer, artist, lyricist, celebrity와 같은 다양한 어휘를 사용하여 답하였다. 또한 가수와 관련된 어휘인 songwriter, record producer, vocals, songs, musical performances를 자연스럽게 사용하여 어휘력 부분에서 고득점을 받을 수 있다. 그리고 좋아하는 이유를 논리적인 구조로 답변하여 설득력을 높였으므로 6.5+를 받을 수 있는 답변이 된다.

🗂 Vocabulary / Expressions

songwriter ⓝ 작사가, 작곡가   noted for ~로 유명한   exceptional ⓐⓓⓙ 특출한, 매우 뛰어난   vocal ⓝ 보컬   appear ⓥ 출연하다
earn ⓥ 얻다   fame ⓝ 명성   reputation ⓝ 명성, 평판   touch ⓥ 감동시키다   fall in love with ~와 사랑에 빠지다   various ⓐⓓⓙ
다양한   comfort ⓥ 위로하다   lyricist ⓝ 작사가   entertain ⓥ 즐겁게 해 주다   outstanding ⓐⓓⓙ 뛰어난   performance ⓝ 공연
celebrity ⓝ 유명인   charity ⓝ 자선 단체   inspire ⓥ 영감을 주다

예시 답변을 학습한 후 다시 나만의 답변을 해 보자.

Step 1. 문제 분석 & 브레인스토밍(brainstorming)하기

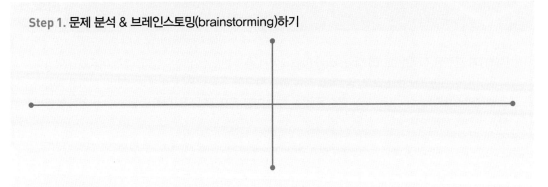

Step 2. 발표하기

서론		
본론	1)	
	2)	
	3)	
	4)	
결론		

02 | 야망(Ambitions)

음원 바로 듣기

[야망]과 관련된 주제는 IELTS Speaking Part 2에서 출제 빈도수가 매우 높다. 내가 이루었던 야망이나 앞으로 성취하고자 하는 포부, 꿈, 목표 등을 묻는 질문이 자주 나온다. 주제와 관련된 어휘를 학습하고 브레인스토밍(brainstorming) 연습을 많이 하여 어떤 문제들이 나오더라도 답변할 수 있도록 준비하고 실전에 대비하자.

🎯 자주 나오는 문제 알아보기

당신이 이루지 못한 야망을 묘사하세요. ★
Describe an ambition that you haven't achieved.

당신의 미래 야망을 묘사하세요.
Describe an ambition that you have for the future.

당신의 직업 목표를 묘사하세요.
Describe a career goal you have.

당신이 어렸을 때 가졌던 야망을 묘사하세요.
Describe an ambition you had when you were a child.

🔷 야망 및 포부 관련 어휘/표현

승진하다 be promoted	승진 promotion
직무 만족 job satisfaction	고용 안정성 job security
결단력, 굳은 의지 determination	근면, 성실 diligence
추진력, 투지 drive	기세, 끈기 energy
모험심, 진취적 정신 enterprise	경쟁력 competitiveness
공격 본능, 승부 근성 killer instinct	열정 passion
열심 keenness	열정 ardour
기회주의 opportunism	무관심 apathy
게으름, 나태 indolence	무기력 lethargy
꺼려함, 마지못해 함 reluctance	게으름 laziness
열정, 열의 enthusiasm	이상주의 idealism
창의력, 상상력 imagination	강박 관념 obsession
경쟁심 emulation	욕심, 탐욕 greed
야망, 열망, 포부 aspiration	욕망, 소망 desire
꿈, 포부 dream	필요한 자질 right stuff
욕망, 열망 lust	희생 sacrifice
야심을 가지다 have fire in one's belly	야심 fire in one's belly
~을 마음에 품다 cherish	노력하다 strive
앞으로 나아가게 하다, 추진하다 impel	

Describe an ambition that you haven't achieved. 당신이 이루지 못한 야망을 묘사하세요.

You should say:
- **what** this ambition is 이 야망이 무엇인지
- **why** you want to achieve this ambition 왜 이 야망을 이루고 싶은지
- **how long** you have had this ambition 얼마나 오랫동안 이 야망을 품었는지
and explain **why** you haven't achieved this ambition yet. 그리고 왜 아직 이 야망을 이루지 못했는지 설명하세요.

나만의 답변을 해 보자.

Step 1. 문제 분석 & 브레인스토밍(brainstorming)하기

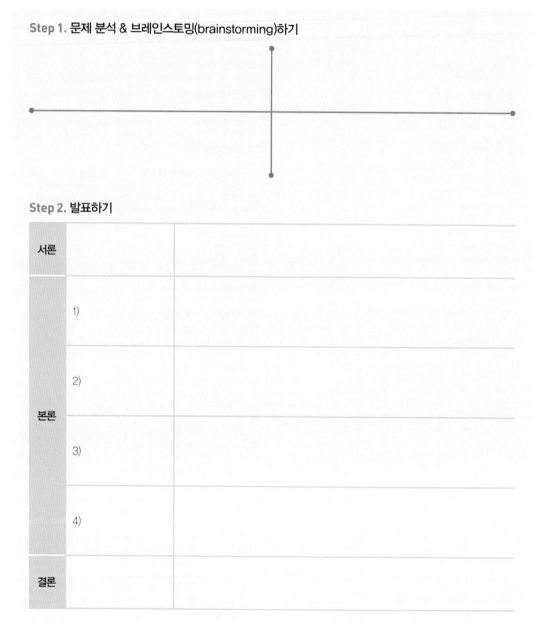

Step 2. 발표하기

서론		
본론	1)	
	2)	
	3)	
	4)	
결론		

Step 1. 문제 분석 & 브레인스토밍(brainstorming)하기

1) 야망이 무엇인지
- having my own business

2) 왜 이루고 싶은지
- adventurous
- explore a new world
- the same aspiration to be like my father

3) 얼마나 오랫동안 야망을 품었는지
- 10 years since I visited my father's office

4) 왜 아직 이 야망을 이루지 못했는지
- 아직 an undergraduate
- 목표를 이루기 위해 노력 중이다

브레인스토밍할 때 영어와 한국어를 함께 써도 괜찮으므로 말하고자 하는 내용을 빠르게 써 놓도록 하자.

[난이도 중 답변] ★★ 5.5+   P2-U2

서론	무엇에 관해 이야기할 것인지 말한다.	I'd like to talk about an ambition that I haven't achieved. 저는 제가 이루지 못한 야망에 대해 이야기하고 싶습니다.
본론	1) 야망이 무엇인지	I have wanted to have my own business since I was little. That's why I am majoring in business administration at university. 저는 어렸을 때부터 제 사업을 하고 싶었습니다. 그래서 저는 대학에서 경영학을 전공하고 있습니다.
	2) 왜 이루고 싶은지	I am adventurous, and I like to explore new worlds. And also, my father has his own business, so I naturally have the same aspiration in hopes of being like my father. 저는 모험심이 강하고, 새로운 세계를 탐험하는 것을 좋아합니다. 그리고 저의 아버지도 자신의 사업을 하고 계시기 때문에 저도 자연스럽게 아버지처럼 되고 싶은 마음에서 같은 포부를 가지고 있습니다.
	3) 얼마나 오랫동안 야망을 품었는지	I've had this goal for almost 10 years since I visited my father's office. At that time, he showed me various departments and explained what each department was in charge of. However, I liked my father's position the most. I was captivated by the fact that he could actually manage and control everything; of course, at the same time, he had a great responsibility to lead the whole company in the best way. 저는 아버지의 사무실을 방문한 이후 거의 10년 동안 이런 목표를 가지고 있습니다. 당시 아버지께서는 다양한 부서들을 보여 주시며, 각 부서가 맡고 있는 일을 설명해 주셨습니다. 하지만 저는 아버지의 자리가 가장 마음에 들었습니다. 저는 아버지가 실제로 모든 것을 관리하고 통제할 수 있다는 사실에 매료되었습니다. 물론, 동시에 그는 회사 전체를 가장 좋은 방향으로 이끌어야 할 큰 책임이 있었습니다.
	4) 왜 아직 이 야망을 이루지 못했는지	Now because I am an undergraduate, I need to graduate from university first. Also, I am planning to go overseas to get a Master's degree. I think in order to achieve my goal, I need to have professional knowledge and work experience. 지금 저는 대학생이기 때문에 먼저 대학을 졸업해야 합니다. 또한 저는 외국에 가서 석사 학위를 받을 계획입니다. 저는 제 목표를 이루기 위해서는 전문 지식과 업무 경험이 있어야 한다고 생각합니다.
결론	위 내용을 정리한다.	These can help me achieve my ambition in the future. 이것들은 제가 미래에 저의 야망을 이루는 데 도움이 될 수 있습니다.

[난이도 상 답변] ★★★ **6.5+**

서론	무엇에 관해 이야기할 것인지 말한다.	I would like to talk about an aim I haven't accomplished yet. 저는 제가 아직 이루지 못한 목표에 대해 이야기하고 싶습니다.
본론	1) 야망이 무엇인지	I've always dreamed of having my own business since I was little. That's why I am majoring in business administration at university. 저는 어렸을 때부터 항상 제 사업을 하는 것을 꿈꿔 왔습니다. 그래서 저는 대학에서 경영학을 전공하고 있습니다.
	2) 왜 이루고 싶은지	I am the type of person who is always adventurous and likes to explore a new world. And also, my father has been running his own business for more than 20 years, so I naturally have the same aspiration in hopes of being like my father. 저는 항상 모험심이 강하고 새로운 세계를 탐험하는 것을 좋아하는 타입입니다. 그리고 저의 아버지도 20년 넘게 자신의 사업을 하고 계시기 때문에 저도 자연스럽게 아버지처럼 되고 싶은 마음에서 같은 포부를 가지고 있습니다.
	3) 얼마나 오랫동안 야망을 품었는지	I've had this goal for almost 10 years since I visited my father's office. At that time, he showed me various departments and explained what each department was in charge of. However, the thing that grabbed my attention the most was my father's position. I was captivated by the fact that he could actually manage and control everything; of course, at the same time, he had a great responsibility to lead the whole company in the best way. 저는 아버지의 사무실을 방문한 이후 거의 10년 동안 이런 목표를 가지고 있습니다. 당시 아버지께서는 다양한 부서들을 보여 주시며, 각 부서가 맡고 있는 일을 설명해 주셨습니다. 하지만 제 관심을 가장 사로잡은 것은 아버지의 자리였습니다. 저는 아버지가 실제로 모든 것을 관리하고 통제할 수 있다는 사실에 매료되었습니다. 물론, 동시에 그는 회사 전체를 가장 좋은 방향으로 이끌어야 할 큰 책임이 있었습니다.
	4) 왜 아직 이 야망을 이루지 못했는지	Now, as an undergraduate, I'm trying hard with my study, and I am planning to go overseas to get a Master's degree. I think in order to achieve my goal, I need to be an expert as well as being experienced in a variety of work related to my field. I am trying my best to make progress every moment, and hope to enter graduate school and successfully get a degree. 지금은 학부생으로서 저는 학업을 열심히 하고 있으며, 외국에 가서 석사 학위를 받을 계획입니다. 저는 제 목표를 이루기 위해서는 제 분야와 관련된 다양한 일에 경험이 있을 뿐만 아니라 전문가가 되어야 한다고 생각합니다. 저는 매 순간 발전하기 위해 최선을 다하고 있으며, 대학원에 들어가서 성공적으로 학위를 받고 싶습니다.
결론	위 내용을 정리한다.	These can be significant foundations which enable me to run an innovative and contributive business in the future. 이것들은 미래에 제가 혁신적이고 기여도가 높은 사업을 할 수 있도록 해 주는 중요한 토대가 될 수 있습니다.

위의 답변은 [난이도 중 답변]과 비교했을 때 과거, 현재, 현재진행, 현재완료, 현재완료진행 등 다양한 시제를 사용하였고, 주제 어휘도 ambition, aspiration, goal, aim처럼 다양하게 사용하였다. 또한, 이 야망을 갖게 된 계기 및 그 야망을 아직 이루지 못한 이유와 이루기 위해 해야 하는 것들을 구체적인 사례를 들어 말함으로써 설득력 있는 [난이도 상 답변]이 된다.

✏️ Vocabulary / Expressions

accomplish [v] 성취하다   be majoring in ~을 전공하고 있다   business administration 경영학   adventurous [adj] 모험심이 강한
explore [v] 탐험하다   run [v] (사업체를) 운영하다, 경영하다   naturally [adv] 자연스럽게   aspiration [n] 포부, 열망   department [n] 부서
be in charge of ~을 담당하다   grab attention 관심을 끌다   captivate [v] ~의 마음을 사로잡다   undergraduate [n] 학부생, 대학생
take a Master's degree 석사 학위를 받다   expert [n] 전문가   make progress 발전하다, 전진하다   graduate school 대학원
significant [adj] 중요한   foundation [n] 토대   enable [v] ~을 가능하게 하다   innovative [adj] 혁신적인   contributive [adj] 공헌하는,
기여하는

예시 답변을 학습한 후 다시 나만의 답변을 해 보자.

Step 1. 문제 분석 & 브레인스토밍(brainstorming)하기

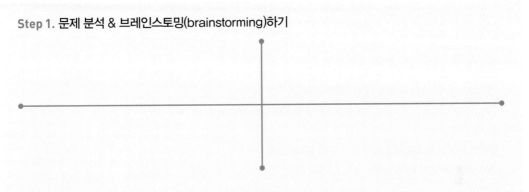

Step 2. 발표하기

서론		
본론	1)	
	2)	
	3)	
	4)	
결론		

언어(Language)

응원 바로 듣기

[언어]와 관련된 주제는 IELTS Speaking Part 2 주제로, 배우고 싶은 언어, 언어 학습에 재능을 가진 사람 혹은 외국어로 누군가와 대화했던 경험 등을 묘사하는 문제가 자주 나온다. 주제와 관련된 어휘를 학습하고 브레인스토밍(brainstorming) 연습을 많이 하여 어떤 문제들이 나오더라도 답변할 수 있도록 준비하고 실전에 대비하자.

🔹 자주 나오는 문제 알아보기

언어를 매우 잘 배운 사람에 대해 이야기하세요. ★
Talk about a person who has learned a language very well.

당신이 누군가와 외국어로 말했던 경우를 묘사하세요.
Describe an instance when you spoke with someone in a foreign language.

영어 외에 당신이 배우고 싶은 언어에 대해 이야기하세요.
Talk about a language other than English you want to learn.

당신이 배우고 싶은 외국어를 묘사하세요.
Describe a foreign language you want to learn.

🔷 언어 관련 어휘/표현

언어 language	언어학 linguistics
언어학자 linguist	어휘 vocabulary
문법 grammar	읽기 reading
쓰기 writing	말하기 speaking
듣기 listening	발음 pronunciation
모국어 mother tongue, first language	외국어 foreign language
두 언어를 사용하는 bilingual	두 언어를 사용하는 사람 bilinguist
여러 언어를 하는 multilingual, polyglot	여러 언어에 능통한 사람 multilinguist, polyglot
유창성 fluency	정확성 accuracy
망설임 hesitation	언어 장벽 language barrier
의사소통하다 communicate	대화하다 converse
상호작용하다 interact	(몸짓으로) 나타내다 gesture

Talk about a person who has learned a language very well. 언어를 매우 잘 배운 사람에 대해 이야기하세요.

You should say:
- **what language** the person learned 그 사람이 어떤 언어를 배웠는지
- **where** the person uses it 어디에서 그 언어를 사용하는지
- **how** the person studied 어떻게 학습했는지
and explain **why** the person's learning process was effective. 그리고 왜 그 사람의 학습 과정이 효과적이었는지를 설명하세요.

나만의 답변을 해 보자.

Step 1. 문제 분석 & 브레인스토밍(brainstorming)하기

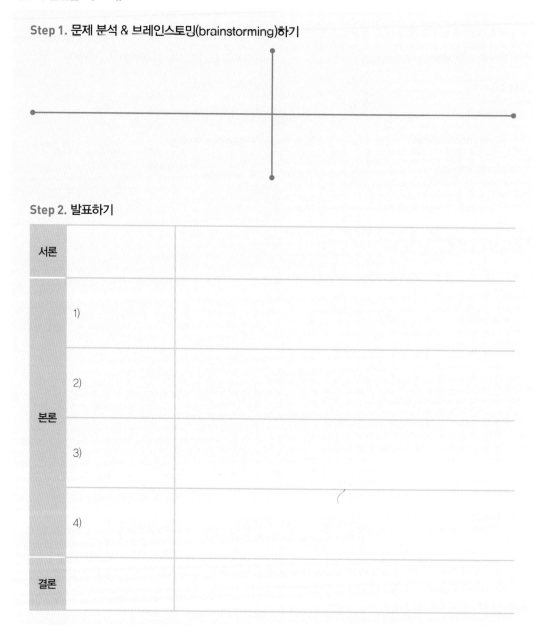

Step 2. 발표하기

서론		
본론	1)	
	2)	
	3)	
	4)	
결론		

Step 1. 문제 분석 & 브레인스토밍(brainstorming)하기

1) 어떤 언어를 배웠는지
- Phoebe
- speaks really fluent English
- an exchange student in Australia

2) 어디에서 그 언어를 사용하는지
- lives in Australia and works there

3) 어떻게 학습했는지
- made many Australian friends
- tried not to speak in Korean
- didn't mind about making mistakes

4) 왜 그 학습 과정이 효과적이었는지
- talking to native speakers is the best way to improve your language skills
- paying too much attention to grammar affects fluency

[난이도 중 답변] ★★ 5.5+ P2-U3

서론	무엇에 관해 이야기할 것인지 말한다.	I want to talk about my friend, Phoebe, who speaks English well. 저는 영어를 잘 구사하는 제 친구 피비에 대해 말하고 싶습니다.
본론	1) 어떤 언어를 배웠는지	She stayed in Australia for a year as an exchange student, and within that period, she greatly improved her English skills. I think she is quite talented since her expressions and her accent sound perfect. She also uses idiomatic expressions that you wouldn't hear from an international student in a very natural way. 그녀는 교환학생으로 1년 동안 호주에 머물렀고, 그 기간에 그녀는 자신의 영어 실력을 크게 향상시켰습니다. 제 생각에는 그녀가 꽤 재능이 있는 것 같습니다. 왜냐하면 그녀의 표현과 말투가 완벽하게 들리기 때문입니다. 그녀는 또한 외국 학생에게서 들을 수 없는 관용적인 표현을 아주 자연스럽게 사용합니다.
	2) 어디에서 그 언어를 사용하는지	Now she lives in Australia and works there. So she speaks English in her everyday life, and it is quite natural and comfortable. 지금 그녀는 호주에 살고 있고 그곳에서 일합니다. 그래서 그녀는 자신의 일상생활에서 영어를 말하고, 이것은 매우 자연스럽고 편안합니다.
	3) 어떻게 학습했는지	But at first, she never imagined she would live in Australia. She learned general English because she was going to be an exchange student. However, as time passed, her skills improved quickly, and she thought of having a career in Australia. During her stay there, she made many Australian friends and she tried hard not to speak in Korean. 하지만 처음에 그녀는 자신이 호주에서 살 것이라고 상상도 못했습니다. 그녀는 교환학생이 될 예정이었기 때문에 일반 영어를 배웠습니다. 그러나 시간이 지나면서 그녀의 실력은 빠르게 향상되었고, 그녀는 호주에서 직업을 갖는 것을 생각했습니다. 그곳에 머무는 동안 그녀는 많은 호주인 친구들을 사귀었고, 한국어로 말하지 않으려고 열심히 노력했습니다.
	4) 왜 그 학습 과정이 효과적이었는지	I think her way of learning is effective because talking to native speakers is the best way to improve your language skills. Also, if you pay too much attention to grammar, your fluency will suffer. 저는 그녀의 학습 방식이 효과적이라고 생각합니다. 왜냐하면 원어민과 대화하는 것이 언어 능력을 향상시키는 가장 좋은 방법이기 때문입니다. 또한 문법에 너무 신경을 쓰면 유창성이 나빠질 것입니다.
결론	위 내용을 정리한다.	This way of learning and her significant accomplishments always inspire me. 이런 학습 방식과 그녀의 위대한 성취는 항상 저를 분발하게 합니다.

[난이도 상 답변] ★ ★ ★ **6.5+**

서론	무엇에 관해 이야기할 것인지 말한다.	I want to talk about my friend, Phoebe, who speaks really fluent English. 저는 정말 유창한 영어를 구사하는 제 친구 포이베에 대해 말하고 싶습니다.
본론	1) 어떤 언어를 배웠는지	She stayed in Australia for a year as an exchange student, and within that span of time she greatly improved her English skills. I think she is quite talented because her expressions and her accent sound just like those of an Australian. A native speaker would not even think that she was born in Korea with the way she speaks. She uses idiomatic expressions naturally that you wouldn't hear from an international student. 그녀는 교환학생으로 1년 동안 호주에 머물렀고, 그 기간에 그녀는 자신의 영어 실력을 크게 향상시켰습니다. 제 생각에는 그녀가 꽤 재능이 있는 것 같습니다. 왜냐하면 그녀의 표현과 말투가 호주인의 것과 똑같기 때문입니다. 그녀가 말하는 방식으로는 원어민조차도 그녀가 한국에서 태어났다고 생각하지 않을 것입니다. 그녀는 외국 학생에게서 들을 수 없는 관용적인 표현을 자연스럽게 사용합니다.
	2) 어디에서 그 언어를 사용하는지	Now she lives in Australia and works there. So she speaks English in her everyday life, which is quite natural and comfortable. 지금 그녀는 호주에 살고 있고 그곳에서 일합니다. 그래서 그녀는 자신의 일상생활에서 영어를 말하는데, 이것은 매우 자연스럽고 편안합니다.
	3) 어떻게 학습했는지	But at first, she never imagined she would live overseas. She generally learned English because she was going to be an exchange student, however, as time passed, her skills had jumped quickly, and she thought of having a career in Australia. During her stay there, she had made many Australian friends, and she tried hard not to speak in Korean. In time, she no longer had any hesitation when speaking to them, she just didn't mind anymore about making mistakes. 하지만 처음에 그녀는 자신이 해외에서 살 것이라고 상상도 못했습니다. 그녀는 교환학생이 될 예정이었기 때문에 일반적으로 영어를 배웠습니다. 그러나 시간이 지나면서 그녀의 실력은 빠르게 향상되었고, 그녀는 호주에서 직업을 갖는 것을 생각했습니다. 그곳에 머무는 동안 그녀는 많은 호주인 친구들을 사귀었고, 한국어로 말하지 않으려고 열심히 노력했습니다. 시간이 흐르면서, 그녀는 더 이상 그들에게 말할 때 주저하지 않았고, 실수를 하는 것에 그저 더 이상 신경 쓰지 않았습니다.
	4) 왜 그 학습 과정이 효과적이었는지	I think her way of learning is effective for several reasons. Most importantly, talking to native speakers is one of the best ways to improve your language skills. This is because by interacting with native speakers, you can understand their culture and learn their language naturally. Moreover, if you pay too much attention to grammar, your fluency will suffer. So sometimes we shouldn't be afraid of making mistakes. 저는 그녀의 학습 방식이 여러 가지 이유로 효과적이라고 생각합니다. 가장 중요한 것은, 원어민과 대화하는 것이 언어 능력을 향상시키는 가장 좋은 방법들 중 하나입니다. 원어민과 상호작용함으로써, 자연스럽게 그들의 문화를 이해하고 언어를 배울 수 있기 때문입니다. 게다가 문법에 너무 신경을 쓰면 유창성이 나빠질 것입니다. 그래서 때때로 우리는 실수를 하는 것을 두려워해서는 안 됩니다.
결론	위 내용을 정리한다.	For these reasons, her way of learning and significant accomplishments always inspire me. 이러한 이유들로 그녀의 학습 방식과 위대한 성취는 항상 저를 분발하게 합니다.

위의 답변은 [난이도 중 답변]과 비교했을 때 더 구체적인 정보들이 포함되었을 뿐만 아니라, 4)번의 경우처럼 논리적인 구조를 가진 답변이다. 학습 과정이 효과적이라고 생각하는 이유 1 → 부연 설명 이유 2 → 부연 설명 처럼 논리 정연하게 말하는 연습을 하도록 하자.

✏️ **Vocabulary / Expressions**

fluent adj 유창한   exchange student 교환학생   quite adv 꽤, 상당히   talented adj 재능 있는   hesitation n 주저함, 망설임
pay attention 주목하다, 신경 쓰다   fluency n 유창성   suffer v 더 나빠지다   accomplishment n 성취   inspire v 고무하다, 영감을 주다

예시 답변을 학습한 후 다시 나만의 답변을 해 보자.

Step 1. 문제 분석 & 브레인스토밍(brainstorming)하기

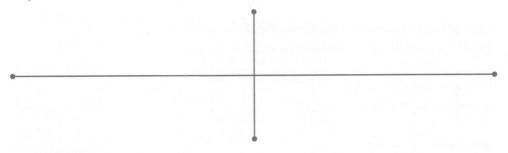

Step 2. 발표하기

서론		
본론	1)	
	2)	
	3)	
	4)	
결론		

스포츠(Sports)

음원 바로 듣기

[스포츠]와 관련된 주제는 IELTS Speaking Part 2에서 출제 빈도수가 매우 높은 주제 중 하나이다. 내가 배웠던 또는 배우고 싶은 스포츠를 묻기도 하고, 경기를 직접 관람한 경험을 묻기도 한다. 한 가지 스포츠를 정해 놓고 관련 어휘를 학습하고 브레인스토밍(brainstorming) 연습을 많이 하여 어떤 문제들이 나오더라도 답변할 수 있도록 준비하고 실전에 대비하자.

🏅 자주 나오는 문제 알아보기

당신이 봤거나 참가했던 스포츠 경기에 대해 묘사하세요. ★
Describe a sports event you watched or took part in.

당신이 배운 스포츠를 묘사하세요.
Describe a sport that you have learned.

당신이 배우고 싶은 스포츠를 묘사하세요.
Describe a sport that you would like to learn.

당신이 즐기는 스포츠에 대해 묘사하세요.
Describe a sport that you enjoy.

🔷 스포츠 관련 어휘/표현

축구 soccer	아마추어 amateur
야구 baseball	운동선수 athlete
농구 basketball	코치 coach
수영 swimming	전문적인 professional
골프 golf	심판 referee
아이스하키 ice hockey	트레이너, 교관 trainer
운동 경기, 육상 경기 athletics	관중 spectator
투수 pitcher	상대 opponent
스포츠맨 정신 sportsmanship	승리 victory
태클 tackle	신경전 battle/war of nerves
팀 동료 teammate	부전승 bye
팀워크 teamwork	개막전 curtain raiser
토너먼트, 시합 tournament	결승 경기 decider
결승 연장전 play-off	득점 score
최후의 결전 showdown	기록 record
영연방 경기 대회 the Commonwealth Games	무승부, 동점 draw
수비, 방어 defence	체격 physique
팬 fan	연습 practice
주장 captain	건강한, 운동의 athletic
상 award	말로 표현할 수 없을 만큼 beyond words
경쟁하다, (시합에) 참가하다 compete	투구하다, 던지다 pitch
수비하다, 방어하다 defend	~을 응원하다 cheer on
건강을 유지하다 stay healthy	이기다 beat
즐거운 한때를 보내다 have a ball	스트레스를 풀다 get rid of stress, relieve stress

Describe a sports event you watched or took part in. 당신이 봤거나 참가했던 스포츠 경기에 대해 묘사하세요.

You should say:
- **when** this event was held 언제 이 경기가 열렸는지
- **where** it was held 어디서 열렸는지
- **who** participated in the event 누가 이 경기에 참여했는지
and explain **why** you still remember this event. 그리고 왜 아직도 이 경기를 기억하고 있는지 설명하세요.

나만의 답변을 해 보자.

Step 1. 문제 분석 & 브레인스토밍(brainstorming)하기

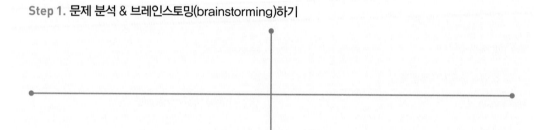

Step 2. 발표하기

서론		
본론	1)	
	2)	
	3)	
	4)	
결론		

Step 1. 문제 분석 & 브레인스토밍(brainstorming)하기

1) 언제 이 경기가 열렸는지
- a baseball match
- two years ago

2) 어디서 열렸는지
- at the baseball stadium in Jamsil
- takes 30 minutes from my place by subway

3) 누가 이 경기에 참여했는지
- the players of LG and KIA
- so many audiences

4) 왜 아직도 이 경기를 기억하고 있는지
- my first experience watching a live game in person
- loved the atmosphere in the crowd

[난이도 중 답변] ★★ 5.5+   P2-U4

서론	무엇에 관해 이야기할 것인지 말한다.	I am going to tell you about the sports event I watched. 제가 본 스포츠 경기에 대해 말씀 드리겠습니다.
본론	1) 언제 이 경기가 열렸는지	About two years ago, I went to see a baseball match at the stadium. Since I wasn't interested in sports, I hadn't planned to visit the baseball stadium until I was invited by my friend to come with her. 약 2년 전에 저는 경기장에 야구 경기를 보러 갔습니다. 저는 스포츠에 관심이 없었기 때문에, 친구로부터 같이 가자는 초대를 받기 전까지는 야구장을 방문할 계획이 없었습니다.
	2) 어디서 열렸는지	It was held in Jamsil. I met my friend in front of the stadium, and we bought some food to eat while watching the game. This is also one of the attractions of attending a live event. 그것은 잠실에서 열렸습니다. 저는 경기장 앞에서 친구를 만났고, 우리는 경기를 보면서 먹을 음식을 샀습니다. 이것 또한 직관을 하는 매력 요소들 중 하나입니다.
	3) 누가 이 경기에 참여했는지	When I entered the stadium, I was overwhelmed by the spectators' energy. It was a big match between LG and KIA. So obviously the players of both teams competed against one another. There were many people who came to cheer their teams on to victory. I didn't have any particular group that I supported, but my friend was a big fan of KIA, so I supported that team. 경기장에 들어갔을 때, 저는 관중들의 에너지에 압도당했습니다. 그것은 엘지와 기아의 큰 경기였습니다. 그래서 당연히 두 팀의 선수들이 서로 경쟁했습니다. 자신의 팀의 승리를 응원하러 온 사람들이 매우 많았습니다. 저는 특별히 응원했던 그룹은 없었지만, 제 친구가 기아의 열렬한 팬이었기 때문에 저는 그 팀을 응원했습니다.
	4) 왜 아직도 이 경기를 기억하고 있는지	It is memorable because it was my first experience watching a live game in person. Even though I didn't know the rules of baseball, I enjoyed the moment. In addition, I loved the atmosphere in the stadium. The crowd was so enthusiastic and excited. I felt the positive energy from them, and I also got rid of stress by screaming and cheering. Most importantly, our team won the game, which made me happy. 그것은 기억에 남습니다. 왜냐하면 그것은 제가 라이브 경기를 직접 본 첫 번째 경험이었기 때문입니다. 비록 저는 야구 규칙을 알지 못했지만 그 순간을 즐겼습니다. 게다가 저는 경기장의 분위기가 정말 좋았습니다. 관중들은 매우 열정적이고 신났습니다. 저는 그들에게서 긍정적인 에너지를 느꼈고, 소리 지르고 응원하면서 스트레스도 풀었습니다. 가장 중요한 것은, 우리 팀이 경기에서 이겼다는 것입니다. 그래서 저는 기뻤습니다.
결론	위 내용을 정리한다.	These are the reasons why I still remember the event. 이것이 제가 그 경기를 아직도 기억하는 이유입니다.

[난이도 상 답변] ★★★ 6.5+

서론	무엇에 관해 이야기할 것인지 말한다.	I am going to tell you about a sports event that I enjoyed watching. 제가 재미있게 봤던 스포츠 경기에 대해 말씀 드리겠습니다.
본론	1) 언제 이 경기가 열렸는지	About two years ago, I went to see a baseball match at the stadium. Since I am not a sports enthusiast, I hadn't planned to visit the baseball stadium until I was invited by my friend to come with her. 약 2년 전에 저는 경기장에 야구 경기를 보러 갔습니다. 저는 열광적인 스포츠팬이 아니기 때문에, 친구로부터 같이 가자던 초대를 받기 전까지는 야구장을 방문할 계획이 없었습니다.
	2) 어디서 열렸는지	It was held in Jamsil, and it takes about 30 minutes from my place by subway. I met my friend in front of the stadium, and we bought some food to eat while watching the game. This is also one of the attractions of attending a live event. 그것은 잠실에서 열렸는데, 저희 집에서 지하철로 30분 정도 걸립니다. 저는 경기장 앞에서 친구를 만났고, 우리는 경기를 보면서 먹을 음식을 샀습니다. 이것 또한 직관을 하는 매력 요소들 중 하나입니다.
	3) 누가 이 경기에 참여했는지	On having entered the stadium, I was overwhelmed by the spectators' energy. It was a big match between LG and KIA. So obviously the players of both teams competed against one another. There was a big turnout of people who came to cheer their teams on to victory. I didn't have any particular group that I supported, but my friend was a big fan of KIA, and still is, so naturally, I supported that team. 경기장에 들어서자마자, 저는 관중들의 에너지에 압도당했습니다. 그것은 엘지와 기아의 큰 경기였습니다. 그래서 당연히 두 팀의 선수들이 서로 경쟁했습니다. 자신의 팀의 승리를 응원하러 온 사람들이 매우 많았습니다. 저는 특별히 응원했던 그룹은 없었지만, 제 친구가 기아의 열렬한 팬이었기 때문에, 여전히 지금도 그렇고요, 그래서 자연스럽게 저는 그 팀을 응원했습니다.
	4) 왜 아직도 이 경기를 기억하고 있는지	There are some reasons why I had a ball. First, it was my first experience to watch the live game in person. It was absolutely an exciting experience beyond words. Even though I didn't know the rules of baseball, I enjoyed the moment. This is because my friend gave me an easy explanation about the rules and star players, and actually, she did an excellent job at it. Secondly, I loved the atmosphere in the stadium. The crowd was so enthusiastic and full of energy. I felt the positive energy from them, and I also got to beat stress by loudly screaming my heart out. Most importantly, our team won the game, which sent me over the moon. 제가 신나게 즐겼던 몇 가지 이유가 있습니다. 먼저, 그것은 제가 라이브 경기를 직접 본 첫 번째 경험이었습니다. 그것은 말로 표현할 수 없을 만큼 정말 신나는 경험이었습니다. 비록 저는 야구 규칙을 알지 못했지만 그 순간을 즐겼습니다. 왜냐하면 제 친구가 규칙들과 스타 선수들에 대해 쉬운 설명을 해주었기 때문입니다. 실제로 그녀는 굉장히 잘 해주었습니다. 둘째로, 저는 경기장의 분위기가 정말 좋았습니다. 관중들은 매우 열정적이고 활기가 넘쳤습니다. 저는 그들에게서 긍정적인 에너지를 느꼈고, 실컷 크게 소리지르면서 스트레스도 풀었습니다. 가장 중요한 것은, 우리 팀이 경기에서 이겼다는 것입니다. 그래서 저는 매우 기뻤습니다.
결론	위 내용을 정리한다.	These are the reasons why I still remember the event. 이것이 제가 그 경기를 아직도 기억하는 이유입니다.

위의 답변은 [난이도 중 답변]에는 없는 원어민들이 자연스럽게 사용하는 표현 및 숙어를 사용하여 표현의 다채로움을 보여 주었다. IELTS Speaking 시험에서 이런 표현은 고득점을 위해 꼭 필요하다는 것을 명심하고 사용하도록 하자.

Vocabulary / Expressions

memorable adj 기억할 만한   get rid of stress 스트레스를 해소하다   stadium n 경기장   enthusiast n 열광적인 팬   attraction n 매력 요소   on V-ing ~하자마자   spectator n 관중   compete against ~과 경쟁하다   a big turnout 대단한 인파   cheer on ~를 응원하다, 환호하다   victory n 승리   have a ball 신나게 즐기다   absolutely adv 완전히, 전적으로   beyond words 말로 표현할 수 없을 만큼   atmosphere n 분위기   crowd n 군중, 대중   enthusiastic adj 열광적인   beat stress 스트레스 풀다   over the moon 매우 행복한, 매우 황홀한

예시 답변을 학습한 후 다시 나만의 답변을 해 보자.

Step 1. 문제 분석 & 브레인스토밍(brainstorming)하기

Step 2. 발표하기

서론		
본론	1)	
	2)	
	3)	
	4)	
결론		

UNIT 05

여행과 휴가
(Travel and Vacations)

음원 바로 듣기

[여행과 휴가]와 관련된 주제는 IELTS Speaking Part 2의 주제로 출제 빈도수가 매우 높다. 기억에 남는 여행 또는 휴가에 대해 묘사하는 문제가 자주 나온다. 주제와 관련된 어휘를 학습하고 브레인스토밍 (brainstorming) 연습을 많이 하여 어떤 문제들이 나오더라도 답변할 수 있도록 준비하고 실전에 대비하자.

🌑 자주 나오는 문제 알아보기

당신의 마지막 휴가를 묘사하세요. ★
Describe your last vacation.

당신이 갔었던 기억에 남는 여행을 묘사하세요.
Describe a memorable trip you have taken.

당신이 언젠가 갔었던 관광 명소를 묘사하세요.
Describe a tourist attraction you once went to.

🧊 여행 관련 어휘/표현

관광지 tourist spot	목적지 destination
굉장히 아름다운 stunning	행복한 삶을 살다 lead a happy life
모험적인 삶을 살다 live life on the edge	모험가 risk-taker
관광 산업 tourism	관광객 tourist
숨이 멎을 듯 아름다운 breathtaking	평화로운 peaceful
그림 같은 picturesque	경치가 좋은 scenic
모험심이 강한 adventurous	호화로운, 사치스러운 luxurious
(장소가) 훼손되지 않은 unspoilt	해변 beach
바다 ocean	수상 스포츠 water sports
서핑 surfing	수영 swimming
일광욕 sunbathing	산 mountain
도보 여행, 하이킹 hiking	극한 스포츠, 익스트림 스포츠 extreme sports
매우 먼 거리 country mile	사람의 발길이 닿지 않은 off the beaten track/path
아주 즐거운 한때를 보내다 have a blast	(여행도 하고 살기도 하면서) 돌아다니다 knock around
미지의 지역, 사람들이 많이 가지 않는 곳 virgin territory	

Describe your last vacation. 당신의 마지막 휴가를 묘사하세요.

You should say:
- **where** and **when** you went 어디로, 언제 갔는지
- **who** you went with 누구와 함께 갔는지
- **what** you did 무엇을 했는지

and explain **what** you enjoyed most about your vacation.
그리고 당신이 당신의 휴가에서 가장 즐거웠던 것이 무엇인지를 설명하세요.

나만의 답변을 해 보자.

Step 1. 문제 분석 & 브레인스토밍(brainstorming)하기

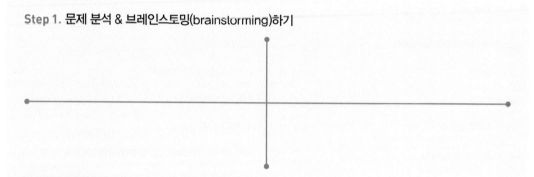

Step 2. 발표하기

서론		
본론	1)	
	2)	
	3)	
	4)	
결론		

Step 1. 문제 분석 & 브레인스토밍(brainstorming)하기

1) 어디로, 언제 갔는지
- Jeju Island
- in July last year

2) 누구와 함께 갔는지
- three of my high school friends

3) 무엇을 했는지
- riding a bike along the coast
- swimming at the beach
- climbed Mt. Halla

4) 가장 즐거웠던 것이 무엇인지
- reaching the top of the mountain
- seeing the spectacular sunrise
- making a wish

[난이도 중 답변] ★★ 5.5+   P2-U5

서론	무엇에 관해 이야기할 것인지 말한다.	I'd like to talk about my last trip. 저는 저의 마지막 여행에 대해 말하고 싶습니다.
본론	1) 어디로, 언제 갔는지 2) 누구와 함께 갔는지	In July last year, I went to Jeju Island with three of my high school friends. The trip was to celebrate the first jobs in their careers. Jeju Island is one of the most wonderful places in Korea. There are many lovely attractions. 지난해 7월 저는 고등학교 친구 3명과 함께 제주도에 갔습니다. 그 여행은 그들 사회생활의 첫 직장을 축하하기 위한 것이었습니다. 제주도는 한국에서 가장 멋진 곳 중 하나입니다. 많은 아름다운 볼거리들이 있습니다.
	3) 무엇을 했는지	We had a lot of fun doing various activities such as riding bikes along the coast and swimming at the beach. Particularly, Mt. Halla was breathtaking, and it was beautifully shaped. We climbed the mountain, and it was a long journey going up. 우리는 해안을 따라 자전거를 타고 해변에서 수영을 하는 등 다양한 활동을 하며 즐거운 시간을 보냈습니다. 특히 한라산은 숨이 멎을 듯 아름다웠고, 아름다운 모습이었습니다. 우리는 그 산에 올라갔는데, 그것은 긴 여정이었습니다.
	4) 가장 즐거웠던 것이 무엇인지	Finally, when we reached the top of the mountain, all of my stress was rewarded once we saw the spectacular sunrise. At that point, I made a wish. This was the highlight of the trip for me. Even though I was exhausted after the trip, it was meaningful since I was able to recharge physically and mentally. Besides, I was very pleased because I created unforgettable memories with my friends. 마침내 우리가 산의 정상에 도착했을 때, 멋진 장관을 이루는 일출을 보고 저의 모든 스트레스가 보상되었습니다. 그때 저는 소원을 빌었습니다. 이것이 저에게는 여행의 하이라이트였습니다. 비록 여행 후에 많이 지쳤지만, 육체적으로 또한 정신적으로 재충전할 수 있었기 때문에 의미가 있었습니다. 게다가 친구들과의 잊지 못할 추억을 만들었기 때문에 저는 매우 기뻤습니다.
결론	위 내용을 정리한다.	Given a chance, I would like to go on a trip with them again. 기회가 된다면, 저는 그들과 함께 다시 여행을 가고 싶습니다.

[난이도 상 답변] ★★★ 6.5+

서론	무엇에 관해 이야기할 것인지 말한다.	I'd like to talk about my last trip. 저는 저의 마지막 여행에 대해 말하고 싶습니다.
본론	1) 어디로, 언제 갔는지 2) 누구와 함께 갔는지	In July last year, I went to Jeju Island with three of my high school friends, and the trip was to celebrate the first jobs in their careers. Jeju Island is one of the most wonderful places in Korea. There are many lovely attractions such as beautiful mountains and the ocean. We stayed there for four days and three nights. 지난해 7월 저는 고등학교 친구 3명과 함께 제주도에 갔습니다. 그 여행은 그들 사회생활의 첫 직장을 축하하기 위한 것이었습니다. 제주도는 한국에서 가장 멋진 곳 중 하나입니다. 아름다운 산과 바다와 같은 많은 아름다운 볼거리들이 있습니다. 우리는 3박 4일 동안 그곳에서 머물렀습니다.
	3) 무엇을 했는지	We had a lot of fun doing various activities such as riding bikes along the coast and swimming at the beach. Particularly, Mt. Halla was breathtaking, and it was beautifully shaped due to its history as a volcano back in ancient times. We climbed the mountain, and it was a long journey going up. I almost quit, but I was motivated by the picturesque scenery. 우리는 해안을 따라 자전거를 타고 해변에서 수영을 하는 등 다양한 활동을 하며 즐거운 시간을 보냈습니다. 특히 한라산은 숨이 멎을 듯 아름다웠고, 고대에는 화산이었기 때문에 아름다운 모습이었습니다. 우리는 그 산에 올라갔는데, 그것은 긴 여정이었습니다. 저는 하마터면 그만둘 뻔했지만, 그림 같은 경치에 동기 부여되었습니다.
	4) 가장 즐거웠던 것이 무엇인지	Finally, when we reached the top of the mountain, all of my stress was rewarded once we saw the spectacular sunrise. At that point, I made a wish. This was the highlight of the trip for me. Even though I was exhausted after the trip, it was meaningful since I was able to recharge physically and mentally. Besides, I had a blast because I created unforgettable memories with my friends. 마침내 우리가 산의 정상에 도착했을 때, 멋진 장관을 이루는 일출을 보고 저의 모든 스트레스가 보상되었습니다. 그때 저는 소원을 빌었습니다. 이것이 여행의 하이라이트였습니다. 비록 여행 후에 많이 지쳤지만, 육체적으로 또한 정신적으로 재충전할 수 있었기 때문에 의미가 있었습니다. 게다가 친구들과의 잊지 못할 추억을 만들었기 때문에 저는 정말 즐거운 시간을 보냈습니다.
결론	위 내용을 정리한다.	Given a chance, I would like to go on a trip with them again. 기회가 된다면, 저는 그들과 함께 다시 여행을 가고 싶습니다.

위의 답변은 [난이도 중 답변]과 비교했을 때 더 구체적인 정보를 포함하여 자세한 묘사를 했다. 고득점을 위해서는 관광지를 묘사할 때 단순히 '아름다운 볼거리가 많다'라고 하지 말고 구체적으로 어떤 볼거리인지 예를 들어 설명하도록 하자. 또한 언제, 어디로, 누구와 함께 갔는지 등의 묻는 말에만 답하지 말고, 얼마나 오랫동안 여행했는지 등의 정보도 포함하여 충분한 설명을 하자.

🗂 Vocabulary / Expressions

pleased **adj** 기쁜   celebrate **v** 축하하다   attraction **n** 명소   picturesque **adj** 그림 같은   spectacular **adj** 장관을 이루는   sunrise **n** 해돋이, 일출 exhausted **adj** 몹시 피곤한   recharge **v** 재충전하다   unforgettable **adj** 잊지 못할   have a blast 아주 즐거운 한때를 보내다

예시 답변을 학습한 후 다시 나만의 답변을 해 보자.

Step 1. 문제 분석 & 브레인스토밍(brainstorming)하기

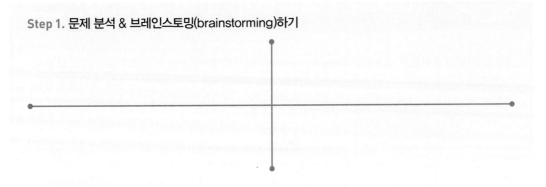

Step 2. 발표하기

서론		
본론	1)	
	2)	
	3)	
	4)	
결론		

소음 공해
(Noise Pollution and Sound)

♪ 음원 바로 듣기

[소음 공해]와 관련된 주제는 IELTS Speaking Part 2의 자주 출제되는 주제들 중 하나이다. 소음 공해의 피해를 겪었던 경험이나 심각한 오염의 사례로 소음 공해를 묻는 문제가 자주 나온다. 주제와 관련된 어휘를 학습하고 브레인스토밍(brainstorming) 연습을 많이 하여 어떤 문제가 나오더라도 답변할 수 있도록 준비하고 실전에 대비하자.

🔷 자주 나오는 문제 알아보기

누군가 혹은 무언가가 시끄러웠던 때를 말해주세요. ★
Tell me about a time when someone or something was noisy.

당신이 가 본 적 있는 시끄러운 장소에 대해 묘사하세요.
Describe a noisy place you have been to.

당신의 도시의 심각한 오염을 묘사하세요.
Describe serious pollution in your city.

🔹 소음 관련 어휘/표현

경적 horn	경적을 울리다 honk
(개가) 짖는 소리 barking	시끄러운 noisy
짜증, 골칫거리 annoyance	골칫거리, 성가신 것/사람 nuisance
방해, 소란 disturbance	소음을 내는 것/사람 noisemaker
너무 시끄러워서 생각을 차분히 할 수가 없다 can't hear oneself think	~를 열받게 하다 cheese somebody off; tick somebody off
소란스러운 uproarious	귀가 먹먹한, 귀청이 터질 듯한 deafening
짜증나게 하는 것, 싫어하는 것 pet peeve (one of my biggest pet peeves is…)	화나게 하다, 성가시게 하다 drive somebody mad/nuts/crazy
몹시 짜증나게 만들다 drive somebody up the wall	견딜 수 없는, 참을 수 없는 unbearable
짜증나는, 화나는 aggravating	소리가 울려 퍼지는 resounding
집중을 방해하다 distract	참다, 감당하다 bear
짜증나게 하다, 거슬리다 irritate	방해하다 interrupt
짜증나게 하다, 귀찮게 하다 annoy	괴롭히다, 신경을 건드리다 bother

Tell me about a time when someone or something was noisy.
누군가 혹은 무언가가 시끄러웠던 때를 말해주세요.

You should say:
- **where** you were 당신이 어디에 있었는지
- **what** you were doing 무엇을 하고 있었는지
- **what** was causing the noise 무엇이 그 소음을 유발했는지

and explain **how** it affected you. 그리고 그것이 당신에게 어떤 영향을 미쳤는지 설명하세요.

나만의 답변을 해 보자.

Step 1. 문제 분석 & 브레인스토밍(brainstorming)하기

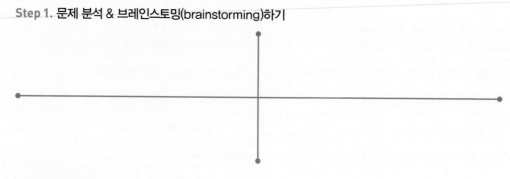

Step 2. 발표하기

서론		
본론	1)	
	2)	
	3)	
	4)	
결론		

Step 1. 문제 분석 & 브레인스토밍(brainstorming)하기

1) 어디에 있었는지
- at Sydney airport

2) 무엇을 하고 있었는지
- waiting for a flight to Melbourne

3) 무엇이 그 소음을 유발했는지
- a group of people aged the mid-30s
- talk to each other so loudly

4) 당신에게 어떤 영향을 미쳤는지
- lose peace of mind
- stressful
- annoyed and irritated

[난이도 중 답변] ★★ **5.5+**   P2-U6

서론	무엇에 관해 이야기할 것인지 말한다.	Let me talk about some noise which I suffered through while going on a trip. 제가 여행 중 겪었던 소음에 대해 말씀 드리겠습니다.
본론	1) 어디에 있었는지	A year ago, when I travelled to Australia, I was waiting for a flight to Melbourne at Sydney airport. 1년 전에 호주로 여행 갔을 때, 저는 시드니 공항에서 멜버른으로 가는 비행기를 기다리고 있었습니다.
	2) 무엇을 하고 있었는지	Since I was travelling alone, I was reading a book while waiting. During that time, a group of people came close to me and sat in front of my seat. 저는 혼자 여행 중이었기 때문에 기다리는 동안 책을 읽고 있었습니다. 그 시간 동안 한 무리의 사람들이 제 가까이로 와서 제 자리 앞에 앉았습니다.
	3) 무엇이 그 소음을 유발했는지	And they started to talk to each other so loudly, which disturbed my concentration on the book. I couldn't believe their attitude. They didn't seem to care about other people. After the annoying loud noise had continued for about two hours, I finally gave up on reading the book and tried to listen to music using my earphones. However, that didn't help either. I had to leave the spot and find another place to relax. They might have been very excited, but there was no excuse for it since it was a nuisance to others. 그리고 그들은 서로 정말 크게 이야기하기 시작했고, 그것은 제가 책에 집중하는 것을 방해했습니다. 저는 그들의 태도를 믿을 수 없었습니다. 그들은 다른 사람들을 신경 쓰지 않는 것 같았습니다. 짜증나는 큰 소리가 약 2시간 동안 계속되고 난 후, 저는 마침내 책을 읽는 것을 포기하고 이어폰을 사용하여 음악을 들으려고 하였습니다. 하지만 그것 역시 도움이 되지 않았습니다. 저는 그 자리를 떠나 휴식을 취할 다른 곳을 찾아야 했습니다. 그들은 매우 신이 나 있었을지 모르지만, 그것은 다른 사람들에게 폐가 되는 일이었기 때문에 변명의 여지가 없었습니다.
	4) 당신에게 어떤 영향을 미쳤는지	I was really upset by their impolite manner. Also, because of this experience, I don't have a good impression of that trip. 저는 그들의 무례한 태도에 매우 화가 났습니다. 또한 이런 경험 때문에 저는 그 여행에 대해서 좋은 인상을 가지고 있지 않습니다.
결론	위 내용을 정리한다.	In conclusion, it was one of my worst experiences while travelling. 결론적으로 그것은 제가 여행하면서 겪은 최악의 경험 중 하나였습니다.

[난이도 상 답변] ★★★ **6.5+**

서론	무엇에 관해 이야기할 것인지 말한다.	Let me talk about some terrible noise which I suffered through while going on a trip. 제가 여행 중 겪었던 끔찍한 소음에 대해 말씀드리겠습니다.
본론	1) 어디에 있었는지	A year ago, when I travelled to Australia, I was waiting for a flight to Melbourne at Sydney airport. 1년 전에 호주로 여행 갔을 때, 저는 시드니 공항에서 멜버른으로 가는 비행기를 기다리고 있었습니다.
	2) 무엇을 하고 있었는지	Since I was travelling alone, I was reading a book while waiting. During that time, a group of people came close to me and sat in front of my seat. 저는 혼자 여행 중이었기 때문에 기다리는 동안 책을 읽고 있었습니다. 그 시간 동안 한 무리의 사람들이 제 가까이로 와서 제 자리 앞에 앉았습니다.
	3) 무엇이 그 소음을 유발했는지	And they started to talk to each other so loudly, which disturbed my concentration on the book. There were about five people in their mid-30s. I couldn't believe their attitude. They didn't seem to care about other people. Many other people there must have felt the same way as I did, because they also kept staring at those noisemakers. After the annoying loud noise had continued for about two hours, I finally gave up on reading the book and tried to listen to music using my earphones. However, that didn't help either. I had to leave the spot and find another place to relax. They might have been very excited, but there was no excuse for it since it was a nuisance to others. 그리고 그들은 서로 정말 크게 이야기하기 시작했고, 그것은 제가 책에 집중하는 것을 방해했습니다. 30대 중반의 사람들이 5명 정도 있었습니다. 저는 그들의 태도를 믿을 수가 없었습니다. 그들은 다른 사람들을 신경 쓰지 않는 것 같았습니다. 그곳에 있던 많은 다른 사람들도 제가 느낀 것과 동일하게 느꼈을 것입니다. 왜냐하면 그들 또한 그 소음을 내는 사람들을 계속 쳐다보았기 때문입니다. 짜증나는 큰 소리가 약 2시간 동안 계속되고 난 후, 저는 마침내 책을 읽는 것을 포기하고 이어폰을 사용하여 음악을 들으려고 하였습니다. 하지만 그것 역시 도움이 되지 않았습니다. 저는 그 자리를 떠나 휴식을 취할 다른 곳을 찾아야 했습니다. 그들은 매우 신이 나 있었을지 모르지만, 그것은 다른 사람들에게 폐가 되는 일이었기 때문에 변명의 여지가 없었습니다.
	4) 당신에게 어떤 영향을 미쳤는지	In fact, it drove me up the wall. This is because it made me lose my peace of mind and I became stressed. I was really annoyed and irritated by their impolite manner. Also, because of this experience, I don't have a good impression of that trip. 사실, 그것은 저를 몹시 짜증나게 했습니다. 왜냐하면 그것은 제 마음의 안정을 잃게 했고 저는 스트레스를 받았기 때문입니다. 저는 그들의 무례한 태도에 정말 짜증이 나고 불쾌했습니다. 또한 이런 경험 때문에 저는 그 여행에 대해서 좋은 인상을 가지고 있지 않습니다.
결론	위 내용을 정리한다.	In conclusion, it was one of my worst experiences while travelling. 결론적으로 그것은 제가 여행하면서 겪은 최악의 경험 중 하나였습니다.

위의 답변은 [난이도 중 답변]과 비교했을 때 더 구체적으로 묘사했고, 소음이 미친 영향으로 인해 내가 느낀 감정을 다양한 어휘를 사용하여 묘사하였으므로 6.5+의 답변이 된다.

 **Vocabulary / Expressions**

terrible `adj` 끔찍한, 기분 나쁜   suffer `v` 겪다, 경험하다   go on a trip 여행을 가다   disturb `v` 방해하다   concentration `n` 집중   attitude `n` 태도   stare `v` 응시하다, 빤히 쳐다보다   noisemaker `n` 소음을 내는 사람   annoying `adj` 짜증나는   give up 포기하다, 그만두다   excuse `n` 변명   nuisance `n` 폐가 되는 행위, 성가신 존재   lose `v` 잃다   peace of mind 마음의 평화   annoyed `adj` 짜증이 난, 불쾌한   drive somebody up the wall 몹시 짜증나게 만들다   irritated `adj` 짜증이 난, 화가 난   impolite `adj` 무례한, 실례되는   manner `n` 태도   impression `n` 인상

예시 답변을 학습한 후 다시 나만의 답변을 해 보자.

Step 1. 문제 분석 & 브레인스도밍(brainstorming)하기

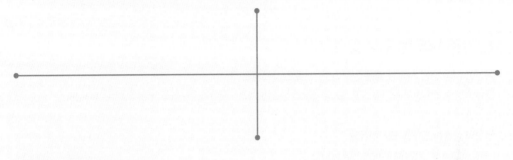

Step 2. 발표하기

서론		
본론	1)	
	2)	
	3)	
	4)	
결론		

음원 바로 듣기

UNIT 07 친구(Friends)

[친구]와 관련된 주제는 IELTS Speaking Part 2 주제로 출제 빈도수가 매우 높다. 가장 친한 친구, 성공한 친구, 유년 시절의 친구 등 인물을 묘사하는 문제들 중 [친구] 주제가 특히 자주 나온다. 주제와 관련된 어휘를 학습하고 브레인스토밍(brainstorming) 연습을 많이 하여 어떤 문제가 나오더라도 답변할 수 있도록 준비하고 실전에 대비하자.

🪨 자주 나오는 문제 알아보기

당신이 처음 만난 사람과 좋은 친구가 된 때를 묘사하세요. ★
Describe a time when you became good friends with someone you met for the first time.

당신의 성공한 친구를 묘사하세요.
Describe a successful friend of yours.

당신의 유년 시절 친구들 중 한 명을 묘사하세요.
Describe one of your childhood friends.

당신의 가장 친한 친구를 묘사하세요.
Describe your best friend.

🔷 우정에 관련 어휘/표현

관계 relationship	애정, 애착 affection
우정, 동료애 companionship	유대감 fellowship
친구, 동석자 company	공감 empathy
동정 compassion	신뢰 trust
결속력, 화합 unity	협력, 협동 cooperation
화합, 조화 harmony	일치, 결속 solidarity
친절, 호의 goodwill	감사, 고마움 gratitude
존경, 감탄 admiration	유대 관계 ties
관계 relation(s)	친밀함 intimacy
지인, 아는 사람 acquaintance	지지자 supporter
지지자, 행복을 빌어주는 사람 well-wisher	교제하다, 어울리다 socialise
~와 어울리다 associate with	~와 잘 지내다 get along with
~와 시간을 보내다 hang around with	함께 있는 것을 좋아하다 like being with
사귀기 쉬운 easy to get on with	~와 연락이 끊기다 lose touch with
친절한, 환대하는 hospitable	존경 받는 esteemed
상호적인, 서로의 mutual	위안을 주다 console
사이가 멀어지게 하다 estrange	상냥한 amiable
충실한, 충직한 faithful	

Describe a time when you became good friends with someone you met for the first time.
당신이 처음 만난 사람과 좋은 친구가 된 때를 묘사하세요.

You should say:
- **who** this person is 이 사람이 누구인지
- **how** you met the person 그 사람을 어떻게 만났는지
- **what** you did together 함께 무엇을 했는지
and explain **why** you became good friends. 그리고 왜 당신들이 좋은 친구가 되었는지 설명하세요.

나만의 답변을 해 보자.

Step 1. 문제 분석 & 브레인스토밍(brainstorming)하기

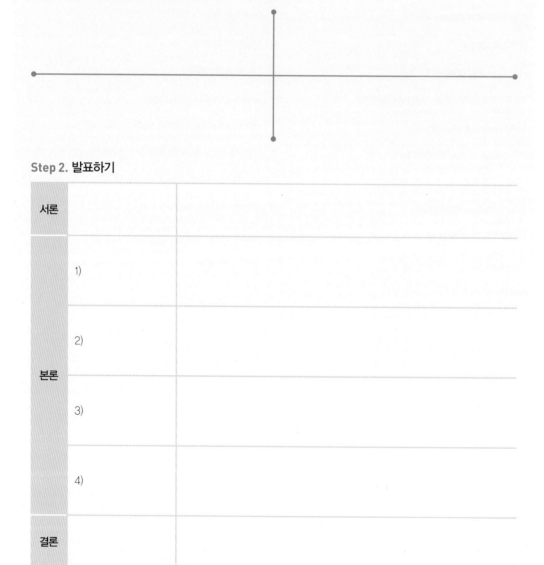

Step 2. 발표하기

서론		
본론	1)	
	2)	
	3)	
	4)	
결론		

Step 1. 문제 분석 & 브레인스토밍(brainstorming)하기

1) 이 사람이 누구인지
- Ena

2) 어떻게 만났는지
- two years ago
- my boss in the workplace

3) 함께 무엇을 했는지
- she trained me
- had a coffee break and lunch break together
- several projects together at work

4) 왜 좋은 친구가 되었는지
- have a lot of things in common
- our different personalities suit each other

[난이도 중 답변] ★★ 5.5+   P2-U7

서론	무엇에 관해 이야기할 것인지 말한다.	Let me tell you about my best friend, Ena. 저의 가장 친한 친구인 에나에 대하여 이야기하겠습니다.
	1) 이 사람이 누구인지	I first met her about two years ago, and she was my boss in the workplace. 저는 약 2년 전에 그녀를 처음 만났는데, 그녀는 제 직장 상사였습니다.
본론	2) 어떻게 만났는지	On the first day she trained me, we spent the whole day together, and we even had a coffee break and lunch break together. During that time, we talked about our personal lives and struggles, and we realised we could relate to each other a lot. But since she has more work experience than me, she was the one who was always willing to give useful advice at work. 그녀가 저를 교육하던 첫날, 우리는 하루 종일 함께 보냈고, 심지어 우리는 쉬는 시간과 점심 시간도 함께 했습니다. 그 시간 동안 우리는 우리의 개인적인 삶과 힘든 일들에 대해 이야기했고, 우리는 서로 많은 공감대를 가지고 있다는 것을 깨달았습니다. 하지만 그녀는 저보다 더 많은 업무 경험을 가지고 있었기 때문에, 그녀는 항상 저에게 직장에서 유용한 조언을 기꺼이 해주었습니다.
	3) 함께 무엇을 했는지	We've done several projects together at work. Sometimes, we faced difficulties while doing certain projects. But whenever we were in trouble, she came up with a brilliant solution which I would fully support, and so we overcame these problems. 우리는 직장에서 여러 프로젝트를 함께 했습니다. 때때로 우리는 프로젝트를 하는 동안 어려움에 직면했습니다. 하지만 우리가 어려움에 처할 때마다 그녀는 제가 전적으로 지지할 수 있는 훌륭한 해결책을 생각해 내서 우리는 그 문제들을 극복했습니다.
	4) 왜 좋은 친구가 되었는지	We became best friends so quickly because we have a lot of things in common. For example, we have similar tastes in music. Moreover, even the differences in our personalities suit each other. Actually, she is an extrovert and is quite enthusiastic about everything, whereas I prefer a sedentary lifestyle. I think we balance each other out. 우리는 공통점이 많아서 매우 빠르게 가장 친한 친구가 되었습니다. 예를 들면, 우리는 음악에서 비슷한 취향을 가지고 있습니다. 게다가 우리의 서로 다른 성격도 잘 어울립니다. 사실 그녀는 외향적인 사람이고 매사에 열정적인 반면, 저는 정적인 생활 방식을 더 좋아합니다. 제 생각에는 우리가 서로 균형을 잡는 것 같습니다.
결론	위 내용을 정리한다.	These are the reasons why we became the closest friends. 이것들이 우리가 가장 친한 친구가 된 이유입니다.

[난이도 상 답변] ★★★ 6.5+

서론	무엇에 관해 이야기할 것인지 말한다.	Let me tell you about my best friend, Ena. 저의 가장 친한 친구인 에나에 대하여 이야기하겠습니다.
본론	1) 이 사람이 누구인지	I first met her about two years ago, and she was my boss in the workplace. At that time, I would never have imagined that we could be such good friends. In Korean culture, it is not common to be friends with one's boss. However, she is very approachable and friendly to all the new staff. 저는 약 2년 전에 그녀를 처음 만났는데, 그녀는 제 직장 상사였습니다. 그 당시에 저는 우리가 이렇게 좋은 친구가 될 수 있다고 결코 생각하지 않았습니다. 한국 문화에서 상사와 친구가 되는 것은 흔한 일이 아닙니다. 하지만 그녀는 다가가기 쉽고, 새로운 직원 모두에게 친절합니다.
	2) 어떻게 만났는지	On the first day she trained me, we spent the whole day together, and we even had a coffee break and lunch break together. During that time, we talked about our personal lives and struggles, and we realised we could relate to each other a lot. But since she has more work experience than me, she was the one who was always willing to give useful advice at work. 그녀가 저를 교육하던 첫날, 우리는 하루 종일 함께 보냈고, 심지어 우리는 쉬는 시간과 점심 시간도 함께 했습니다. 그 시간 동안 우리는 우리의 개인적인 삶과 힘든 일들에 대해 이야기했고, 우리는 서로 많은 공감대를 가지고 있다는 것을 깨달았습니다. 하지만 그녀는 저보다 더 많은 업무 경험을 가지고 있었기 때문에, 그녀는 항상 저에게 직장에서 유용한 조언을 기꺼이 해주었습니다.
	3) 함께 무엇을 했는지	We've done several projects together at work. Sometimes, we faced difficulties while doing certain projects. But whenever we were in trouble, she came up with a brilliant solution which I would fully support, and so we overcame these problems. 우리는 직장에서 여러 프로젝트를 함께 했습니다. 때때로 우리는 프로젝트를 하는 동안 어려움에 직면했습니다. 하지만 우리가 어려움에 처할 때마다 그녀는 제가 전적으로 지지할 수 있는 훌륭한 해결책을 생각해 내서 우리는 그 문제들을 극복했습니다.
	4) 왜 좋은 친구가 되었는지	There are several reasons why we became best friends. Firstly, we have a lot of things in common. For instance, we have similar tastes in music. We both relish listening to jazz, and we went to see a live concert once. Moreover, even the differences in our personalities suit each other. Actually, she is an extrovert and is quite enthusiastic about everything, whereas I prefer a sedentary lifestyle. So when I hang out with her, her outgoing character lifts my mood, and my introverted personality makes her calm down. I think we balance each other out. 우리가 가장 친한 친구가 된 데에는 몇 가지 이유가 있습니다. 첫째, 우리는 공통점이 많습니다. 예를 들면, 우리는 음악에서 비슷한 취향을 가지고 있습니다. 우리 둘 다 재즈를 즐겨 듣고 라이브 콘서트를 보러 간 적도 있습니다. 게다가 우리의 서로 다른 성격도 잘 어울립니다. 사실 그녀는 외향적인 사람이고 매사에 열정적인 반면, 저는 정적인 생활 방식을 더 좋아합니다. 그래서 그녀와 어울릴 때, 그녀의 외향적인 성격은 저의 기분을 좋게 하고 저의 내성적인 성격은 그녀를 차분하게 합니다. 제 생각에는 우리가 서로 균형을 잡는 것 같습니다.
결론	위 내용을 정리한다.	These are the reasons why we became the closest friends. 이것들이 우리가 가장 친한 친구가 된 이유입니다.

위의 답변은 [난이도 중 답변]과 비교했을 때 훨씬 더 구체적인 정보를 포함하여 자세한 묘사를 했다. 고득점을 위해서는 자세히 설명하는 것이 중요하다는 것을 명심하여 최대한 구체적이고 자세한 정보를 주도록 하자.

🖊 Vocabulary / Expressions

boss n 상사   approachable adj 가까이하기 쉬운, 사귀기 쉬운   friendly adj 친절한   be in trouble 곤경에 처하다   come up with ~을 생각해 내다/제안하다   brilliant adj 훌륭한, 멋진   have something in common 공통점이 있다   extrovert n 외향적인 사람   enthusiastic adj 열광적인, 열렬한   sedentary adj 몸을 많이 움직이지 않는   lift the mood 기분을 좋게 하다   introverted adj 내성적인   personality n 성격

예시 답변을 학습한 후 다시 나만의 답변을 해 보자.

Step 1. 문제 분석 & 브레인스토밍(brainstorming)하기

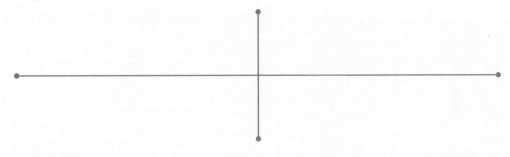

Step 2. 발표하기

서론		
본론	1)	
	2)	
	3)	
	4)	
결론		

PART 2 Exercise

🎧 P2-E1Q

Q1 Describe a talk or lecture you found interesting.

You should say:
- **when** you heard it
- **where** you heard it
- **what** it was about

and explain **why** you think it was interesting.

Step 1. 문제 분석 & 브레인스토밍(brainstorming)하기

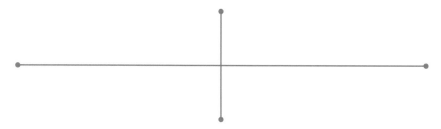

Step 2. 발표하기

서론		
본론	1)	
	2)	
	3)	
	4)	
결론		

P2-E2Q

Q2 Describe your favourite technological item.

You should say:
- **what** it is
- **where** you got it from
- **how long** you have had it

and explain **why** it is your favourite item.

Step 1. 문제 분석 & 브레인스토밍(brainstorming)하기

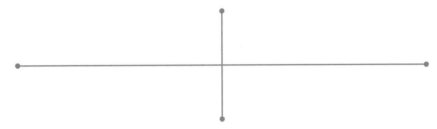

Step 2. 발표하기

서론		
본론	1)	
	2)	
	3)	
	4)	
결론		

PART 3
OVERVIEW

🔹 Part 3 소개

IELTS Speaking Part 3는 Speaking 시험의 마지막 파트로서 전체 시험 시간인 11~14분 중에 4~5분간 토론 형식으로 진행된다. 합리적인 사고 능력과 논리적인 토론 능력을 평가하는 Part 3는 IELTS Speaking 시험에서 가장 어려운 파트이다. 고득점을 목표로 한다면 평소 논리적으로 자신의 의견을 이야기하는 연습을 하자.

출제 경향

Part 3에서는 Part 2에서 다루었던 주제들과 관련된 조금 더 일반적이고 추상적인 질문들을 다루게 된다. 이 때 질문의 개수가 정해져 있는 것이 아니라 전체 시간이 정해져 있기 때문에 평균적으로 4~6개 정도의 질문을 받게 된다. 만약 Part 2에서 "당신의 친구가 성취한 성공에 대해 묘사하세요.(Describe a success your friend has achieved.)"라는 질문을 다뤘다면, Part 3에서는 '성공(Success)'과 관련된 주제로 4~6개 정도의 일반적인 세부 질문들을 받게 된다.

Part 3 문제 예시

What types of people would be considered successful in society?
어떤 종류의 사람들이 사회에서 성공한 것으로 여겨질 수 있나요?

What do people need to succeed?
사람들은 성공하기 위해서 무엇이 필요한가요?

What are the reasons for failure?
실패의 이유가 무엇인가요?

Some people say that a university degree will guarantee a person's success in their career. Do you agree or disagree?
어떤 사람들은 대학 학위가 사회생활에서 성공을 보장해 줄 것이라고 말합니다. 당신은 동의하나요, 아니면 반대하나요?

Part 3 답변 전략

IELTS Speaking Part 3는 주어진 질문에 얼마나 자세하게 대답할 수 있는지를 평가한다. Part 2와는 달리 생각할 시간을 따로 주지 않기 때문에, 질문에 얼마나 조리 있게 설득력 있는 의견을 말하는가를 보여줘야 한다.

1. 주어진 질문에 구체적인 예시를 들어 상세히 답변한다.

Part 3는 단순히 질문을 알아듣고 질문에 맞는 대답을 하는가를 평가하는 Part 1과는 달리, 답변하는 내용이 설득력이 있는지 그리고 충분한 배경지식이 있는지를 평기한다. 따라서 Part 1보다 더 세부적으로 답변하는 것이 좋다. 답변할 때 서론, 본론, 그리고 결론의 논리적인 구조를 갖춰 이야기하면 고득점을 받을 수 있다.

2. 장단점이나 비교 혹은 대조를 설명할 때는 구문을 최대한 잘 이용한다.

Part 3의 질문은 어떤 주제의 장점과 단점을 묻거나, 과거와 현재의 비교 혹은 대조를 묻는 질문이 자주 출제된다. 따라서 장단점을 효과적으로 설명할 수 있는 구문과 비교 혹은 대조를 나타내는 적절한 연결어구를 학습하여 사용하자.

3. 주제와 관련된 어휘를 최대한 다양하게 사용한다.

Part 3는 한 가지 주제에 대한 4~6개 정도의 세부적인 질문으로 구성이 된다. 따라서 토론하는 주제에 관련된 어휘를 최대한 사용하고, 동의어를 다양하게 사용하면 어휘력에서 고득점을 받을 수 있다.

4. 고득점을 위한 관용적인 표현(Idiomatic Expressions)을 사용한다.

IELTS Speaking 시험은 자연스러운 영어 구사 능력을 평가하는 시험이기 때문에 원어민들이 실제로 사용하는 구문을 자연스럽게 사용하는 것이 응시자의 언어 능력을 보여줄 수 있는 좋은 방법이다. 따라서 고득점을 원한다면 반드시 관용적인 표현을 학습하여 적절하게 구사하자.

실전 전략 1 · 질문에 대한 직접적인 답변과 함께 부연 설명을 하여 답변의 설득력을 높이자.

Part 3도 Part 1과 마찬가지로 질문에 대한 직접적인 답변을 하고 부연 설명으로 이유(reason), 예시(example) 혹은 추가 정보(extra details)를 제공하여 앞에서의 답변을 지지해 준다. 이때 서론, 본론, 그리고 결론을 모두 갖춘 구조로 대답할 수 있고, 논리적인 구조로 답변했을 때 고득점을 받을 수 있다.

[답변 방식 1]

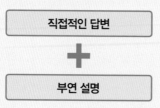

시험관

질문 What types of people would be considered successful in society?
어떤 종류의 사람들이 사회에서 성공한 것으로 여겨질 수 있나요?

응시자

답변 People who are famous in their fields or feel happy in their lives can be regarded as successful individuals.
부연 설명 For example, scientists with outstanding performance are always thought of as successful.
자신의 분야에서 유명한 사람이나 자신의 삶에서 행복을 느끼는 사람이 성공한 사람이라고 여겨질 수 있습니다. 예를 들면, 뛰어난 업적을 이룬 과학자들은 항상 성공한 것으로 생각됩니다.

[답변 방식 2]

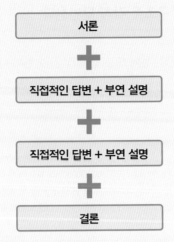

서론

➕

직접적인 답변 + 부연 설명

➕

직접적인 답변 + 부연 설명

➕

결론

시험관

질문 What types of people would be considered successful in society?
어떤 종류의 사람들이 사회에서 성공한 것으로 여겨질 수 있나요?

응시자

서론 I think there are several types of people who are regarded as successful individuals.

답변 First of all, they are the people who are famous in their respective fields.

부연 설명 For example, scientists with outstanding performance are always thought of as victorious.

답변 Secondly, some people who are respected by many people are considered triumphant.

답변 Finally, anyone happy can also be regarded as a successful person because they live life positively.

결론 In conclusion, these are the kinds of people who are achievers in life.

저는 여러 종류의 성공한 사람이 있다고 생각합니다. (저는 성공한 사람이라고 여겨지는 여러 종류의 사람이 있다고 생각합니다.) 첫 번째로, 그들은 자신의 분야에서 유명한 사람입니다. 예를 들면, 뛰어난 업적을 이룬 과학자들은 항상 성공한 것으로 생각됩니다. 두 번째로는, 많은 사람에게 존경받는 사람은 크게 성공한 것으로 간주됩니다. 마지막으로, 행복한 사람은 누구나 성공한 사람이라고 여겨질 수 있습니다. 그들은 삶을 긍정적으로 살기 때문입니다. 결론적으로 이러한 사람들이 성공한 사람들입니다.

실전 전략 2 질문에 맞는 구조를 갖춰 답변한다.

IELTS Speaking Part 3에서는 장단점, 동의 또는 반대, 과거와 현재 비교, 미래 예측 혹은 해결책 제시, 차이점 비교 등 심층적인 사고를 필요로 하는 질문들이 자주 나온다. 따라서 답변할 때 질문에 맞는 구조를 갖춰 토론을 이어가는 것이 매우 중요하다.

시험관

질문 Some people say that a university degree will guarantee a person's success in their career. Do you agree or disagree?
어떤 사람들은 대학 학위가 사회생활에서 성공을 보장해 줄 것이라고 말합니다. 당신은 동의하나요, 아니면 반대하나요?

응시자

답변 **I don't agree that** a bachelor's degree will ensure a person's success in their field.

부연 설명 It might help, but it wouldn't guarantee it at all **for the following reasons. First of all**, a university degree means being a subject matter expert in one's field, but it's not applicable to other aspects related to one's attitude towards work such as passion and determination. **Moreover**, in order to succeed in the workplace, work experience is more important than a university degree.

저는 학사 학위가 자신의 분야에서 성공을 보장한다는 데 동의하지 않습니다. 도움이 될 수는 있지만, 아래와 같은 이유들로 전혀 성공을 보장하지는 않을 겁니다. 우선, 대학 학위는 자신의 분야에서 한 주제의 전문가가 되는 것을 의미하지만, 열정이나 결단력 같은 일에 대한 태도와 관련 있는 다른 측면에는 적용되지 않습니다. 둘째로, 직장에서 성공하기 위해서는 업무 경험이 대학 학위보다 더 중요합니다.

[주장을 이야기할 때]
I think S V **for the following reasons.**
First of all (Firstly), 답변 + 부연 설명
Moreover (Secondly), 답변 + 부연 설명
Furthermore (Last but not least), 답변 + 부연 설명

고득점을 위한 관용적인 표현(Idiomatic Expressions)을 사용한다.

IELTS Speaking Part 3에서는 고득점을 위해 관용적 표현이 사용되어야 한다. 아래와 같이 자연스럽게 문장에 관용적 표현을 넣어 말해 보자.

- 안전지대를 벗어나다 get out of the comfort zone

> If you **got out of your comfort zone** and explore the world, it will boost your confidence.
> 만약 당신이 안전지대를 벗어나 세계를 탐험한다면, 그것은 당신의 자신감을 높여 줄 것이다.

- 죽다 pass away
- 소문으로 듣다 hear it on the grapevine

> I don't know the specifics of his job and his responsibilities because he **passed away** before I was born. I only **heard it on the grapevine** through my father.
> 내가 태어나기 전에 그분께서 돌아가셨기 때문에 그의 직업과 직무에 대해서 자세히 알지 못한다. 나는 다만 그것을 아버지를 통해 소문으로 들었다.

- 좋을 때나 안 좋을 때나 through thick and thin

> We have been together **through thick and thin**, so there is a strong bond between us.
> 우리는 좋을 때나 안 좋을 때나 함께 해왔기 때문에 우리 사이에는 강한 유대감이 있다.

Practice

1 What are the reasons for failure?

🎧 P3-Pr1

실패의 이유가 무엇인가요?

Step 1. 브레인스토밍(brainstorming)하기

서론	사람들이 실패하는 여러 이유가 있다.
답변 1	준비 부족(lack of preparation)
부연 설명	사업가의 경우 광범위한 연구와 충분한 자본금 필요(extensive research and sufficient capital)
답변 2	게으름과 노력 부족(laziness and lack of effort)
부연 설명	경쟁이 치열하기 때문에(fierce competition)
결론	이러한 것들이 실패의 공통적인 요인이다.

Step 2. 아이디어 & 표현 영작하기

서론
Well, there are several reasons why people fail.

답변 1 + 부연 설명
First of all, a lack of preparation can lead to failure **because** they may face an unexpected situation that could overwhelm them.

예시
For example, if people start a new business, they need to do extensive research and on top of that they should be able to come up with sufficient capital. If they do not prepare for these accordingly, they might easily go bankrupt.

답변 2 + 부연 설명
Secondly, laziness and lack of effort can make people less successful, **as** there is fierce competition in the market worldwide.

결론
That's why I believe these are the common factors why people fail.

사람들이 실패하는 여러 이유가 있습니다. 첫 번째, 준비 부족은 실패로 이어질 수 있는데, 왜냐하면 그들은 자신들을 당황시킬만한 예상치 못한 상황에 직면할 수 있기 때문입니다. 예를 들면, 만약 사람들이 새로운 사업을 시작한다면 그들은 광범위한 조사를 해야 할 뿐만 아니라 충분한 자본금을 마련할 수 있어야 합니다. 만약 그들이 이것들을 준비하지 않는다면 쉽게 파산할 수 있습니다. 두 번째, 전 세계 시장에 치열한 경쟁이 있기 때문에 게으름과 노력 부족은 사람들을 성공하지 못하도록 만들 수 있습니다. 제가 이것들이 실패의 공통적인 요인이라고 생각하는 이유입니다.

📝 Vocabulary / Expressions

lack n 부족, 결핍　lead to ~로 이르게 하다/초래하다　face v 직면하다　overwhelm v 당황시키다, 압도하다　extensive adj 광범위한, 아주 많은　research n 연구, 조사　sufficient adj 충분한　capital n 자본금　accordingly adv 그에 맞춰　go bankrupt 파산하다 laziness n 게으름　fierce adj 극심한, 치열한　competition n 경쟁, 대회　worldwide adj 전 세계적인　factor n 요소, 요인

나만의 답변 만들기

2 What do people need to succeed?

사람들은 성공하기 위해서 무엇이 필요한가요?

Step 1. 브레인스토밍(brainstorming)하기

서론	사람들이 목표를 성취하기 위해서 다양한 수단이 필요하다.
답변 1	많은 노력과 연습(put in considerable effort, practice a lot)
부연 설명	상당한 노력과 연습은 일을 능숙하게 만듦(proficient at what they're doing)
답변 2	그 분야의 전문 지식(expertise in the field)
부연 설명	그 분야를 더 잘 이해할 수 있음(better understand the area)
결론	이러한 것들이 성공을 위해 필요한 몇 가지이다.

Step 2. 아이디어 & 표현 영작하기

서론
People should prepare various means to achieve their goals.

답변 1 + 부연 설명
On top of it all, they need to put in considerable effort and practice a lot **since** it will make them proficient in what they're doing.

답변 2 + 부연 설명
Secondly, to succeed, people need expertise in the field. **For example**, professional knowledge learned in college can help them better understand the area.

결론
In a nutshell, these are the several things needed to be victorious.

사람들은 목표를 달성하기 위해 다양한 수단을 준비해야 합니다. 무엇보다도, 그들은 상당히 노력하고 많이 연습해야 합니다. 왜냐하면 그것은 그들이 하고 있는 일에 능숙하게 만들 것이기 때문입니다. 둘째로, 성공하기 위해서 사람들은 그 분야의 전문 지식이 필요합니다. 예를 들어, 대학에서 배운 전문적인 지식은 그들이 그 분야를 더 잘 이해하도록 도울 수 있습니다. 간단히 말해서, 이러한 것들이 목표를 달성하기 위해 필요한 몇 가지입니다.

Vocabulary / Expressions

various adj 다양한　　achieve v 성취하다　　goal n 목표, 목적　　considerable adj 상당한　　practice v 연습하다　　proficient adj 능숙한　　succeed v 성공하다　　expertise n 전문 지식　　professional adj 전문적인　　knowledge n 지식

나만의 답변 만들기

PAGODA IELTS Speaking

PART

3

주제별 스킬

IELTS SPEAKING PART 3에서 자주 출제되는 주제들을 학습하고, 나만의 답변을 미리 준비하여 실전에 대비하자.

UNIT 01 유명인(Famous Person)

음원 바로 듣기

Part 3의 [Famous Person] 주제는 IELTS Speaking Part 2에서 [유명인]을 묘사한 후 나오는 주제로 일반적인 질문들이 출제된다. 논리적인 답변을 통해 고득점을 받을 수 있는 파트이므로 답변 패턴을 학습하여 조리 있게 말하는 연습을 하자.

🔷 자주 나오는 문제 알아보기

유명한 사람들은 주로 어떤 종류의 일을 하나요? 왜 이런 직업들이 사람들을 유명하게 만드나요? ★
What types of jobs do famous people usually do? Why do these jobs make people famous?

이것이 최근 몇 년 동안 어떻게 변했나요? ★
How has this changed in recent years?

당신은 대부분의 사람들이 유명해지기 위해 의도적으로 노력한다고 생각하나요, 아니면 그냥 그렇게 되는 건가요? 사례가 있나요? ★
Do you think most people intentionally try to become famous, or does it just happen? Do you have any examples?

당신은 대부분의 부모들이 유명해지길 선호한다고 생각하나요, 아니면 그들의 아이들이 유명해지도록 돕는 것을 선호한다고 생각하나요? ★
Do you think most parents would prefer to become famous or to help their children become famous? (Why?)

🔷 브레인스토밍(brainstorming)

유명인(Famous Person)에 대한 브레인스토밍을 해 보자.

● **유명한 사람들이 종사하는 직업**

운동선수 sports player, athlete 배우 actor, actress 가수, 음악가 singer, musician	정치인 politician 세계적인 기업의 최고 경영인 CEO of an international company 연예인 celebrity

● **과거 vs 현재의 유명인**

과거	현재
학자, 과학자 scholar, scientist 문학가 writer 정치인 politician 연예인 celebrity	운동선수 sports player, athlete 배우 actor, actress 가수, 음악가 singer, musician 일반인(기술 진보나 SNS/YouTube를 통해) ordinary people (with technological advancements/through SNS/on YouTube)

● **유명해지는 계기**

의도적으로	우연히
대중 매체를 통해 through mass media 광고를 통해 through advertising	SNS를 통해 through SNS 입소문이 나다 go viral

● **부모들은 아이들이 유명해지길 바라는가?**

유명해지길 바란다	평범하길 바란다
특별한 삶 special life 삶에서의 성공 success in life 금전적 이익 financial benefits	평범한 삶 ordinary life 개인의 사생활을 침해 받음 invasion of personal privacy 정신적 문제 mental problems – 스트레스 stress

1 **What types of jobs do famous people usually do? Why do these jobs make people famous?**

P3-U1_1

유명한 사람들은 주로 어떤 종류의 일을 하나요? 왜 이런 직업들이 사람들을 유명하게 만드나요?

나만의 답변을 해 보자.

[난이도 중 답변]

★★
5.5+

핵심 답변 I think actors and singers can be famous easily. 부연 설명 This is because people can see them on TV and get to know them. 핵심 답변 Also, sports stars can receive public attention 부연 설명 since many people love watching sports games. 결론 Therefore, people who are constantly exposed to the public like these become famous easily.

저는 배우와 가수는 쉽게 유명해질 수 있다고 생각합니다. 사람들이 TV에서 그들을 볼 수 있고 그들을 알게 될 수 있기 때문입니다. 또한 많은 사람들이 스포츠 경기 보는 것을 좋아하기 때문에 스포츠 스타들은 대중의 관심을 받을 수 있습니다. 따라서 이들처럼 끊임없이 대중에게 노출되는 사람들은 쉽게 유명해집니다.

[난이도 상 답변]

★★★
6.5+

서론 Generally, there are several kinds of occupations most well-known people have. 핵심 답변 First of all, being an actor and a singer could easily make one famous. 부연 설명 This is because they are constantly exposed to the public. 핵심 답변 Secondly, sports stars also receive public attention. 부연 설명 In fact, Son Heung-Min, a soccer player, is one of the most famous people in sports, not only in Korea but also internationally. 핵심 답변 Finally, politicians are always in the public eye. 결론 Thus, these jobs make people well known.

일반적으로 대부분의 유명한 사람들이 갖는 직업에는 여러 종류가 있습니다. 무엇보다도, 배우와 가수가 되는 것은 사람을 쉽게 유명하게 만들 수 있습니다. 왜냐하면 그들은 지속적으로 대중에게 노출되기 때문입니다. 두 번째로는 스포츠 스타들도 대중의 관심을 받습니다. 실제로 축구선수인 손흥민은 국내뿐 아니라 국제적으로 스포츠 분야에서 가장 유명한 사람 중 한 명입니다. 마지막으로 정치인들은 항상 세간의 주목을 받습니다. 그러므로 이러한 직업들은 사람들을 유명하게 만듭니다.

위의 답변은 서론, 본론, 그리고 결론을 모두 갖춘 논리적인 구조로 답변함과 동시에 구체적인 예시(유명한 축구선수인 손흥민)를 들어 자세하고 정확한 답변을 하였다.

📖 Vocabulary / Expressions

get to know 알게 되다   public attention 대중의 관심   constantly adv 끊임없이   be exposed to ~에 노출되다   occupation n 직업
well-known adj 잘 알려진   internationally adv 국제적으로   public eye 세간의 주목, 사람들의 이목

위의 예시 답변을 학습한 후 다시 나만의 답변을 해 보자.

2 How has this changed in recent years?

⌒ P3-U1_2

이것이 최근 몇 년 동안 어떻게 변했나요?

나만의 답변을 해 보자.

[난이도 중 답변]

★★
5.5+

핵심 답변 Well, in the past, very intelligent people such as scholars and writers were famous. However, nowadays, anyone can be well known due to technological advancements. **부연 설명** In fact, you can easily see ordinary people who have become as famous as celebrities by uploading a video on YouTube.

음, 과거에는 학자와 작가 같은 매우 지성 있는 사람들이 유명했습니다. 하지만 요즘은 기술 진보로 인해 누구나 유명해질 수 있습니다. 실제로 유튜브에 동영상을 올려 연예인만큼 유명해진 일반인들도 쉽게 볼 수 있습니다.

[난이도 상 답변]

★★★
6.5+

핵심 답변 Well, there have not been many changes. However, I've noticed that in the past, very intelligent people such as scholars and writers were famous, but becoming famous was not easy, especially for ordinary people. On the other hand, nowadays anyone can be well known due to technological advancements. **부연 설명** For example, some people have become famous in Korea for taking a video of themselves eating enormous amounts of food. It was quite a craze last year, and many people have tried to do the same on their YouTube channels.

글쎄요, 많은 변화는 없었습니다. 하지만 과거에는 학자와 작가 같은 매우 지성 있는 사람들은 유명했었지만 유명해지는 것은 특히 일반 사람들에게는 쉽지 않았다는 것을 알았습니다. 반면에, 요즘은 기술 진보로 인해 누구나 유명해질 수 있습니다. 예를 들어, 몇몇 사람들은 자신들이 엄청난 양의 음식을 먹는 비디오를 찍어서 한국에서 유명해졌습니다. 그것은 작년에 꽤 열풍을 일으켰고 많은 사람들이 그들 자신의 유튜브 채널에서도 똑같이 하려고 노력했습니다.

현재완료 시제로 묻는 질문에는 현재완료 시제로 답변하는 것이 제일 잘 어울린다. 그리고 Part 3에서는 최대한 답변과 연관성 있는 구체적인 예시를 들어주도록 하자.

🎧 Vocabulary / Expressions

intelligent **adj** 똑똑한, 지성 있는   scholar **n** 학자   writer **n** 작가, 문학가   technological advancement 기술의 진보   ordinary people 일반인   upload a video 동영상을 올리다   enormous **adj** 엄청난   craze **n** 열풍

위의 예시 답변을 학습한 후 다시 나만의 답변을 해 보자.

3 **Do you think most people intentionally try to become famous, or does it just happen? Do you have any examples?** 🎧 P3-U1_3

당신은 대부분의 사람들이 유명해지기 위해 의도적으로 노력한다고 생각하나요, 아니면 그냥 그렇게 되는 건가요? 사례가 있나요?

나만의 답변을 해 보자.

[난이도 중 답변]

★★
5.5+

핵심 답변 I think only a few people have a goal of getting fame all over the world. 부연 설명 Most of them are actors and singers, and they want to have a lot of fans around the world. This is because that means success in their careers. So they intentionally try to get public attention.

저는 소수의 사람만이 전 세계적으로 명성을 얻으려는 목표를 가지고 있다고 생각합니다. 대부분은 배우와 가수인데 그들은 세계적으로 많은 팬을 갖기를 원합니다. 그것이 그들에게는 직업적 성공을 의미하기 때문입니다. 그래서 그들은 의도적으로 대중의 관심을 얻으려고 노력합니다.

[난이도 상 답변]

★★★
6.5+

서론 It depends on the person. 핵심 답변 Some people have a goal of getting fame all over the world. 부연 설명 For example, in Korea, there are some singers who target international music markets. 핵심 답변 On the other hand, some individuals become celebrities without intending to be one. 부연 설명 They post their daily lives on YouTube, and it goes viral all over the world. That is how it happens.

사람에 따라 다릅니다. 어떤 사람들은 전 세계적으로 명성을 얻으려는 목표를 가지고 있습니다. 예를 들어, 한국에서는 국제 음악 시장을 목표로 하는 가수들이 있습니다. 반면에, 어떤 사람들은 유명인이 되려는 의도 없이도 유명인이 됩니다. 그들은 그들의 일상생활을 유튜브에 올리고, 이것은 입소문이 나서 전 세계로 퍼집니다. 그렇게 되는 겁니다.

📎 Vocabulary / Expressions

goal n 목표, 목적   fame n 명성   all over the world 전 세계적으로   success n 성공   career n 직업, 경력   public attention 대중의 관심   target v 겨냥하다, 목표로 삼다   music market 음악 시장   individuals n 사람들   intend v 의도하다   post v (게시물을) 올리다   daily life 일상생활   go viral 입소문이 나다, 유행되다   happen v 발생하다, 일어나다

위의 예시 답변을 학습한 후 다시 나만의 답변을 해 보자.

4 **Do you think most parents would prefer to become famous or to help their children become famous? (Why?)** 🎧 P3-U1_4

당신은 대부분의 부모들이 유명해지길 선호한다고 생각하나요, 아니면 그들의 아이들이 유명해지도록 돕는 것을 선호한다고 생각하나요?

나만의 답변을 해 보자.

[난이도 중 답변]

★★ 5.5+	핵심 답변 Well, I think nowadays, in my country, some parents want their children to become famous. 부연 설명 This is because they think becoming a celebrity has a lot of merits. First of all, they believe being famous brings success. Also, they think fame guarantees a lot of money. Finally, parents believe that their children will live special lives. 음, 저는 요즘 우리나라에서 몇몇 부모들은 자신들의 아이들이 유명해지기를 원한다고 생각합니다. 그들은 유명인이 되는 것이 많은 장점이 있다고 생각하기 때문입니다. 무엇보다도, 그들은 유명해지는 것이 성공을 가져온다고 믿습니다. 또한 그들은 명성이 많은 돈을 보장한다고 생각합니다. 마지막으로 부모들은 자신들의 아이들이 특별한 삶을 살 것이라고 믿습니다.

[난이도 상 답변]

★★★ 6.5+	핵심 답변 Well, I think nowadays, in my country, some parents want their children to become famous, 부연 설명 so they take their kids to auditions as singers or actors. This is because they think becoming a celebrity has a lot of merits. For example, they equate success with being famous. There was a TV show called K-pop Star, and every week on that program I saw many parents who sent their children to audition for this contest. 음, 저는 요즘 우리나라에서 몇몇 부모들은 자신들의 아이들이 유명해지기를 원하고 그래서 자신들의 아이들을 가수나 배우 오디션에 데려간다고 생각합니다. 왜냐하면 그들은 유명인이 되는 것이 많은 장점이 있다고 생각하기 때문입니다. 예를 들어, 그들은 성공과 유명한 것을 동일시합니다. K-pop Star라는 TV 쇼가 있었는데, 매주 그 프로그램에서 저는 이 경연 대회 오디션에 아이들을 보낸 많은 부모들을 보았습니다.

📝 Vocabulary / Expressions

merit ⓝ 장점   guarantee ⓥ 보장하다   equate ⓥ 동일시하다   audition ⓝ 오디션   contest ⓝ 경연 대회

위의 예시 답변을 학습한 후 다시 나만의 답변을 해 보자.

야망(Ambitions)

음원 바로 듣기

Part 3의 [Ambitions] 주제는 IELTS Speaking Part 2에서 [야망 또는 미래의 목표] 등을 묘사한 후 나오는 주제로 일반적인 질문들이 출제된다. 논리적인 답변을 통해 고득점을 받을 수 있는 파트이므로 답변 패턴을 학습하여 조리 있게 말하는 연습을 하자.

🎲 자주 나오는 문제 알아보기

당신은 아이가 어린 나이에 야망을 품는 것이 좋다는 것에 동의하나요?
Do you agree that it is good if a child has ambitions at an early age? (Why or why not?)

무엇이 사람들을 일에서 야망을 갖게 하나요?
What makes people ambitious at work?

당신은 지나치게 야망을 품는 것이 문제를 일으킬 수 있다고 생각하나요, 아니면 야망은 항상 좋은 건가요?
Do you think being too ambitious can create problems, or is ambition always good?

일에서 야망을 이루기 위해 사람들이 필요로 하는 자질들은 무엇인가요?
What are some qualities people need in order to achieve their ambitions at work?

🔷 브레인스토밍(brainstorming)

야망(Ambitions)에 대한 브레인스토밍을 해 보자.

- **아이들이 야망을 갖는 것의 장점**

  강력한 동기부여가 될 수 있다 can be a strong motivation
  인생의 분명한 방향을 제시할 수 있다 can give a clear direction in life

- **직장에서 야망을 갖게 하는 것**

  그들의 가족 their families
  재정적 안정을 갖는 것 having financial stability
  승진하는 것 being promoted
  인정과 명성을 얻는 것 getting recognition and fame

- **지나친 야망의 단점**

  직장이나 학교에서 경쟁을 유발한다 trigger competition in the workplace or school
  개인적인 관계를 손상시킨다 damage personal relationships
  이기적으로 만든다 make one selfish

- **야망을 이루기 위해 필요한 자질**

  많은 노력과 헌신 hard work and dedication
  단호한(단단히 결심한) 태도 determined attitude
  목표 지향적인 태도 goal-oriented attitude

1 Do you agree that it is good if a child has ambitions at an early age? (Why or why not?) 당신은 아이가 어린 나이에 야망을 품는 것이 좋다는 것에 동의하나요?

🎧 P3-U2_1

나만의 답변을 해 보자.

[난이도 중 답변]

★★
5.5+

핵심 답변 Yes, I think it is good. **부연 설명** This is because ambitions can be a strong motivation for children to try hard. Also, ambitions can give children a clear direction in life. This will help them to pursue their goals until they reach their dreams.

네, 저는 좋은 것 같습니다. 야망은 아이들이 열심히 노력하는 강력한 동기부여가 될 수 있기 때문입니다. 또한 야망은 아이들에게 인생의 분명한 방향을 제시할 수 있습니다. 이것은 그들이 자신들의 꿈에 도달할 때까지 그들의 목표를 추구하는 데 도움을 줄 것입니다.

핵심 답변과 부연 설명을 통해 왜 그렇게 생각하는지를 간결하고 명확하게 전달한 답변이다. 하지만 고득점을 목표로 한다면 구체적인 예시를 추가하도록 하자. 아래의 [난이도 상 답변]을 확인한 후 위의 답변과의 차이를 비교해 보자.

[난이도 상 답변]

★★★
6.5+

핵심 답변 Yes, I totally agree with that statement for the following reasons. **부연 설명** First of all, ambitions can be a strong motivation for children to try hard. For example, when I see a child with aspirations at a young age, I know he or she will be driven to pursue them until they become a reality. Moreover, it also gives them a clear direction in life so that they will not stray from the pursuit of their ambitions. That's because in life, there are many things that can get you sidetracked from reaching your dreams, so it's imperative to have them clear in your mind.

네, 저는 다음과 같은 이유로 그 진술에 전적으로 동의합니다. 무엇보다도, 야망은 아이들이 열심히 노력하는 강력한 동기부여가 될 수 있습니다. 예를 들어, 어린 나이에 포부를 가진 아이를 보면, 저는 그 아이가 그것이 현실이 될 때까지 그것을 추구하게 될 것임을 알게 됩니다. 더욱이 그것은 또한 그들이 야망을 추구하는 것에서 벗어나지 않도록 인생의 분명한 방향을 제시해 줍니다. 왜냐하면 인생에는 꿈에 도달하는 것에서 벗어나게 할 수 있는 많은 것들이 있기 때문에 마음속에 꿈을 분명히 하는 것이 필수적이기 때문입니다.

✏️ Vocabulary / Expressions

motivation n 동기부여   direction n 방향   pursue v 추구하다, 밀고 나가다   aspiration n 포부, 열망   drive v 만들다, ~하게 하다
reality n 현실   stray v 위치를 벗어나다   pursuit n 추구   sidetrack v 벗어나다   imperative adj 필수적인

위의 예시 답변을 학습한 후 다시 나만의 답변을 해 보자.

2 What makes people ambitious at work?

 P3-U2_2

무엇이 사람들을 일에서 야망을 갖게 하나요?

나만의 답변을 해 보자.

[난이도 중 답변]

★★
5.5+

핵심 답변 I think people are ambitious because of their families. 부연 설명 For example, to take good care of their children, people work very hard. 핵심 답변 Also, being promoted can be an aspiration for the future. 부연 설명 In fact, many workers try hard to get a promotion.

저는 사람들이 가족들 때문에 야망을 가지고 있다고 생각합니다. 예를 들어, 아이들을 잘 돌보기 위해 사람들은 매우 열심히 일합니다. 또한 승진하는 것이 미래에 대한 포부가 될 수 있습니다. 실제로 많은 직장인들은 승진하기 위해 열심히 노력합니다.

[난이도 상 답변]

★★★
6.5+

서론 I think people are ambitious for the following reasons. 핵심 답변 First of all, people work for their families. 부연 설명 They want to take good care of their families, so they work hard to have financial stability. 핵심 답변 Secondly, being promoted can be an aspiration for the future. 부연 설명 Workers tend to be motivated when they have an opportunity to move up the career ladder. 핵심 답변 Finally, getting recognition and fame is also desirable for some workers.

저는 다음과 같은 이유로 사람들이 야망을 가지고 있다고 생각합니다. 우선, 사람들은 가족들을 위해 일합니다. 그들은 가족들을 잘 돌보기를 원하기 때문에 재정적인 안정을 얻기 위해 열심히 일합니다. 둘째로, 승진하는 것은 미래에 대한 포부가 될 수 있습니다. 직장인들은 승진할 기회가 있을 때 동기부여를 받는 경향이 있습니다. 마지막으로, 일부 직장인들에게는 인정과 명성을 얻는 것도 가치가 있습니다.

📝 Vocabulary / Expressions

take care of ~을 잘 돌보다/뒷바라지하다   promote v 승진시키다   financial adj 재무의, 재정의   stability n 안정   motivate v 동기를 부여하다   move up 승진하다, 상승하다   career ladder 직업상의 위치, 직급   recognition n 인정   fame n 명성   desirable adj 가치 있는, 바람직한

위의 예시 답변을 학습한 후 다시 나만의 답변을 해 보자.

3 Do you think being too ambitious can create problems, or is ambition always good?

 P3-U2_3

당신은 지나치게 야망을 품는 것이 문제를 일으킬 수 있다고 생각하나요, 아니면 야망은 항상 좋은 건가요?

나만의 답변을 해 보자.

[난이도 중 답변]

★★
5.5+

핵심 답변 I think it can create many problems. **부연 설명** Being too ambitious makes people selfish. It also creates too much competition. As a result, it causes conflicts among people and some people can be stressed.

저는 그것이 많은 문제를 일으킬 수 있다고 생각합니다. 지나치게 야망을 품으면 사람들은 이기적이 됩니다. 또한 그것은 너무 심한 경쟁을 야기합니다. 결과적으로 그것은 사람들 사이에 갈등을 야기하고, 어떤 사람들은 스트레스를 받을 수 있습니다.

[난이도 상 답변]

★★★
6.5+

핵심 답변 I guess it can create problems at some point **부연 설명** when ambition becomes an absolute goal and where a person can become unreasonable about achieving it. Also, if we are too ambitious, it can trigger competition in the workplace or school, which can lead to everyone being pressured to pursue the same level of aspirations. However, people can get motivated to reach their dreams in life because they are driven by desires.

저는 야망이 절대적인 목표가 되고 그것을 성취하는 데 있어서 비합리적이게 될 수 있는 시점에서는 그것이 문제를 일으킬 수 있다고 생각합니다. 또한 만약 우리가 지나치게 야망을 품게 되면, 그것은 직장이나 학교에서 경쟁을 유발시킬 수 있고, 이것은 모든 사람이 같은 수준의 야망을 추구하도록 강요할 수 있습니다. 하지만 사람들은 야망에 이끌리기 때문에 인생에서 꿈을 이루도록 동기부여 될 수 있습니다.

 Vocabulary / Expressions

create ⓥ 야기하다, 일으키다   selfish ⓐⓓⓙ 이기적인   competition ⓝ 경쟁   as a result 결과적으로   cause ⓥ ~을 야기하다   conflict ⓝ 갈등   stressed ⓐⓓⓙ 스트레스를 받는   unreasonable ⓐⓓⓙ 이성적이 아닌, 불합리한   achieve ⓥ 성취하다   trigger ⓥ 촉발시키다   pressure ⓥ 압력을 가하다, 강요하다   reach ⓥ ~에 이르다   drive ⓥ 만들다, 몰아가다   desire ⓝ 욕구, 야망

위의 예시 답변을 학습한 후 다시 나만의 답변을 해 보자.

4 **What are some qualities people need in order to achieve their ambitions at work?** 일에서 야망을 이루기 위해 사람들이 필요로 하는 자질들은 무엇인가요? 🎧 P3-U2_4

나만의 답변을 해 보자.

[난이도 중 답변]

★★
5.5+

서론 I think there are several important qualities for people to achieve their ambitions at work. 핵심 답변 First of all, the most important one could be a determined attitude. 부연 설명 It can help people to finish all of their tasks. 핵심 답변 Also, hard work is an important factor 부연 설명 since it will help them make progress in their fields. 핵심 답변 Last but not least, a goal-oriented attitude is important. 부연 설명 For example, it allows a person to have one main focus and to look forward to achieving that.

저는 사람들이 일에서 자신의 야망을 이루는 데 몇 가지 중요한 자질이 있다고 생각합니다. 우선, 가장 중요한 것은 굳게 결심한 태도일 수 있습니다. 그것은 사람들이 자신의 모든 일을 끝낼 수 있도록 도와줄 수 있습니다. 또한 열심히 일하는 것이 그들의 분야에서 발전하는 데 도움이 되기 때문에 필수적인 요소입니다. 마지막으로 목표 지향적인 태도가 중요합니다. 예를 들어, 이것은 한 사람이 하나의 주된 초점을 갖도록 하고 그것을 성취하기를 기대하게 합니다.

위의 예시 답변은 좋은 답변이지만, 어휘력 부분에서 아래 [난이도 상 답변]과 비교하여 낮은 점수를 받게 된다. 예를 들면 어휘 important가 눈에 띄게 반복되었다. 아래 답변과 비교해 보고, 이를 참고하여 시험에서는 최대한 다양한 어휘를 이용하여 답변하도록 하자.

[난이도 상 답변]

★★★
6.5+

서론 I think there are several important qualities for people to achieve their goals in their careers. 핵심 답변 First of all, the most significant one could be a determined attitude. 부연 설명 It can help people to finish all of their tasks and avoid procrastination. 핵심 답변 Also, hard work is an essential factor 부연 설명 since it will help them make progress in their fields. 핵심 답변 Last but not least, a goal-oriented attitude is vital. 부연 설명 For example, it allows a person to have one main focus and to look forward to achieving that. In that way, they will find the best way to go to reach their goals quickly.

저는 사람들이 직업에서 그들의 목표를 이루는 데 몇 가지 중요한 자질이 있다고 생각합니다. 우선, 가장 중요한 것은 굳게 결심한 태도일 수 있습니다. 그것은 사람들이 자신들의 모든 일을 끝내고 미루는 것을 피할 수 있도록 도와줄 수 있습니다. 또한 열심히 일하는 것이 그들의 분야에서 발전하는 데 도움이 되기 때문에 필수적인 요소입니다. 마지막으로 목표 지향적인 태도가 필수적입니다. 예를 들어, 이것은 한 사람이 하나의 주된 초점을 갖도록 하고 그것을 성취하기를 기대하게 합니다. 그런 식으로 그들은 자신들의 목표를 빨리 이룰 수 있는 가장 좋은 방법을 찾을 것입니다.

✏️ Vocabulary / Expressions

quality [n] 자질   determined [adj] 굳게 결심한   attitude [n] 태도, 사고방식   make progress 발전하다   oriented [adj] ~을 지향하는   look forward to ~을 고대하다   significant [adj] 중요한   avoid [v] 피하다, 방치하다   procrastination [n] 미루기, 꾸물거림   reach [v] ~에 이르다

위의 예시 답변을 학습한 후 다시 나만의 답변을 해 보자.

UNIT 03 | 언어(Language)

음원 바로 듣기

Part 3의 [Language] 주제는 IELTS Speaking Part 2에서 언어를 잘하는 사람, 배우고 싶은 언어 또는 외국어를 배워 본 경험 등을 묘사한 후 나오는 주제로 언어에 관한 일반적인 질문들이 출제된다. 논리적인 답변을 통해 고득점을 받을 수 있는 파트이므로 답변 패턴을 학습하여 조리 있게 말하는 연습을 하자.

🎲 자주 나오는 문제 알아보기

사람들은 왜 외국어를 배우기를 원하나요? ★
Why do people want to learn foreign languages?

당신은 성인 학습자들이 외국어를 완벽하게 숙달하는 것이 가능하다고 생각하나요? ★
Do you think it's possible for adult learners to master a foreign language perfectly?

기술은 어떻게 사람들이 언어를 배우는 방식을 변화시켰나요? ★
How has technology changed the way people learn languages?

당신의 모국어는 얼마나 어렵나요? ★
How difficult is your native language? (Why?)

🔲 브레인스토밍(brainstorming)

언어(Language)에 대한 브레인스토밍을 해 보자.

- **외국어를 배우는 것의 장점**

기회의 문을 열 수 있다 can open doors to opportunities
– 더 큰 고용 기회 greater employment opportunities
관점을 넓혀 줄 수 있다 can widen perspectives
– 다른 나라의 문화를 더 잘 이해할 수 있다 can better understand the cultures of other countries

- **성인이 외국어를 완벽하게 숙달하기 어려운 이유**

길들여진 언어 근육을 바꾸는 것은 어렵다 be difficult to change their programmed language muscles
한 나라의 문화를 경험하지 않고 언어를 숙달하는 것은 어렵다 be difficult to master the language without experiencing
    the culture of a country
– 언어는 문화를 포함하고 있다 language contains culture

- **현재의 언어를 배우는 방법**

기술 발전 덕분에, 인터넷으로 thanks to technological advances, on the Internet
– 보다 효율적으로 학습할 수 있다 can learn more efficiently
– 시간과 노력을 줄일 수 있다 can save their time and effort
– 보다 효과적으로 학습할 수 있다 can learn more effectively
– 개인의 학업 수준이나 관심사에 따라 맞춤형 과정을 들을 수 있다 can have personalised courses based on one's
    academic level or interests
언어 교환을 통해 through language exchange
– 원어민을 만날 기회가 더 많아짐 more opportunities to meet native speakers

- **외국인이 우리 모국어를 학습하기 어려운 점**

존댓말 honorific language
– 두 가지의 다른 유형의 말은 사람들을 혼란스럽게 할 수 있다 two different types of speech may confuse people
발음 pronunciation

1 Why do people want to learn foreign languages?
사람들은 왜 외국어를 배우기를 원하나요? P3-U3_1

나만의 답변을 해 보자.

[난이도 중 답변]

★★
5.5+

`핵심 답변` Well, people learn foreign languages to get a good job. `부연 설명` Specifically, language skills are critical in many companies. So if people have good language ability, then they can get a better job. `핵심 답변` Moreover, people enjoy learning different languages because they can enjoy their lives better. `부연 설명` For example, they can travel to other nations and have more experiences.

음, 사람들은 좋은 직장을 얻기 위해 외국어를 배웁니다. 분명히 언어 능력은 많은 회사에서 대단히 중요합니다. 그래서 만약 사람들이 좋은 언어 능력을 가지고 있으면, 그들은 더 나은 직장을 얻을 수 있습니다. 게다가 사람들은 그들의 삶을 더 잘 즐길 수 있기 때문에 다른 언어를 배우는 것을 즐깁니다. 예를 들어, 그들은 다른 나라를 여행하고 더 많은 경험을 할 수 있습니다.

[난이도 상 답변]

★★★
6.5+

`서론` I think there are several reasons why people learn foreign languages. `핵심 답변` Firstly, it can open doors to opportunities. `부연 설명` In fact, language skills give greater employment opportunities in Korea. `핵심 답변` Secondly, by learning languages, people can better understand the cultures of other countries. `부연 설명` Just as in Korea, each language has its own cultural identity. For example, we use honorific language for older people. Understanding Korean helps foreigners know how we treat older people.

저는 사람들이 외국어를 배우는 데에는 몇 가지 이유가 있다고 생각합니다. 첫째, 그것은 기회의 문을 열 수 있습니다. 실제로 언어 능력은 한국에서 더 많은 취업 기회를 제공합니다. 둘째, 언어를 배움으로써 사람들은 다른 나라의 문화를 더 잘 이해할 수 있습니다. 한국에서와 마찬가지로, 각각의 언어에는 문화적 정체성이 포함되어 있습니다. 예를 들면, 우리는 나이가 많은 사람들에게 존댓말을 사용합니다. 한국어를 이해하는 것은 외국인들로 하여금 우리가 어떻게 나이 많은 사람들을 대하는지 알 수 있도록 도와줍니다.

Vocabulary / Expressions

critical `adj` 대단히 중요한   ability `n` 능력   employment opportunity 구직 기회, 고용 기회   cultural `adj` 문화의   identity `n` 정체(성)
honorific `adj` 존경을 나타내는, 존칭적인   foreigner `n` 외국인   treat `v` 대하다

위의 예시 답변을 학습한 후 다시 나만의 답변을 해 보자.

2 Do you think it's possible for adult learners to master a foreign language perfectly? P3-U3_2

당신은 성인 학습자들이 외국어를 완벽하게 숙달하는 것이 가능하다고 생각하나요?

나만의 답변을 해 보자.

[난이노 중 답변]

★★
5.5+

핵심 답변 No, I don't think so. 부연 설명 It is extremely difficult for adults to pronounce correctly when they speak a foreign language. Also, language contains culture, so it's not easy to master the language without experiencing the traditions and heritage of a country.

아니요, 저는 그렇게 생각하지 않습니다. 성인들이 외국어를 말할 때 정확하게 발음하는 것은 매우 어렵습니다. 또한 언어는 문화를 포함하고 있기 때문에, 한 나라의 전통과 유산을 경험하지 않고 언어를 숙달하는 것은 쉽지 않습니다.

[난이도 상 답변]

★★★
6.5+

핵심 답변 No, I don't think they can master a foreign language perfectly. 부연 설명 There is an adage, 'You can't teach an old dog new tricks.' It is extremely difficult for adults to change their programmed language muscles. Therefore, mispronouncing words is quite common among adults. Also, language contains culture, so it's not easy to master the language without experiencing the traditions and heritage of a country.

아니요, 저는 그들이 외국어를 완벽하게 숙달할 수 있다고 생각하지 않습니다. '늙은 개에게는 새로운 재주를 가르칠 수 없다.'라는 격언이 있습니다. 성인들이 길들여진 언어 근육을 바꾸는 것은 매우 어렵습니다. 그래서 단어를 잘못 발음하는 것이 성인들에게 꽤 흔합니다. 뿐만 아니라, 언어는 문화를 포함하고 있기 때문에, 한 나라의 전통과 유산을 경험하지 않고 언어를 숙달하는 것은 쉽지 않습니다.

위의 [난이도 중 답변]과 같은 내용이지만 더 자세하게 예시를 들어서 답변의 설득력을 높였다. Part 3는 얼마나 자세히 설명할 수 있는지가 매우 중요하므로 반드시 예시들을 적극적으로 들어 답변하자.

Vocabulary / Expressions

extremely adv 극도로   correctly adv 정확하게   contain v ~이 들어 있다   tradition n 전통   heritage n 유산   perfectly adv 완벽하게   adage n 격언, 속담   trick n 재주, 기술   program v ~을 길들이다   mispronounce v 잘못 발음하다   quite adv 꽤

위의 예시 답변을 학습한 후 다시 나만의 답변을 해 보자.

3 How has technology changed the way people learn languages? 🎧 P3-U3_3

기술은 어떻게 사람들이 언어를 배우는 방식을 변화시켰나요?

나만의 답변을 해 보자.

[난이도 중 답변]

★★
5.5+

핵심 답변 I think technology makes people learn languages more efficiently. 부연 설명 To be more specific, they can save their time and effort. 핵심 답변 Moreover, thanks to technology, people can study more effectively. 부연 설명 For instance, they can have personalised courses based on their academic level or interests. 결론 These are the key examples of how technology has changed language education.

저는 기술이 사람들로 하여금 언어를 더 효율적으로 배우도록 한다고 생각합니다. 좀더 구체적으로 말하면, 그들은 시간과 노력을 줄일 수 있습니다. 게다가 기술 덕분에 그들은 더 효과적으로 공부할 수 있습니다. 예를 들어, 그들은 자신의 학업 수준이나 관심사에 따라 맞춤형 과정을 들을 수 있습니다. 이것들은 기술이 어떻게 언어 교육을 변화시켰는지에 대한 주요 사례입니다.

위의 답변도 적당하지만, 고득점을 위해서는 자세한 설명이 필요하다는 것을 잊지 말자. 예를 들면, '기술이 더 효율적으로 언어를 학습할 수 있도록 한다'라는 답변의 부연 설명으로 '시간과 노력을 줄일 수 있다'라고 답하였는데, 어떻게, 왜 그것이 가능한지 조금 더 자세하게 답변하는 것이 필요하다.

[난이도 상 답변]

★★★
6.5+

서론 Well, I think technology has revolutionised how people learn languages. 핵심 답변 Firstly, people can study a new language more efficiently. 부연 설명 To be more specific, they can save their time and effort. For example, people no longer have to sit in the classroom and take lessons, since they can learn languages with a computer at home or on a mobile phone while travelling. 핵심 답변 Moreover, they can study more effectively. 부연 설명 For instance, they can have personalised courses based on their academic level or interests. People can even have their own language tutors online. 결론 These are the key examples of how technology has changed language education.

음, 저는 기술이 사람들이 언어를 배우는 방식에 혁명을 일으켰다고 생각합니다. 첫째, 사람들은 새로운 언어를 더 효율적으로 공부할 수 있습니다. 좀더 구체적으로 말하면, 그들은 시간과 노력을 줄일 수 있습니다. 예를 들어, 사람들은 더 이상 교실에 앉아 수업을 들을 필요가 없습니다. 집에서 컴퓨터나 이동 중에 휴대폰으로 언어를 배울 수 있기 때문입니다. 게다가 그들은 더 효과적으로 공부할 수 있습니다. 예를 들어, 그들은 자신의 학업 수준이나 관심사에 따라 맞춤형 과정을 들을 수 있습니다. 사람들은 심지어 온라인에서 자신만의 언어 강사를 둘 수도 있습니다. 이것들은 기술이 어떻게 언어 교육을 변화시켰는지에 대한 주요 사례입니다.

✏️ Vocabulary / Expressions

efficiently adv 효율적으로   thanks to ~덕분에   effectively adv 효과적으로   personalise v (개인에) 맞추다   academic adj 학업의
level n 수준   tutor n 지도 교사, 강사

위의 예시 답변을 학습한 후 다시 나만의 답변을 해 보자.

4 How difficult is your native language? (Why?)

🎧 P3-U3_4

당신의 모국어는 얼마나 어렵나요?

나만의 답변을 해 보자.

[난이도 중 답변]

★★
5.5+

핵심 답변 I think it is quite difficult for foreigners to master my mother tongue. **부연 설명** This is because in Korea, we use honorifics to show respect for people who are older than us. The two different types of speech may confuse people who want to learn Korean as a second language.

저는 외국인들이 저의 모국어를 숙달하는 것은 꽤 어렵다고 생각합니다. 왜냐하면 한국에서는 우리보다 나이가 더 많은 사람들에 대한 존경을 표하기 위해서 존댓말을 사용하기 때문입니다. 두 가지 다른 유형의 말은 한국어를 제2외국어로 배우려는 사람들을 혼란스럽게 할 수 있습니다.

[난이도 상 답변]

★★★
6.5+

핵심 답변 I think it is quite difficult for foreigners to master my mother tongue for the following reasons. **부연 설명** Firstly, we have honorific words that are not found in other nations. We use honorifics to show respect for people who are older than us. The two different types of speech may confuse people who want to learn Korean as a second language. In fact, I saw some foreigners who were placed in awkward situations because they were not good at using honorific language to some Korean elders. Moreover, most foreigners find the pronunciation of consonant sounds quite hard since it is different from what they are used to.

저는 다음과 같은 이유로 외국인들이 저의 모국어를 숙달하는 것은 꽤 어렵다고 생각합니다. 첫째, 우리는 다른 나라에는 없는 존댓말을 가지고 있습니다. 우리는 우리보다 나이가 더 많은 사람들에 대한 존경을 표하기 위해 존댓말을 사용합니다. 두 가지 다른 유형의 말은 한국어를 제2외국어로 배우려는 사람들을 혼란스럽게 할 수 있습니다. 실제로 저는 몇몇 외국인들이 한국의 노인들에게 존댓말을 잘못 사용하여 난처한 상황에 처한 것을 보았습니다. 게다가 대부분의 외국인들은 자음의 발음이 그들이 익숙한 것과 다르기 때문에 상당히 어렵다고 생각합니다.

🗂 Vocabulary / Expressions

foreigner n 외국인   master v ~에 숙달하다   mother tongue 모국어   honorific adj 존경을 나타내는, 존칭적인   confuse v
혼란시키다   awkward adj 어색한, 곤란한   pronunciation n 발음   consonant n 자음

위의 예시 답변을 학습한 후 다시 나만의 답변을 해 보자.

UNIT 04 스포츠(Sports)

음원 바로 듣기

Part 3의 [Sports] 주제는 IELTS Speaking Part 2에서 즐겨 보거나 즐겨 하는 스포츠 또는 당신의 나라에서 가장 인기 있는 스포츠 등을 묘사한 후 나오는 주제로 일반적인 질문들이 출제된다. 논리적인 답변을 통해 고득점을 받을 수 있는 파트이므로 답변 패턴을 학습하여 조리 있게 말하는 연습을 하자.

🟦 자주 나오는 문제 알아보기

이 나라에서는 학생들이 학교에서 어떤 스포츠를 하나요?
What sports do students play at school in this country?

만약 학교로 돌아갈 기회가 주어진다면, 당신은 어떤 스포츠를 하고 싶으세요?
If you were given a chance to go back to school, what sports would you engage in? (Why?)

당신은 아이들이 스포츠에 참여하는 것이 중요하다고 생각하나요?
Do you think it's important for children to participate in some kind of sports?

당신 생각에 운동선수들은 아이들에게 좋은 역할 모델인가요?
In your opinion, are athletes good role models for children?

🦴 브레인스토밍(brainstorming)

스포츠(Sports)에 대한 브레인스토밍을 해 보자.

• 학교에서 스포츠를 하는 것의 장점

흥미와 적성을 찾을 수 있다 can find one's interests and aptitude
정서적, 육체적 건강을 증진시킬 수 있다 can enhance one's emotional and physical health
협력과 스포츠맨 정신에 대해 배울 수 있다 can learn about cooperation and sportsmanship
사회성을 향상시킬 수 있다 can improve social skills
스트레스를 해소할 수 있다 can relieve stress

• 역할 모델로서의 운동선수

장점
아이들에게 영감을 줄 수 있다 can inspire children – 많은 노력과 시간을 훈련하는 데 소비한다 spend a lot of effort and time training 환경 또는 사회 문제를 해결하기 위해 대중의 참여를 장려한다 encourage public participation to solve environmental or social problems – 캠페인에 참여함으로써 by getting involved in campaigns

단점
형편없는 스포츠맨 정신을 보인다 engage in poor sportsmanship 비도덕적인 행동을 보일 수 있다 can show immoral behaviours – 능력을 향상시키는 약물을 복용한다 use performance-enhancing drugs

1 What sports do students play at school in this country?

 P3-U4_1

이 나라에서는 학생들이 학교에서 어떤 스포츠를 하나요?

나만의 답변을 해 보자.

[난이도 중 답변]

★★
5.5+

[서론] In Korea, students play a variety of sports such as soccer, basketball and baseball. [부연 설명] Among male students, soccer is the most popular sport, while females enjoy dodge ball. They can improve physical strength and social skills by playing sports with their peers. They can also relieve stress.

한국에서는 학생들이 축구, 농구, 야구와 같은 다양한 스포츠를 합니다. 남학생들 사이에서는 축구가 가장 인기 있는 운동인 반면에 여학생들은 피구를 즐깁니다. 그들은 또래들과 스포츠를 함으로써 체력과 사회성을 향상시킬 수 있습니다. 그들은 또한 스트레스를 해소할 수 있습니다.

[난이도 상 답변]

★★★
6.5+

[서론] In Korea, students play a variety of sports. [핵심 답변] During PE classes, they learn soccer, basketball, running, and so on. [부연 설명] As far as I know, of all the sports, soccer is the most popular sport among male students in school, while females enjoy dodge ball. School provides students with various sports lessons so that they can find their interests and aptitudes. Also, through sports, pupils can enhance their emotional and physical health.

한국에서는 학생들이 다양한 스포츠를 합니다. 체육 시간에 그들은 축구, 농구, 달리기 등을 배웁니다. 제가 알기로는, 모든 스포츠 중에서 축구가 학교의 남학생들 사이에서 가장 인기 있는 운동인 반면에 여학생들은 피구를 즐깁니다. 학교는 학생들에게 흥미와 적성을 찾을 수 있도록 다양한 스포츠 수업을 제공합니다. 또한 스포츠를 통해 학생들은 자신들의 정서적 그리고 육체적 건강을 증진시킬 수 있습니다.

 Vocabulary / Expressions

a variety of 다양한, 여러 가지의   improve v 향상시키다   physical strength 체력   social skill 사회성   peer n 또래
PE (Physical Education) n 체육   aptitude n 소질, 적성   pupil n 학생

위의 예시 답변을 학습한 후 다시 나만의 답변을 해 보자.

2 If you were given a chance to go back to school, what sports would you engage in? (Why?) 만약 학교로 돌아갈 기회가 주어진다면, 당신은 어떤 스포츠를 하고 싶으세요? 🎧 P3-U4_2

나만의 답변을 해 보자.

[난이도 중 답변]

★★ 5.5+	핵심 답변 Well, I would perhaps learn how to swim. 부연 설명 This is because I've always wanted to learn how to swim. I tried to learn it before, but I found it hard and failed. I guess it is something that should be learned at a young age. And also, I reckon it is not only a sport but also a very useful skill that can save lives. 음, 저는 아마 수영을 배울 것입니다. 왜냐하면 저는 항상 수영을 배우고 싶었기 때문입니다. 전에 배우려고 노력했는데, 저는 어렵게 느꼈고 실패했습니다. 제 생각에 그것은 어린 나이에 배워야 하는 것 같습니다. 그리고 또한 그것은 스포츠일 뿐만 아니라 생명을 구할 수 있는 매우 유용한 기술이라고 생각합니다.

[난이도 상 답변]

★★★ 6.5+	핵심 답변 Well, it's a very interesting question. I would perhaps learn how to swim. 부연 설명 This is because swimming is something I've always wanted to learn. As an adult, I tried to learn it, but I found it hard and fell flat on my face. I guess it is something that should be learned at a young age. And also, I reckon it is not only a sport but also a very useful skill that can save lives. Therefore given a chance, I would learn swimming. 음, 아주 흥미로운 질문이네요. 저는 아마 수영을 배울 것입니다. 왜냐하면 수영은 제가 항상 배우고 싶었던 것이기 때문입니다. 어른이 되어 배우려고 노력했지만, 저는 어렵게 느꼈고 실패했습니다. 제 생각에 그것은 어린 나이에 배워야 하는 것 같습니다. 그리고 또한 그것은 스포츠일 뿐만 아니라 생명을 구할 수 있는 매우 유용한 기술이라고 생각합니다. 그러므로 저는 기회가 주어진다면 수영을 배울 것입니다.

위의 답변은 고득점을 위한 fall flat on one's face(실패하다) 같은 관용적 표현(idiom expression)을 사용하였다. 다양한 관용적 표현들을 학습하여 자연스럽게 답변하는 연습을 하도록 하자.

📝 Vocabulary / Expressions

fail v 실패하다   reckon v ~라고 생각하다   useful adj 유용한   fall flat on one's face 실패하다

위의 예시 답변을 학습한 후 다시 나만의 답변을 해 보자.

3 **Do you think it's important for children to participate in some kind of sports?** 당신은 아이들이 스포츠에 참여하는 것이 중요하다고 생각하나요? 🎧 P3-U4_3

나만의 답변을 해 보자.

[난이도 중 답변]

★★
5.5+

핵심 답변 Yes. I think it is beneficial for children to play sports. **부연 설명** That's because it can enhance children's physical health. Also, they can learn about cooperation and sportsmanship by playing team sports. In fact, childhood is the most critical period to form social skills.

네, 저는 아이들이 스포츠를 하는 것이 이롭다고 생각합니다. 왜냐하면 아이들의 신체 건강을 향상시킬 수 있기 때문입니다. 또한 그들은 팀 스포츠를 하면서 협력과 스포츠맨 정신에 대해 배울 수 있습니다. 사실 유년기는 사회성을 형성하는 가장 중요한 시기입니다.

[난이도 상 답변]

★★★
6.5+

핵심 답변 Yes. I think it is beneficial for children to play sports for the following reasons. **부연 설명** First, children can be physically healthy. For instance, regular exercise strengthens children's immune systems. Second, I think children should take part in sports because they can learn about cooperation and sportsmanship among themselves. In fact, childhood is the most critical period to learn social skills by interacting with peers. Therefore, sports are also the best form of social activity for children.

네, 저는 다음과 같은 이유로 아이들이 스포츠를 하는 것이 이롭다고 생각합니다. 첫째, 아이들은 신체적으로 건강할 수 있습니다. 예를 들면, 규칙적인 운동은 아이들의 면역 체계를 강화시킵니다. 둘째, 아이들은 그들 사이의 협력과 스포츠맨 정신에 대해 배울 수 있기 때문에 스포츠에 참여해야 한다고 생각합니다. 실제로 유년기는 또래들과 상호작용 함으로써 사회성을 배우는 가장 중요한 시기입니다. 그래서 스포츠는 어린이들에게 사회 활동의 가장 좋은 형태입니다.

📝 Vocabulary / Expressions

beneficial adj 이로운   enhance v 강화하다, 향상시키다   cooperation n 협력   sportsmanship n 스포츠맨 정신   critical adj 대단히 중요한   form v 형성하다   physically adv 신체적으로   healthy adj 건강한   strengthen v 강화하다   interact with ~와 상호 작용을 하다   peer n 또래

위의 예시 답변을 학습한 후 다시 나만의 답변을 해 보자.

4 In your opinion, are athletes good role models for children? P3-U4_4

당신 생각에 운동선수들은 아이들에게 좋은 역할 모델인가요?

나만의 답변을 해 보자.

[난이도 중 답변]

★★
5.5+

핵심 답변 Yes, I think some athletes are good role models for children. 부연 설명 Most athletes improve their skills by spending a lot of effort and time training. This can be a good example for children. They also encourage public participation by getting involved in campaigns to solve environmental or social problems. These things can inspire children.

네, 저는 몇몇 운동선수들이 어린이들에게 좋은 역할 모델이라고 생각합니다. 대부분의 운동선수들은 많은 노력과 시간을 훈련하는 데 씀으로써 자신들의 기량을 향상시킵니다. 이것은 아이들에게 좋은 예가 될 수 있습니다. 또한 그들은 환경 문제나 사회 문제 해결을 위한 캠페인에 참여함으로써 대중의 참여를 장려합니다. 이런 것들이 아이들을 격려할 수 있습니다.

[난이도 상 답변]

★★★
6.5+

핵심 답변 Yes, I think some athletes are good role models for children. 부연 설명 First, sports players improve their skills by spending a lot of effort and time training. This can be a good example for children. Second, some famous athletes exert a positive influence on the public. For example, they encourage public participation by getting involved in campaigns to solve environmental or social problems. These things can inspire children.

네, 저는 몇몇 운동선수들이 어린이들에게 좋은 역할 모델이라고 생각합니다. 첫째, 운동선수들은 많은 노력과 시간을 훈련하는 데 씀으로써 자신들의 기량을 향상시킵니다. 이것은 아이들에게 좋은 예가 될 수 있습니다. 둘째, 몇몇 유명한 운동선수들은 대중에게 긍정적인 영향을 미칩니다. 예를 들어, 그들은 환경 문제나 사회 문제 해결을 위한 캠페인에 참여함으로써 대중의 참여를 장려합니다. 이런 것들이 아이들을 격려할 수 있습니다.

위의 답변은 [난이도 중 답변]과 같은 내용을 언급하고 있지만, 더 논리적인 구조로 이야기를 이끌어 가고 있다. 위의 두 답변을 비교하며 어떻게 논리적으로 이야기를 하는지 학습한 후 답변하도록 하자.

🗝 Vocabulary / Expressions

athlete n 운동선수   improve v 향상시키다   encourage v 권장하다, 장려하다   public adj 대중의   participation n 참여
get involved 관여하다   campaign n 캠페인   inspire v 격려하다, 영감을 주다   exert v (영향력을) 행사하다   influence n 영향

위의 예시 답변을 학습한 후 다시 나만의 답변을 해 보자.

UNIT 05

여행과 휴가
(Travel and Vacations)

Part 3의 [Travel and Vacations] 주제는 IELTS Speaking Part 2에서 가장 기억에 남은 여행 또는 기회가 된다면 가고 싶은 여행을 묘사한 후 나오는 주제로 일반적인 질문들이 출제된다. 논리적인 답변을 통해 고득점을 받을 수 있는 파트이므로 답변 패턴을 학습하여 조리 있게 말하는 연습을 하자.

🔷 자주 나오는 문제 알아보기

휴가를 가는 것의 이점은 무엇인가요?
What are the benefits of taking a vacation?

어떤 사람들은 왜 집에서 휴가를 보내길 선호하나요? 당신도 이것을 좋아하나요?
Why do some people prefer to stay at home for a vacation? Do you like to do this?

당신은 휴가를 혼자 가는 것이 가장 좋다고 생각하나요, 아니면 다른 사람들과 함께 가는 것이 가장 좋다고 생각하나요?
Do you think it's best to take vacations alone or with other people? (Why?)

어떤 사람들은 아직 어릴 때 여행을 하는 것이 매우 중요하다고 말합니다. 당신은 동의하나요, 아니면 반대하나요?
Some people say that it is very important to travel while you are still young. Do you agree or disagree? (Why?)

● 브레인스토밍(brainstorming)

여행과 휴가(Travel and Vacations)에 대한 브레인스토밍을 해 보자.

● 휴가와 여행의 장점

> 사람들의 시야를 넓혀 준다 broaden people's horizons
> 당신의 바쁜 일상으로부터 휴식을 취할 수 있다 can relax from your busy daily routine
> 사랑하는 사람과 특별한 추억을 만들 수 있다 can make special memories with one's loved ones

● 다른 사람과 함께 보내는 휴가 vs 혼자 보내는 휴가

다른 사람과 함께 보내는 휴가의 장점
소중한 순간들을 사랑하는 가족이나 친구들과 공유할 수 있다 can share precious moments with one's dear family or friends – 특별한 추억을 만든다 make special memories 동행자들이 함께 있는 것이 더 경제적이다 be more economical to be with companions – 비용을 절약할 수 있다 (예: 호텔) can save money (e.g. hotel)

혼자 보내는 휴가의 장점
자신감을 북돋을 수 있다 can boost one's confidence – 자신의 안전 지대를 벗어나 혼자 모든 문제를 해결해야 한다   step outside one's comfort zone and have to deal with all the problems by oneself 자기만의 일정을 짤 수 있다 can make one's own schedule 자신을 더 잘 알게 된다 get to know oneself better

● 어릴 때 여행하는 것의 장점

> 호기심을 자극한다 stimulate/trigger curiosity
> 새로운 관점을 가질 수 있다 can have a new perspective

1 What are the benefits of taking a vacation?

휴가를 가는 것의 이점은 무엇인가요?

나만의 답변을 해 보자.

[난이도 중 답변]

★★
5.5+

서론 There are many advantages to going on a vacation. 핵심 답변 People can have a wide range of experiences while travelling. It broadens people's horizons. 핵심 답변 They can also relax from their busy daily routines. 부연 설명 During vacation, people can relieve their stress and recharge their batteries. This, in turn, improves their productivity and quality of life.

휴가를 가는 것에는 많은 이점이 있습니다. 사람들은 여행하면서 다양한 경험을 할 수 있습니다. 그것은 사람들의 시야를 넓혀 줍니다. 그들은 또한 그들의 바쁜 일상에서 벗어나 휴식을 취할 수 있습니다. 휴가 동안에 사람들은 스트레스를 풀고 재충전할 수 있습니다. 이것은 결국 그들의 업무 생산성과 삶의 질을 높여줍니다.

[난이도 상 답변]

★★★
6.5+

서론 There are many advantages to going on a vacation. 핵심 답변 The first one is that it broadens people's horizons. 부연 설명 With a wide range of experiences, you have a wider view of the world. When you go and see a different culture, lifestyle, cuisine, or walk of life, it opens up to you a different perspective on life and a completely new world. On the other hand, people tend to have a narrow view of the world if they haven't gone travelling. 핵심 답변 Secondly, you can relax from your busy daily routine. 부연 설명 During vacation, people can relieve their stress and recharge their batteries. This, in turn, improves their productivity and quality of life.

휴가를 가는 것에는 많은 이점이 있습니다. 첫 번째는 사람들의 시야를 넓혀 준다는 것입니다. 폭넓은 경험으로 세상을 보다 넓게 볼 수 있습니다. 다른 문화, 생활 방식, 요리, 또는 삶의 길을 볼 때 그것은 삶에 대한 다른 시각과 완전히 새로운 세상을 열어 줍니다. 반면에 사람들은 여행을 가지 않으면 세상을 보는 눈이 좁은 경향이 있습니다. 둘째, 바쁜 일상에서 벗어나 휴식을 취할 수 있습니다. 휴가 동안에 사람들은 스트레스를 풀고 재충전할 수 있습니다. 이것은 결국 그들의 생산성과 삶의 질을 높여줍니다.

✎ Vocabulary / Expressions

a wide range of 다양한   broaden v 넓히다   horizon n (사고 · 지식) 시야   relieve v 없애다, 완화하다   recharge v 재충전하다
productivity n 생산성   quality of life 삶의 질   perspective n 관점, 시각   completely adv 완전히, 전적으로   narrow adj 좁은

위의 예시 답변을 학습한 후 다시 나만의 답변을 해 보자.

2 **Why do some people prefer to stay at home for a vacation? Do you like to do this?** 어떤 사람들은 왜 집에서 휴가를 보내길 선호하나요? 당신도 이것을 좋아하나요? 🎧 P3-U5_2

나만의 답변을 해 보자.

[난이도 중 답변]

<blockquote>

핵심 답변 People prefer to spend their vacations at home because they want to have a comfortable time. Sometimes I also relish spending my vacation doing nothing at home. **부연 설명** This is because we have hectic schedules. We're always busy working, so we often feel exhausted. That's why we need some time to do nothing and recharge.

사람들은 편안한 시간을 갖고 싶어서 집에서 휴가를 보내는 것을 선호합니다. 때때로 저도 집에서 아무것도 하지 않고 휴가를 보내는 것을 좋아합니다. 왜냐하면 정신없이 바쁜 스케줄 때문입니다. 우리는 항상 일하느라 바쁘기 때문에 종종 몹시 피곤함을 느낍니다. 그래서 아무것도 안 하고 재충전할 시간이 필요합니다.

</blockquote>

[난이도 상 답변]

<blockquote>

핵심 답변 People these days are too busy working. They are rarely at home since they spend the majority of their time in the workplace, so staying at home is kind of a luxury these days. Some people really treasure moments when they can stay in their comfy beds and enjoy the amenities within their apartment complexes. **핵심 답변** In my case, sometimes I also like to stay at home and enjoy my free time lazing around the couch watching TV or reading a nice book. **부연 설명** For me, this is precious time.

요즘 사람들은 일하느라 너무 바쁩니다. 그들은 대부분의 시간을 직장에서 보내기 때문에 거의 집에 있지 않습니다. 그래서 요즘 집에 머무는 것은 일종의 사치입니다. 어떤 사람들은 편안한 침대에 머물면서 아파트 단지 내의 편의 시설을 즐길 수 있는 순간들을 정말 소중히 여기고 있습니다. 저의 경우도 때때로 집에 머물면서 TV를 보거나 멋진 책을 읽으면서 소파에서 한가한 시간을 보내는 것을 좋아합니다. 저에게는 이것이 소중한 시간입니다.

</blockquote>

🗂 Vocabulary / Expressions

comfortable **adj** 편안한   hectic **adj** 정신 없이 바쁜   exhausted **adj** 지친, 기진맥진한   recharge **v** (에너지를) 재충전하다   treasure **v** 매우 귀하게 여기다   amenity **n** 편의 시설   laze **v** 느긋하게 지내다   couch **n** 소파   precious **adj** 소중한

위의 예시 답변을 학습한 후 다시 나만의 답변을 해 보자.

3 Do you think it's best to take vacations alone or with other people? (Why?)

P3-U5_3

당신은 휴가를 혼자 가는 것이 가장 좋다고 생각하나요, 아니면 다른 사람들과 함께 가는 것이 가장 좋다고 생각하나요?

나만의 답변을 해 보자.

[난이도 중 답변]

★★
5.5+

핵심 답변 I think spending time with loved ones would be the best way to take a vacation. **부연 설명** While travelling, you can share precious moments with your dear family members or friends. On the other hand, if you travel alone, you will have to do all the things like having meals and taking pictures on your own. It will make you feel lonely and less excited.

저는 사랑하는 사람들과 시간을 보내는 것이 휴가를 가는 가장 좋은 방법이라고 생각합니다. 여행하면서 당신은 소중한 순간들을 사랑하는 가족이나 친구들과 나눌 수 있습니다. 반면에 혼자 여행을 하면, 식사를 하고 사진을 찍는 것과 같은 모든 것을 혼자서 해야 할 것입니다. 이것은 당신을 외롭고 덜 즐겁게 할 것입니다.

[난이도 상 답변]

★★★
6.5+

핵심 답변 I think spending time with loved ones would be the best way to take a vacation. **부연 설명** First of all, you can share precious moments with your dear family or friends while travelling. You can also make special memories, and when you come back from the trip, you can still talk about the journey with your tour mates. On the other hand, if you travel alone, you have to do all the things like having meals and taking pictures on your own. It will make you feel lonely and less excited. Secondly, it is more economical to be with companions. For example, when you book accommodations, usually the hotel charges a two-person price for one room. So if you share it with another person, you can save on your budget.

저는 사랑하는 사람들과 시간을 보내는 것이 휴가를 가는 가장 좋은 방법이라고 생각합니다. 무엇보다도, 당신은 여행하면서 소중한 순간들을 사랑하는 가족이나 친구들과 나눌 수 있습니다. 당신은 또한 특별한 추억을 만들 수 있고, 여행에서 돌아와서 여행 동행자들과 여전히 계속해서 여행에 대해 이야기할 수 있습니다. 반면에 혼자 여행을 하면, 식사를 하고 사진을 찍는 것과 같은 모든 것을 혼자서 해야 합니다. 이것은 당신을 외롭고 덜 즐겁게 할 것입니다. 둘째, 동행자와 함께 하는 것이 더 경제적입니다. 예를 들어, 당신이 숙소를 예약할 때, 보통 호텔은 방 하나에 두 사람의 요금을 받습니다. 그래서 다른 사람과 나누면, 예산을 절약할 수 있습니다.

✏️ **Vocabulary / Expressions**

precious `adj` 소중한   memory `n` 추억   mate `n` 친구   economical `adj` 경제적인, 실속 있는   book `v` 예약하다   accommodation `n` 숙소   charge `v` (요금을) 청구하다   budget `n` 예산

위의 예시 답변을 학습한 후 다시 나만의 답변을 해 보자.

4 **Some people say that it is very important to travel while you are still young. Do you agree or disagree? (Why?)** 🎧 P3-U5_4

어떤 사람들은 아직 어릴 때 여행을 하는 것이 매우 중요하다고 말합니다. 당신은 동의하나요, 아니면 반대하나요?

나만의 답변을 해 보자.

[난이도 중 답변]

★★
5.5+

핵심 답변 I agree. **부연 설명** Firstly, when people are young they tend to absorb everything like sponges. Therefore, they can learn a lot of things while travelling. Secondly, exposure to different events can improve their creativity. Various experiences they have on a trip can trigger their curiosity, and this enhances their creative thinking. Therefore, I believe it is beneficial for children to travel at an early age.

저는 동의합니다. 첫째, 사람들이 어릴 때, 그들은 모든 것을 스펀지처럼 흡수하는 경향이 있습니다. 그러므로 그들은 여행하는 동안 많은 것을 배울 수 있습니다. 둘째, 다양한 사건에 노출되면 창의성이 향상될 수 있습니다. 그들이 여행에서 한 다양한 경험은 그들의 호기심을 유발할 수 있고, 이것은 그들의 창의적인 사고를 향상시킵니다. 그러므로 저는 아이들이 어린 나이에 여행하는 것이 유익하다고 생각합니다.

[난이도 상 답변]

★★★
6.5+

핵심 답변 I absolutely agree with that statement. **부연 설명** Firstly, when people are young, especially in their childhood, they absorb everything like sponges. Therefore, whatever they see and hear while travelling can help children have broader perspectives. Secondly, exposure to different events can improve their creativity. Various experiences they have on a trip can trigger their curiosity, and this enhances their creative thinking. Therefore, I believe it is beneficial for children to travel at an early age.

저는 그 진술에 전적으로 동의합니다. 첫째, 사람들이 어릴 때 특히 유년 시절에, 그들은 모든 것을 스펀지처럼 흡수합니다. 그러므로 그들이 여행하는 동안 보고 듣는 것은 아이들이 더 넓은 관점을 갖도록 도울 수 있습니다. 둘째, 다양한 사건에 노출되면 창의성이 향상될 수 있습니다. 그들이 여행에서 한 다양한 경험은 그들의 호기심을 유발할 수 있고, 이것은 그들의 창의적인 사고를 향상시킵니다. 그러므로 저는 아이들이 어린 나이에 여행하는 것이 유익하다고 생각합니다.

📖 **Vocabulary / Expressions**

absorb `v` 흡수하다   creativity `n` 창의성   trigger `v` 촉발하다, 자극하다   curiosity `n` 호기심   especially `adv` 특히   childhood `n` 유년 시절   broad `adj` 넓은   perspective `n` 관점, 시각

위의 예시 답변을 학습한 후 다시 나만의 답변을 해 보자.

UNIT 06
소음 공해
(Noise Pollution and Sound)

음원 바로 듣기

Part 3의 [Noise Pollution and Sound] 주제는 IELTS Speaking Part 2에서 나를 불쾌하게 했던 소음 또는 심각한 공해를 묘사하라는 질문을 받은 후 나오는 주제로 일반적인 질문들이 출제된다. 논리적인 답변을 통해 고득점을 받을 수 있는 파트이므로 답변 패턴을 학습하여 조리 있게 말하는 연습을 하자.

자주 나오는 문제 알아보기

이 나라에는 소음 공해가 많은가요? 소음 공해의 영향은 무엇인가요?
Is there much noise pollution in this country? What are the effects of noise pollution?

당신은 대도시가 소음 공해 없이 존재할 수 있다고 생각하나요?
Do you think it is possible for a large city to exist without noise pollution? (Why or why not?)

당신은 소음 공해가 수질 오염 및 대기 오염과 다르게 취급된다고 생각하나요?
Do you think noise pollution is treated differently from water and air pollution? (Why?)

만약 국회의원들이 소음 공해를 규제하기를 바란다면 당신은 국민의 지지를 어떻게 끌어올릴 것인가요?
If you wanted lawmakers to regulate noise pollution, how would you go about raising public support? (Why?)

🔷 브레인스토밍(brainstorming)

소음 공해(Noise Pollution and Sound)에 대한 브레인스토밍을 해 보자.

- **도시 소음의 원인**

> 자동차 cars
> 애완동물 pets
> 가전제품 home appliances
> 큰 음악소리 loud music
> 공사 construction - 초고층 건물 또는 도로 건설 building skyscrapers or roads

- **소음의 영향**

> 정신적 문제들 mental problems
> – 마음의 평화를 잃게 한다 lose one's peace of mind
> – 잠을 방해한다 disrupt one's sleep
> – 불필요한 스트레스, 불쾌감과 짜증을 야기한다 cause needless stress, annoyance and irritation
> 사회 문제 social problems
> – 갈등(충돌)으로 이어진다 lead to conflicts

- **소음을 줄이기 위한 방안**

> 대중의 인식을 높인다 raise public awareness
> 광고 캠페인을 만든다 make an ad campaign
> – 소음 공해의 부정적인 영향을 강조한다 highlight the negative effects of noise pollution
> 미디어의 주목을 받는다 get the media's attention
> 개인적으로 소음 공해에 대한 나의 원인 제공을 줄인다 personally lessen my contribution to noise pollution

1 **Is there much noise pollution in this country? What are the effects of noise pollution?** 이 나라에는 소음 공해가 많은가요? 소음 공해의 영향은 무엇인가요? P3-U6_1

나만의 답변을 해 보자.

[난이도 중 답변]

★★
5.5+

(핵심 답변) Yes, there is serious noise pollution in my country (부연 설명) because it is too heavily populated. (핵심 답변) It causes many problems. (부연 설명) For example, people often feel stressed because of the loud noises they face in everyday life. Also, in Korea, noise from neighbours often leads to conflicts, and this has become a severe social problem.

네, 우리나라는 인구가 너무 많기 때문에 심각한 소음 공해가 있습니다. 그것은 많은 문제를 야기합니다. 예를 들면, 사람들은 종종 일상생활에서 마주치는 큰 소음 때문에 스트레스를 받습니다. 또한 한국에서는 이웃으로부터의 소음이 종종 갈등으로 이어지고, 이것은 심각한 사회 문제가 되었습니다.

[난이도 상 답변]

★★★
6.5+

(핵심 답변) Yes, there is severe noise pollution in my nation (부연 설명) because it is too heavily populated. Many people create noise from things such as cars, pets, home appliances, and loud music. (핵심 답변) It causes people mental problems (부연 설명) because they lose their peace of mind, sometimes it disrupts their sleep, and it may cause needless stress. For example, in Korea, noise from neighbours often leads to conflicts, and this has become a serious social problem.

네, 우리나라는 인구가 너무 많기 때문에 심각한 소음 공해가 있습니다. 많은 사람들이 자동차, 애완동물, 가전제품, 그리고 시끄러운 음악과 같은 것들로부터 소음을 만들어 냅니다. 이것은 사람들이 마음의 평화를 잃기 때문에 정신적인 문제를 일으키고, 때로는 수면을 방해하며, 불필요한 스트레스를 야기할 수도 있습니다. 예를 들면, 한국에서는 이웃으로부터의 소음이 종종 갈등으로 이어지고, 이것은 심각한 사회 문제가 되었습니다.

✏️ **Vocabulary / Expressions**

populate v 거주하다   face v 직면하다, 마주하다   neighbour n 이웃(사람)   lead to ~로 이어지다   conflict n 갈등   severe adj 심각한   home appliance 가정용 전자기기   disrupt v 방해하다   needless adj 불필요한

위의 예시 답변을 학습한 후 다시 나만의 답변을 해 보자.

2 Do you think it is possible for a large city to exist without noise pollution? (Why or why not?) 당신은 대도시가 소음 공해 없이 존재할 수 있다고 생각하나요? 🎧 P3-U6_2

나만의 답변을 해 보자.

[난이도 중 답변]

★★
5.5+

핵심 답변 No, I don't think a big city can exist without noise pollution. 부연 설명 Firstly, large cities are generally packed with people who make different types of noise in their daily lives. Secondly, large cities are continuously developing, so construction such as building better roads and skyscrapers is always underway. Thus, the noise in big cities is inevitable.

아니요, 저는 대도시가 소음 공해 없이 존재할 수 있다고 생각하지 않습니다. 첫째, 대도시는 보통 일상생활에서 다양한 유형의 소음을 만들어 내는 사람들로 꽉 차 있습니다. 둘째, 대도시는 끊임없이 발전하고 있기 때문에 더 좋은 도로나 초고층 빌딩을 짓는 것과 같은 공사가 항상 진행 중입니다. 따라서 대도시에서 소음은 불가피합니다.

[난이도 상 답변]

★★★
6.5+

핵심 답변 No, I don't think a big city can exist without noise pollution for the following reasons. 부연 설명 Firstly, large cities are generally packed with people, and they make many different types of noise in their daily lives. For example, they drive cars to work, which always makes noise. Moreover, their home appliances also make loud noises. Secondly, large cities are continuously developing, so construction such as building better roads and skyscrapers is always underway. Thus, the noise in big cities is inevitable.

아니요, 저는 다음과 같은 이유로 대도시가 소음 공해 없이 존재할 수 있다고 생각하지 않습니다. 첫째, 대도시는 보통 사람들로 꽉 차 있고, 그들은 일상생활에서 다양한 유형의 많은 소음을 만들어 냅니다. 예를 들어, 그들은 차를 운전해서 출근하는데, 그것은 항상 소음을 만들어 냅니다. 게다가 그들의 가전제품들 또한 큰 소음을 만들어 냅니다. 둘째, 대도시는 끊임없이 발전하고 있기 때문에 더 좋은 도로나 초고층 빌딩을 짓는 것과 같은 공사가 항상 진행 중입니다. 따라서 대도시에서 소음은 불가피합니다.

Vocabulary / Expressions

exist v 존재하다   generally adv 일반적으로   packed with ~로 가득한   continuously adv 계속적으로   construction n 건설, 공사   skyscraper n 고층 건물   inevitable adj 불가피한, 필수적인   home appliance 가정용 전자제품

위의 예시 답변을 학습한 후 다시 나만의 답변을 해 보자.

3 **Do you think noise pollution is treated differently from water and air pollution? (Why?)** 당신은 소음 공해가 수질 오염 및 대기 오염과 다르게 취급된다고 생각하나요? 🎧 P3-U6_3

나만의 답변을 해 보자.

[난이도 중 답변]

★★
5.5+

핵심 답변 Yes, I think people treat noise pollution less seriously than water and air pollution. 부연 설명 Specifically, I've seen advertisements and TV programs that show the severity of water and air pollution, while I've rarely seen anything about noise pollution.

네, 저는 사람들이 소음 공해를 수질 오염과 대기 오염보다 덜 심각하게 다룬다고 생각합니다. 구체적으로 말하면, 저는 수질 오염과 대기 오염의 심각성을 보여 주는 광고나 TV 프로그램을 본 적이 있는 반면, 소음 공해에 대해서는 거의 보지 못했습니다.

[난이도 상 답변]

★★★
6.5+

핵심 답변 Yes, I think people regard noise pollution as a problem to a lesser degree 부연 설명 because the effects of noise pollution are not as apparent to people's health compared to water and air pollution. Water and air pollution negatively impact the health of the population in an obvious way. However, noise can have indirect effects on people's condition. The direct effects are its annoyance and irritation, but the secondary effects can cause mental stress, trauma from lack of sleep, and disturbance to their tranquillity.

네, 저는 사람들이 소음 공해를 약한 정도의 문제로 간주한다고 생각합니다. 왜냐하면 소음 공해의 영향은 수질 오염과 대기 오염에 비해 사람들의 건강에 그다지 뚜렷하지 않기 때문입니다. 수질 오염과 대기 오염은 분명히 사람들의 건강에 부정적인 영향을 미칩니다. 그러나 소음은 사람들의 상태에 간접적인 영향을 미칠 수 있습니다. 직접적인 영향은 괴로움과 짜증이지만 이차적인 영향은 정신적 스트레스, 수면 부족에서 오는 정신적 외상, 그리고 그들의 평온에 방해를 야기할 수 있습니다.

🔖 **Vocabulary / Expressions**

severity n 심각성   regard v ~로 간주하다   apparent adj 분명한   compared to ~와 비교하여   negatively adv 부정적으로
impact v 영향을 주다   indirect adj 간접적인   annoyance n 괴로움, 불쾌감   irritation n 화, 짜증   trauma n 정신적 외상
disturbance n 방해   tranquillity n 평온, 고요함

위의 예시 답변을 학습한 후 다시 나만의 답변을 해 보자.

4 **If you wanted lawmakers to regulate noise pollution, how would you go about raising public support? (Why?)** P3-U6_4

만약 국회의원들이 소음 공해를 규제하기를 바란다면 당신은 국민의 지지를 어떻게 끌어올릴 것인가요?

나만의 답변을 해 보자.

[난이도 중 답변]

★★
5.5+

핵심 답변 Well, firstly, I would raise public awareness of the issue by making an ad campaign that highlights the negative effects of noise pollution. Secondly, I would bring the issue to the media's attention. Finally, I would personally lessen my contribution to noise pollution.

음, 우선 저는 소음 공해의 부정적인 영향을 강조하는 광고 캠페인을 만듦으로써 이 문제에 대한 대중의 인식을 높이려고 할 겁니다. 둘째, 저는 이 문제를 언론의 주목을 받게 할 것입니다. 마지막으로, 소음 공해에 대한 저의 원인 제공을 개인적으로 줄일 것입니다.

위의 답변은 적절한 핵심 답변들로 구성이 되어 있다. 하지만 '어떻게?'라는 질문에 대한 핵심 답변만 순차적으로 언급했고 부연 설명이 없기 때문에 고득점을 받기에는 부족한 답변이다.

[난이도 상 답변]

★★★
6.5+

서론 There are several things that I would do. 핵심 답변 Firstly, I would raise public awareness of the issue by making an ad campaign that highlights the negative effects of noise pollution. 부연 설명 This can grab the attention of both the public and the government. 핵심 답변 Secondly, I would bring the issue to the media's attention 부연 설명 because this will help the public be exposed to these problems. 핵심 답변 Finally, I would personally lessen my contribution to noise pollution. 결론 These actions can gain many people's support.

제가 하고 싶은 일이 몇 가지 있습니다. 첫 번째, 저는 소음 공해의 부정적인 영향을 강조하는 광고 캠페인을 만듦으로써 이 문제에 대한 대중의 인식을 높이려고 할 겁니다. 이것은 국민과 정부 모두의 관심을 받을 수 있습니다. 둘째, 저는 이 문제를 언론의 주목을 받게 할 것입니다. 왜냐하면 이것은 대중이 이 문제들에 노출되는 것을 도울 것이기 때문입니다. 마지막으로, 소음 공해에 대한 저의 원인 제공을 개인적으로 줄일 것입니다. 이러한 행동들은 많은 사람들의 지지를 얻을 수 있을 것입니다.

 Vocabulary / Expressions

raise v 높이다, 불러일으키다   public awareness 대중의 인식   ad n 광고   campaign n 캠페인   highlight v 강조하다   lessen v 줄이다   contribution n 기여, 원인 제공   grab the attention of ~의 관심을 끌다   be exposed to ~에 노출되다

위의 예시 답변을 학습한 후 다시 나만의 답변을 해 보자.

친구(Friends)

음원 바로 듣기

Part 3의 [Friends] 주제는 IELTS Speaking Part 2에서 어린 시절의 친구, 가장 친한 친구, 또는 성공한 친구 등을 묘사한 후 나오는 주제로 일반적인 질문들이 출제된다. 논리적인 답변을 통해 고득점을 받을 수 있는 파트이므로 답변 패턴을 학습하여 조리 있게 말하는 연습을 하자.

🔹 자주 나오는 문제 알아보기

친구를 사귀는 가장 흔한 방법은 무엇인가요?
What are the most common ways to make friends?

새로운 친구를 사귀는 방법이 최근 몇 년 동안 어떻게 바뀌었나요?
How have ways to make new friends changed in recent years?

당신은 몇 명의 유년 시절 친구들과 여전히 연락하나요? (당신은 왜 이 사람들과 연락하나요?)
How many childhood friends do you still keep in touch with? (Why do you keep in touch with these people?)

직원들은 동료들과 어울려야 하나요? (어울리도록 요구 받아야 하나요?)
Should employees be required to socialise with their co-workers? (Why or why not?)

🔶 브레인스토밍(brainstorming)

친구(Friends)에 대한 브레인스토밍을 해 보자.

- **과거 vs 현재 친구 사귀는 방법**

과거	현재
학교에서 얼굴 맞대고 대화한다 talk face to face in school 사교 모임에서 at social gatherings 운동을 함께 한다 play sports together	소셜 미디어를 통해 on social media – 기술 발전 technological advancements 학교에서 얼굴 맞대고 대화한다 talk face to face in school 사교 모임에서 at social gatherings 온라인상으로 함께 게임을 한다 play online games together

- **친구들과의 사교의 장점**

소속감을 느낄 수 있다 can feel a sense of belonging
즐거운 시간을 보낼 수 있다 can have an enjoyable time
스트레스를 풀 수 있다 can relieve stress

- **직장 동료와의 사교의 장단점**

장점	단점
직장 생활을 더 쉽게 만든다 make life at work more manageable 업무 효율성을 높인다 improve work efficiency	과중한 스트레스를 준다 place undue stress 사생활 침해를 야기한다 cause the invasion of privacy

1 What are the most common ways to make friends?

P3-U7_1

친구를 사귀는 가장 흔한 방법은 무엇인가요?

나만의 답변을 해 보자.

[난이도 중 답변]

★★
5.5+

핵심 답변 The most typical ways to make friends are to talk face to face in school and at social gatherings. **부연 설명** People spend time together, and if they find they have same interests, then they easily become friends.

친구를 사귀는 가장 일반적인 방법은 학교와 사교 모임에서 얼굴을 맞대고 이야기하는 것입니다. 사람들은 함께 시간을 보내고, 같은 관심사를 가지고 있음을 알게 되면 쉽게 친구가 됩니다.

[난이도 상 답변]

★★★
6.5+

서론 It varies from age to age. **핵심 답변** For children, the most typical way to make friends is to talk face to face in school. They become friends easily. However, as for adults, they often make friends at social gatherings with those that share the same interests. **부연 설명** For example, they make friends by doing the same hobby or by exercising. In my case, I became close friends with some of the people I met while taking yoga classes.

그것은 연령에 따라 다릅니다. 아이들의 경우에는 친구를 사귀는 가장 일반적인 방법은 학교에서 얼굴을 맞대고 이야기하는 것입니다. 그들은 쉽게 친구가 됩니다. 하지만 어른들의 경우는 그들은 종종 사교 모임에서 같은 관심사를 공유하는 사람들과 친구가 됩니다. 예를 들어, 그들은 같은 취미를 하거나 운동을 하면서 친구를 사귑니다. 저의 경우에는 요가 수업을 듣다가 만난 몇몇 사람들과 친한 친구가 되었습니다.

✏️ Vocabulary / Expressions

typical adj 일반적인, 전형적인   social gathering 사교 모임   vary v 다르다

위의 예시 답변을 학습한 후 다시 나만의 답변을 해 보자.

2 How have ways to make new friends changed in recent years? 🎧 P3-U7_2

새로운 친구를 사귀는 방법이 최근 몇 년 동안 어떻게 바뀌었나요?

나만의 답변을 해 보자.

[난이도 중 답변]

★★
5.5+

서론 In recent years, there have been several changes when people make friends. 핵심 답변 Firstly, people can make friends without meeting personally thanks to technological developments. 부연 설명 For example, using social network services such as Instagram or Facebook, people can easily become friends with those they haven't met before. 핵심 답변 Secondly, people can become friends with those who are older or younger than themselves at social gatherings based on their interests. 부연 설명 On the other hand, in the past, age was one of the most important factors in becoming friends.

최근 몇 년 동안 사람들이 친구를 사귈 때 몇 가지의 변화가 있었습니다. 첫째, 사람들은 기술 발전 덕분에 개인적으로 만나지 않고도 친구를 사귈 수 있습니다. 예를 들어, 인스타그램이나 페이스북과 같은 소셜 네트워크 서비스를 이용해서, 사람들은 전에 만난 적 없는 사람들과 쉽게 친구가 될 수 있습니다. 둘째, 사람들은 그들의 관심사에 근거하여 사교 모임에서 자신보다 나이가 많거나 적은 사람들과 친구가 될 수 있습니다. 반면에, 과거에는 나이가 친구가 되기 위한 가장 중요한 요소들 중 하나였습니다.

[난이도 상 답변]

★★★
6.5+

서론 There have been lots of changes due to technological advancements. 핵심 답변 Most importantly, people no longer have to meet personally to make friends. They can just do so on social media. 부연 설명 For example, social media gives you friend suggestions online, and people can also search for you using your phone number or email address. Through these methods, people make friends with people who they've never met, and they maintain their existing friendships as well. 핵심 답변 Moreover, since modern people value their leisure activities, people make friends through social gatherings. 부연 설명 They can easily become friends based on similar interests.

기술 진보 덕분에 많은 변화들이 있었습니다. 가장 중요한 것은, 사람들이 더 이상 친구를 사귀기 위해 개인적으로 만날 필요가 없다는 것입니다. 그들은 소셜 미디어에서 그렇게 할 수 있습니다. 예를 들면, 소셜 미디어가 당신에게 온라인에서 친구 제안을 해 주면, 사람들은 당신의 전화번호나 이메일 주소를 사용하여 당신을 검색할 수도 있습니다. 이런 방법을 통해 사람들은 한 번도 만난 적이 없는 사람들과 친구가 되고, 현재의 우정도 유지합니다. 게다가 현대인들은 여가 활동을 중시하기 때문에, 사람들은 사교 모임을 통해 친구를 사귑니다. 그들은 비슷한 관심사를 바탕으로 쉽게 친구가 될 수 있습니다.

🔖 Vocabulary / Expressions

thanks to ~ 덕분에   technological adj 기술의   due to ~ 때문에, ~ 덕분에   advancement n 발전, 진보

위의 예시 답변을 학습한 후 다시 나만의 답변을 해 보자.

3 How many childhood friends do you still keep in touch with? P3-U7_3

당신은 몇 명의 유년 시절 친구들과 여전히 연락하나요?

나만의 답변을 해 보자.

[난이도 중 답변]

★★
5.5+

핵심 답변 I have four friends whom I keep in touch with. **부연 설명** They are friends from our neighbourhood. We went to school together, and we belonged to the same church as well. We became the closest of friends, since we had many things in common. And we still have a good friendship and share lots of memories. Now, despite living far away from each other, we still meet every 2-3 months, and it is always one of my favourite moments.

제가 연락하고 지내는 친구가 4명 있습니다. 그들은 제 동네 친구들입니다. 우리는 함께 학교에 다녔고 같은 교회도 다녔습니다. 우리는 공통점이 많아서 가장 친한 친구가 되었습니다. 그리고 여전히 우리는 좋은 우정을 가지고 있고 많은 추억을 공유하고 있습니다. 지금은 서로 멀리 떨어져 살고 있음에도 불구하고 우리는 여전히 2~3개월마다 만나고, 이것은 항상 제가 가장 좋아하는 순간 중 하나입니다.

[난이도 상 답변]

★★★
6.5+

핵심 답변 I have probably four friends whom I keep in touch with. **부연 설명** They are friends from our neighbourhood. We went to school together, and we belonged to the same church as well. Since then, we've been the closest of friends through thick and thin, and I can say I know them inside and out. Now, despite living far away from each other, we still meet every 2-3 months, and we talk about how we've been doing, which is quite a treat!

제가 연락하고 지내는 친구가 4명 정도 있습니다. 그들은 제 동네 친구들입니다. 우리는 함께 학교에 다녔고 같은 교회도 다녔습니다. 그때 이후로, 우리는 한결같이 가장 친한 친구이고, 저는 그들을 속속들이 알고 있다고 말할 수 있습니다. 지금은 서로 멀리 떨어져 살고 있음에도 불구하고 우리는 여전히 2~3개월마다 만나고, 우리가 어떻게 지냈는지에 대해 이야기합니다. 이것은 정말 즐거운 일입니다.

위의 답변은 through thick and thin(좋을 때나 안 좋을 때나, 한결같이), inside and out(안과 밖 모두, 속속들이)과 같은 관용적인 표현들(Idiomatic Expressions)을 내용의 흐름에 맞게 자연스럽게 사용하였다. 고득점을 위해서 필요한 표현들이므로 반드시 관용적인 표현들을 포함하여 말하도록 하자.

🗂 Vocabulary / Expressions

keep in touch with ~와 연락하다   neighbourhood n 이웃, 동네   church n 교회   have something in common 공통점이 있다
despite prep ~에도 불구하고   through thick and thin 한결같이, 좋을 때나 안 좋을 때나   inside and out 겉과 속, 속속들이   treat n
특별한 것, 즐거움을 주는 것

위의 예시 답변을 학습한 후 다시 나만의 답변을 해 보자.

4 **Should employees be required to socialise with their co-workers? (Why or why not?)** 직원들은 동료들과 어울려야 하나요? (어울리도록 요구 받아야 하나요?) 🎧 P3-U7_4

나만의 답변을 해 보자.

[난이도 중 답변]

★★
5.5+

핵심 답변 No, I don't think they should be required to socialise with their co-workers. **부연 설명** To be more specific, it's up to them. They should decide whether they want to socialise with their colleagues or not by themselves. This is because it may feel like a burden just like work to them if it is mandatory to socialise with co-workers who they feel uncomfortable with.

아니요, 저는 그들이 동료들과 어울리도록 요구 받아서는 안 된다고 생각합니다. 좀 더 구체적으로 말하면, 그건 그들에게 달려 있습니다. 그들은 동료들과 어울리고 싶은지 아닌지를 스스로 결정해야 합니다. 왜냐하면 만약 그들이 불편하다고 느끼는 동료들과 교제하는 것이 의무라면, 그것은 일과 마찬가지로 그들에게 부담으로 느껴질 수 있기 때문입니다.

[난이도 상 답변]

★★★
6.5+

핵심 답변 No, I don't believe socialising with their co-workers should be forced. **부연 설명** There has to be willingness on the part of the employees to gather together. In other words, socialising should be a natural phenomenon to make it sincere. And having a genuine relationship with others in the workplace will make life at work more manageable and improve efficiency. On the other hand, if it is mandatory to socialise with co-workers who they feel uncomfortable with, it can create undue stress.

아니요, 저는 동료들과 어울리는 것은 강요되어서는 안 된다고 생각합니다. 직원들 측에서 기꺼이 서로 함께 모이려는 마음이 있어야 합니다. 다시 말해서, 사람들과 사귀는 것은 그것을 진실한 것으로 만들기 위해서는 자연스러운 현상이어야 합니다. 그리고 직장에서 다른 사람들과 진실한 관계를 맺는 것은 직장 생활을 더 쉽게 하고 효율성을 높일 것입니다. 반면에, 만약 그들이 불편하다고 느끼는 동료들과 교제하는 것이 의무라면, 그것은 과도한 스트레스를 야기할 수 있습니다.

🔖 **Vocabulary / Expressions**

socialise v (사람들과) 어울리다   be up to ~에 달려 있다   colleague n 동료   burden n 부담, 짐   mandatory adj 의무적인   force v 강요하다   willingness n 기꺼이 하는 마음   sincere adj 진실된   genuine adj 진실한   life at work 직장 생활   manageable adj 관리하기 쉬운   efficiency n 효율성   undue adj 과도한

위의 예시 답변을 학습한 후 다시 나만의 답변을 해 보자.

1 **What kinds of people should be invited to give a speech?** P3-E1Q

나만의 답변을 해 보자.

2 **When do you become a good listener?** P3-E2Q

나만의 답변을 해 보자.

3 **Is it important for children to listen to speeches?** P3-E3Q

나만의 답변을 해 보자.

4 **What are the qualities of a good public speaker?** P3-E4Q

나만의 답변을 해 보자.

PAGODA IELTS Speaking

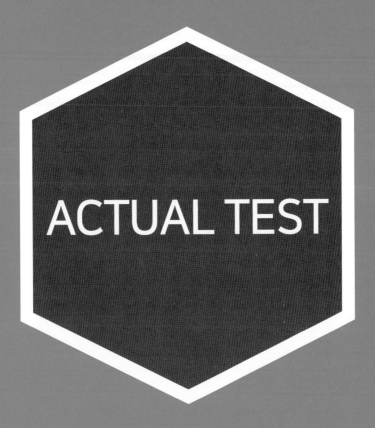

ACTUAL TEST

Actual Test 1

예시 답변 및 해석 p.286

PART 1

 AT1-P1

Handwriting

1. Do you often write with a pen?
2. Is your handwriting easy to read for other people?
3. Do you like receiving handwritten cards?
4. Can we tell someone's personality from their handwriting?

PART 2

 AT1-P2

> **Describe a time you solved a problem through the Internet.**
>
> You should say:
> - what the problem was
> - how you solved this problem
> - how long it took to solve this problem
>
> and explain how you felt about it.

PART 3

 AT1-P3

1. What do people do online in their free time?
2. What influence does the Internet have on schools?
3. Do you think many people waste their time on the Internet?
4. What can people do with the Internet in the future?

Note

Actual Test 2

예시 답변 및 해석 p. 290

PART 1

Coffee or tea

1. Do Korean people like to drink tea or coffee?
2. Do you prepare tea or coffee for the guests in your place?
3. When was the last time you drank tea or coffee?
4. What are the drawbacks of having too much coffee?

PART 2

Describe an ideal house.

You should say:
- where this place is
- what it is like
- when you want to live there

and explain why it is ideal to you.

PART 3

1. What are the differences between living in the city and living in the countryside?
2. Can you compare the cities of the past and present?
3. What are the differences between an old house and a new house?
4. Is it important to protect old buildings?

Note

PAGODA IELTS Speaking

예시 답변
및 해석

예시 답변 응원 듣기

1.   당신은 휴가 때 무엇을 하나요?   P1-E1A

It differs every time. Sometimes I enjoy travelling, but sometimes I just stay home because I feel that having moments for myself is precious enough and getting some rest is already a part of the holiday.

매번 다릅니다. 가끔 저는 여행을 즐기기도 하지만, 때로는 집에 그냥 머무릅니다. 왜냐하면 저는 제 자신을 위한 순간들이 충분히 소중하고, 휴식을 취하는 것이 이미 휴가의 일부라고 느끼기 때문입니다.

어휘 differ ⓥ 다르다   precious adj 소중한, 귀한   rest ⓝ 휴식

2.   당신은 어떤 곳을 여행하는 것을 좋아하나요?   P1-E2A

I would like to visit different countries during the holidays because I wish to go to places that I have never been to. There, I can broaden my perspectives since I will be able to experience new things and meet people from different backgrounds.

저는 제가 가 본 적이 없는 곳에 가고 싶기 때문에 휴가 동안 다른 나라를 방문하고 싶습니다. 그곳에서 저는 새로운 것을 경험할 수 있고, 다른 배경의 사람들을 만날 수 있기 때문에 시야를 넓힐 수 있습니다.

어휘 broaden ⓥ 넓히다   perspective ⓝ 관점, 시야

3.   당신은 누구와 함께 여행을 하고 싶나요?   P1-E3A

Well, I would like to travel with my mother. As I get older, I cherish being with her since I feel the time I spend with her is very precious. So whenever I have time, I want to make as many good memories as possible with her.

음, 저는 어머니와 함께 여행을 하고 싶습니다. 나이가 들면서 저는 어머니와 함께 보내는 시간이 매우 소중하다고 느끼기 때문에 그녀와 함께 있는 것을 소중히 여깁니다. 그래서 시간이 날 때마다 그녀와 함께 가능한 한 많은 좋은 추억을 만들고 싶습니다.

어휘 cherish ⓥ 소중히 여기다   precious adj 귀한, 소중한   memory ⓝ 추억, 기억

4.   당신 나라에는 외국인 관광객들이 많나요?   P1-E4A

Yes, there are many tourists from other nations. Nowadays, Korea is famous for K-pop. So a lot of K-pop fans are coming to my country to experience Korean culture. Besides, we are well known for our good fashion industry, so many Asian travellers visit Korea to shop for cosmetics and clothing.

네, 다른 나라에서 온 많은 관광객들이 있습니다. 요즘 한국은 K-pop으로 유명합니다. 그래서 많은 K-pop 팬들이 한국 문화를 경험하기 위해 우리나라에 오고 있습니다. 게다가 우리는 패션 산업으로도 잘 알려져 있어서 많은 아시아 여행자들이 화장품과 옷을 사기 위해 한국을 방문합니다.

어휘 experience ⓥ 경험하다   besides adv 게다가   well known adj 잘 알려진

1.　당신이 흥미롭게 느낀 연설이나 강의에 대해 묘사하세요.　🎧 P2-E1A

- 언제 들었는지
- 어디서 들었는지
- 무엇에 관한 것이었는지

그리고 왜 그것이 흥미로웠는지 설명하세요.

A month ago, I attended a lecture presented by a famous writer.

It was held in the lecture hall of my university, where special lectures are usually conducted. My university invited him to give a talk. It is a custom for the university to invite famous people every year and give students an opportunity to listen to the lectures. The university believes that it is highly important for its students to listen to motivational speeches to perform better in school and life.

He has written several critically acclaimed self-help books about how to attain success in life, so it's no wonder that he discussed with us the recipe he had for a successful life. There are several points he mentioned. First of all, he emphasised that a person must accept and adapt to change to find success. For example, technology is always advancing every second, so if a person is not adept at following along with the trends, he will be left out quickly. Moreover, one also has to be a risk taker. This is because there are many opportunities out there. However, if you are too afraid to take the plunge, the opportunity might just pass you by, and you will be paralysed by fear. Lastly, you have to challenge yourself to go beyond your limits constantly. A person might think that he or she has financial, physical or mental limitations. However, if we let the limitations stop us from growing, then success will flee from us.

I thought it was inspirational. I was encouraged to challenge myself to reach new heights, as I became more determined than ever to reach my goals after listening to his speech.

한 달 전에 저는 유명한 작가가 발표한 강연에 참석했습니다.

그것은 저희 대학의 강의실에서 열렸습니다. 그곳은 보통 특강이 이루어지는 곳입니다. 저희 대학교는 그를 강연하도록 초청했습니다. 저희 대학에서는 매해 유명인들을 초청해서 학생들에게 그 강의를 들을 수 있는 기회를 주는 것이 관례입니다. 학교는 학생들이 학교와 인생에서 더 나은 성과를 내기 위해서 동기부여가 되는 강연들을 듣는 것이 매우 중요하다고 믿고 있습니다.

그는 인생에서 성공하는 방법에 대해 비평가들의 극찬을 받은 몇 권의 자기계발서를 썼기 때문에 성공적인 삶을 위해 그가 가진 방안들을 우리에게 논했던 것은 당연한 것이었습니다. 그가 언급한 몇 가지 요점이 있습니다. 첫 번째로, 그는 사람들은 성공을 찾기 위해 변화를 받아들이고 적응해야 한다고 강조했습니다. 예를 들면, 기술이 매초마다 발전하고 있기 때문에, 만약 어떤 사람이 트렌드를 따르는 데 능숙하지 않다면, 그는 빠르게 소외될 것입니다. 게다가 사람들은 위험을 무릅쓰기도 해야 합니다. 왜냐하면 그곳에 많은 기회가 있기 때문입니다. 그러나 만약 당신이 너무 두려워서 뛰어들지 않는다면, 그 기회는 당신을 그냥 지나칠 수도 있고, 당신은 두려움에 의해 무력해질 수 있습니다. 마지막으로, 자신의 한계를 넘어서기 위해서는 끊임없이 자신에게 도전해야 합니다. 사람은 재정적, 육체적 혹은 정신적으로 한계가 있다고 생각할지 모릅니다. 그러나 그 한계로 인해 우리의 성장이 멈춘다면, 성공은 우리에게서 달아날 것입니다.

저는 그것이 영감을 줬다고 생각했습니다. 저는 그의 연설을 듣고 그 어느 때보다도 저의 목표에 노닐하기로 더욱 결단하게 되었고, 새로운 단계에 도달하기 위해 제 자신에 도전하도록 격려 받았습니다.

attend ⓥ 참석하다   lecture ⓝ 강연   hold ⓥ 열다, 개최하다   conduct ⓥ 수행하다, 처리하다   custom ⓝ 규칙, 관례
motivational ⓐⓓⓙ 동기를 부여하는   speech ⓝ 강연, 연설   perform ⓥ 수행하다   critically ⓐⓓⓥ 비평적으로   acclaimed
ⓐⓓⓙ 호평을 받는   self-help book 자기계발서   attain ⓥ 이루다   success ⓝ 성공   no wonder ~는 놀랄 일도 아니다
(당연하다)   emphasise ⓥ 강조하다   adapt ⓥ 적응하다   adept ⓐⓓⓙ 능숙한   risk taker 위험을 무릅쓰는 사람, 모험가
take the plunge 결단을 내리다, 뛰어들다   paralyse ⓥ 무력하게 만들다   challenge ⓥ 도전하다   limit ⓝ 한계
constantly ⓐⓓⓥ 끊임없이   limitation ⓝ 한계   flee ⓥ 달아나다   inspirational ⓐⓓⓙ 영감을 주는   encourage ⓥ 격려하다
heights ⓝ 정상, 단계   reach ⓥ 도달하다   goal ⓝ 목표

2. 당신이 가장 좋아하는 기계 제품에 대해 묘사하세요. 🎧 P2-E2A

- 무엇인지
- 어디서 구입했는지
- 얼마나 오랫동안 가지고 있었는지

그리고 왜 그것이 당신이 가장 좋아하는 제품인시 설명하세요.

Let me tell you about my favourite technological gadget.

I like my mobile phone, which I bought a couple of months ago, the most. It is the latest model, so it's equipped with state-of-the-art technology.

A few months ago, I visited a mobile phone store since I had used my previous one for three years and it was time to change it. The staff strongly recommended a new mobile phone, and I also liked it.

I've been using it for almost two months, and so far, I'm a satisfied customer. I mainly use my smartphone for messaging and searching for information on the Internet.

There are plenty of reasons why it is my favourite technological device. First of all, I like the design, which is very simple and modern. And its metallic colour makes it look sophisticated. Secondly, it is quite handy thanks to its cutting-edge technology. For example, I don't need even to touch the screen to unlock it. It uses iris scan technology. It also identifies my fingerprint. Moreover, it is compact and portable, unlike other technological gadgets such as computers. That's why I always take it with me wherever I go. Last but not least, this device has a variety of functions like a camera, a planner, and Internet access. So I can enjoy my time doing various things.

제가 가장 좋아하는 기계 제품에 대해 이야기하겠습니다.

저는 몇 달 전에 샀던 휴대폰을 가장 좋아합니다. 그것은 최신형이어서 최첨단 기술을 갖췄습니다.

몇 달 전에 저는 휴대폰 매장을 방문했습니다. 제가 이전 것을 3년 동안 사용해서 그것을 바꿀 때가 되었기 때문입니다. 점원이 새 휴대폰을 강력히 추천했고, 저도 그것이 마음에 들었습니다.

저는 그것을 거의 두 달 동안 사용하고 있는데, 지금까지는 만족하는 고객입니다. 저는 제 스마트폰을 주로 메시지를 보내고 인터넷으로 정보를 찾는 데 사용합니다.

그것이 제가 가장 좋아하는 기계 장치인 데에는 많은 이유가 있습니다. 우선, 저는 그 디자인이 마음에 듭니다. 그것은 매우 심플하고 현대적입니다. 그리고 메탈 색감으로 세련되어 보입니다. 둘째로, 그것은 최첨단 기술 덕분에 꽤 편리합니다. 예를 들어, 저는 잠금을 풀기 위해 화면을 만질 필요도 없습니다. 홍채 인식 기술을 사용합니다. 그것은 또한 지문을 식별합니다. 게다가 그것은 컴퓨터 같은 다른 기계 제품과는 다르게 소형이고 휴대가 쉽습니다. 그래서 저는 항상 어디를 가든지 그것을 가지고 다닙니다. 마지막으로, 이 기기장치는 카메라, 플래너, 인터넷 접속과 같은 다양한 기능을 가지고 있습니다. 그래서 저는 다양한 것들을 하면서 즐거운 시간을 보낼 수 있습니다.

For the past two months that I have had it, it has never failed to amaze me when I use these functions. That's because I never thought something like this would be developed in my generation. For these reasons, I like this device the most.	그것을 가지고 있었던 지난 두 달 동안에 그것은 결코 그것을 사용하는 저를 놀라게 하지 않은 적이 없습니다. 이것과 같은 것이 제 세대에서 발전할 거라고는 전혀 생각하지 않았기 때문입니다. 이런 이유로 저는 이 기기를 가장 좋아합니다.

어휘 favourite [adj] 가장 좋아하는 technological [adj] 기술의 gadget [n] 도구, 기구 latest [adj] 가장 최신의 equipped [adj] 장비를 갖춘 state-of-the-art [adj] 최첨단의 previous [adj] 이전의 recommend [v] 추천하다 satisfied [adj] 만족하는 customer [n] 고객 device [n] 장치 metallic [adj] 금속의 sophisticated [adj] 세련된 quite [adv] 꽤 handy [adj] 편리한 cutting-edge [adj] 최첨단의 a variety of 다양한 function [n] 기능 amaze [v] 놀라게 하다

CHAPTER 02.
실전 다지기   PART 3 Exercise   예시 답변 응원 듣기

1. 어떤 사람들이 초청되어 연설을 해야 하나요?   🎧 P3-E1A

There are several factors to consider before choosing a person. First of all, it depends on what kind of speech is to be given. If the speech is about a specific field of expertise, it is reasonable to have a subject-matter expert who is well qualified. Secondly, some celebrities can be good speakers because they are quite influential to youngsters and they can become role models. For example, in South Korea, BTS is quite famous; so many fans try to do good things because they were suggested by the band's members.	사람을 선택하기 전에 고려해야 할 몇 가지 요소들이 있습니다. 우선, 어떤 연설을 하느냐에 따라 다릅니다. 만약 연설이 특정한 전문 지식 분야에 관한 것이라면, 자격이 충분한 주제별 전문가가 하는 것이 타당합니다. 둘째, 일부 유명인들은 좋은 연설가가 될 수 있습니다. 왜냐하면 그들은 젊은이들에게 꽤 영향력이 있고 역할 모델이 될 수 있기 때문입니다. 예를 들면, 한국에서 방탄소년단은 꽤 유명합니다. 그래서 많은 팬들은 좋은 일을 하려고 노력합니다. 왜냐하면 그것들은 밴드의 멤버들에 의해 제안되었기 때문입니다.

어휘 factor [n] 요소 consider [v] 고려하다 choose [v] 선택하다 depend on ~에 달려 있다 kind [n] 종류 specific [adj] 특정한 field [n] 분야 expertise [n] 전문 지식, 기술 reasonable [adj] 타당한 subject matter 주제 expert [n] 전문가 qualified [adj] 자격이 있는 celebrity [n] 유명 인사, 연예인 influential [adj] 영향력이 있는

2. 당신은 언제 남의 말을 경청하나요? (좋은 경청자가 되나요?)   🎧 P3-E2A

Well, there are several circumstances in which I would be listening intently. First of all, if the topic speaks to my heart, then I'd probably listen closely throughout. For instance, I relish spending time watching news on any local channel about social events, because they arouse my interest. Secondly, I become a good listener when the speech is related to my work.	음, 제가 열심히 듣는 몇 가지 경우가 있습니다. 우선, 만약 주제가 제 마음을 움직인다면, 저는 아마 처음부터 끝까지 자세히 들을 것입니다. 예를 들면, 저는 어떤 지역 채널에서든 사회적 사건들에 관한 뉴스를 보며 시간을 보내는 것을 좋아합니다. 왜냐하면 그것들은 저의 흥미를 불러일으키기 때문입니다. 둘째, 저는 연설이 제 일과 관련될 때 경청하게 됩니다.

어휘 circumstance [n] 경우, 상황 intently [adv] 열심히 probably [adv] 아마도 throughout [adv] 쭉, 내내 relish [v] 즐기다 arouse [v] 불러일으키다 interest [n] 흥미 related to ~와 관련된

3. 아이들이 연설을 듣는 것이 중요한가요?

 P3-E3A

Yes, listening to speeches is significant for children for the following reasons. First and foremost, it can give them useful lessons, which might help them in real life. For example, listening to successful people can motivate youngsters to do better in life. Also, these talks could inspire them to be more creative. Furthermore, some children tend to be impatient and easily bored, so these speeches could also teach them the value of patience and responsibility. In conclusion, listening to speeches is truly beneficial for young learners.

네, 다음과 같은 이유로 아이들이 연설을 듣는 것은 중요합니다. 무엇보다도, 그것은 그들에게 유용한 교훈을 줄 수 있고, 그것은 실제 생활에 도움이 될 수도 있습니다. 예를 들어, 성공한 사람들의 말을 듣는 것은 젊은 이들이 인생에서 더 잘하도록 동기를 부여할 수 있습니다. 게다가 이 연설들은 그들이 좀 더 창의적이 되도록 고무할 수도 있습니다. 게다가 어떤 아이들은 참을성이 없고 쉽게 지루해하는 경향이 있어서 이러한 연설은 또한 그들에게 인내심과 책임감의 가치를 가르쳐 줄 수 있습니다. 결론적으로 연설을 듣는 것은 어린 학습자들에게 정말 유익합니다.

어휘 significant adj 중요한　successful adj 성공한　motivate v 동기를 부여하다　inspire v 고무하다, 격려하다　creative adj 창의적인　impatient adj 참을성이 없는　bored adj 지루해하는　patience n 인내심　responsibility n 책임감

4. 좋은 연설가의 자질은 무엇인가요?

 P3-E4A

Well, there are several essential skills to be an excellent public speaker. First of all, you need to have a good command of your voice so that you can captivate the audience. Secondly, you need to be confident when you speak in public. With these skills, you can draw the audience's attention to your key points and convince them. In a nutshell, these are the crucial factors for becoming a public speaker.

음, 훌륭한 대중 연설가가 되기 위한 몇 가지 필수적인 기술들이 있습니다. 무엇보다도, 당신은 청중을 사로잡을 수 있는 좋은 발성 구사 능력을 가져야 합니다. 둘째, 당신은 대중 앞에서 말할 때 자신감을 가질 필요가 있습니다. 이러한 기술들로 당신은 청중의 관심을 당신이 말하는 요점으로 끌어들일 수 있고, 그들을 설득할 수 있습니다. 간단히 말하면, 이것들은 대중 연설가가 되기 위한 결정적인 요소들입니다.

어휘 essential adj 필수적인　skill n 기술　excellent adj 훌륭한　command n 구사 능력　captivate v 마음을 사로잡다　audience n 청중　convince v 설득하다　crucial adj 결정적인, 중대한

ACTUAL TEST | **Actual Test 1**

예시 답변 응원 듣기

🔖 PART 1 [필적(Handwriting)]

1. 당신은 펜으로 자주 글씨를 쓰나요?

 AT1-P1_1A

Yes, I often write with a pen because I am more comfortable with writing by hand rather than typing. In fact, I still keep a diary by hand.

네, 저는 타이핑하는 것보다는 손으로 글씨를 쓰는 것이 더 편해서 펜으로 종종 글을 씁니다. 실제로 저는 지금도 손글씨로 일기를 씁니다.

어휘 comfortable adj 편안한, 수월한　rather than ~보다는, ~대신에　keep a diary 일기를 쓰다　by hand 손으로

2. 당신의 필체는 다른 사람들이 읽기 쉽나요?

Yes, I think my penmanship is quite legible for other people because I hear no complaints. Some people have complimented my handwriting.

네, 제 필체는 다른 사람들에게 꽤 읽기 쉬운 것 같습니다. 왜냐하면 저는 불평하는 것을 못 들었기 때문입니다. 몇몇 사람들은 제 필체를 칭찬하기도 했습니다.

어휘 penmanship n 필체　quite adv 꽤　legible adj 읽을 수 있는　complaint n 불평　compliment v 칭찬하다
handwriting n 필체

3. 당신은 손으로 쓴 카드를 받는 것을 좋아하나요?

Yes, I fancy receiving handwritten cards because I can feel their warm-heartedness. Nowadays, most people leave messages through text or email, which is void of emotion. So I feel special when receiving a handwritten card.

네, 저는 손으로 쓴 카드를 받는 것을 좋아합니다. 왜냐하면 그들의 따뜻한 마음을 느낄 수 있기 때문입니다. 요즘에는 대부분의 사람들이 감정이 결여된 문자나 이메일을 통해 메시지를 남깁니다. 그래서 저는 손으로 쓴 카드를 받을 때 특별함을 느낍니다.

어휘 fancy v 좋아하다, 원하다, ~하고 싶다　warm-heartedness n 따뜻한 마음　void of ~이 없는, ~이 결여된

4. 우리는 사람의 성격을 그들의 필체로 알 수 있나요?

Well, I can say 'yes.' We can tell someone's personality from their handwriting because the way people write reflects their raw emotions. For example, somebody who is impatient can write too fast, and it will be difficult to understand their handwriting. On the other hand, a person who is meticulous could write things in a very orderly fashion.

음, 그렇다고 말할 수 있습니다. 우리는 어떤 사람의 성격을 필체로 구분할 수 있습니다. 왜냐하면 사람들이 글을 쓰는 방식은 그들의 원초적인 감정을 반영하기 때문입니다. 예를 들어, 참을성이 없는 사람은 너무 빨리 글을 쓸 수 있고 그들의 필체를 알아보기 어려울 수 있습니다. 반면에 꼼꼼한 사람은 매우 정돈된 방식으로 글을 쓸 것입니다.

어휘 personality n 성격　reflect v 나타내다, 반영하다　impatient adj 참을성이 없는　meticulous adj 꼼꼼한　orderly adj
정돈된　fashion n 방식, 방법

PART 2

당신이 인터넷을 통해 문제를 해결한 때를 묘사하세요.

- 그 문제가 무엇이었는지
- 어떻게 이 문제를 해결했는지
- 이 문제를 해결하는 데 시간이 얼마나 오래 걸렸는지

그리고 당신이 어떻게 느꼈는지를 설명하세요.

Of all the problems I have had to troubleshoot through the Internet, my smart TV issue a couple of months ago takes the cake.

제가 인터넷을 통해 해결해야 했던 모든 문제들 중에서, 몇 달 전에 제 스마트 TV 문제가 가장 최고였습니다.

I bought a smart TV a year ago. As far as I remember, it cost me a lot of money to purchase it since it was the latest model at that time. One day, I turned on the TV, but somehow it didn't work. It said there was an internal error. I was quite irritated because it had worked well before until that day it suddenly happened. I didn't know what to do about the problem, so the only thing I could do was just unplug it and plug it back in. But disappointingly, it didn't help.

So I had to look up online whether there was a similar case to mine. Luckily, I found a blog that explained what the problem was. It contained very detailed information, which was easy to follow. It taught me to fix the setting for the video inputs.

After about 30 minutes of tinkering with it, I was eventually able to watch my favourite programs on it! It was smooth sailing from then on.

However, at first, I was frustrated since it might have cost a lot of money to call the technician if I couldn't solve it. Fortunately, I could deal with the problem by myself with the help of the Internet. It made me feel relieved, and I had a sense of achievement. Although there is indeed plenty of information online which is unreliable, I found this information very useful.

In conclusion, this is how I felt about the problem.

저는 1년 전에 스마트 TV를 샀습니다. 제가 기억하는 한, 그것은 그 당시 최신 모델이었기 때문에 그것을 구입하는 데 많은 비용이 들었습니다. 어느 날 TV를 켰는데 어찌된 일인지 작동되지 않았습니다. 내부 오류가 있다고 했습니다. 갑자기 그런 일이 발생한 날까지 잘 작동되었었기 때문에 저는 꽤 짜증이 났습니다. 저는 그 문제를 어떻게 해야 할지 몰랐고, 제가 유일하게 할 수 있는 것은 플러그를 뽑았다가 다시 꽂는 것뿐이었습니다. 하지만 실망스럽게도 도움이 되지 않았습니다.

그래서 제 경우와 비슷한 사례가 있는지 온라인으로 찾아봐야 했습니다. 다행히도 저는 무엇이 문제였는지 설명하는 블로그를 발견했습니다. 그것은 매우 상세한 정보를 담고 있었고, 따라 하기 쉬웠습니다. 그것은 제게 비디오 입력에 대한 설정을 수정하는 법을 알려 주었습니다.

약 30분 동안 어설프게 그것을 손본 후에, 결국 저는 제가 좋아하는 프로그램을 볼 수 있었습니다. 그때부터는 순탄했습니다.

하지만 처음에 저는 낙담했습니다. 왜냐하면 제가 이것을 해결하지 못해서 기술자를 부른다면 비용이 많이 들기 때문입니다. 다행히 인터넷의 도움으로 혼자서 문제를 해결할 수 있었습니다. 이것은 저로 하여금 안도하게 만들었고, 저는 성취감을 느꼈습니다. 비록 온라인에는 믿을 수 없는 정말 많은 정보가 있지만, 저는 이 정보가 매우 유용하다고 느꼈습니다.

결론적으로 이것이 제가 그 문제에 대해 가졌던 감정입니다.

어휘 troubleshoot ⓥ 문제를 해결하다, 처리하다   as far as ~하는 한   purchase ⓥ 구입하다   latest adj 가장 최신의   turn on ~을 켜다   somehow adv 왠지, 어찌된 일인지   work ⓥ 작동되다   irritated adj 짜증난   happen ⓥ 발생하다, 일어나다   disappointingly adv 실망스럽게도   luckily adv 다행히   contain ⓥ ~이 들어 있다   tinker ⓥ 서투르게 고치다   smooth sailing 순탄한 일   frustrated adj 좌절감을 느낀, 낙담한(실망한)   technician ⓝ 기술자   fortunately adv 다행스럽게도   deal with 처리하다   relieved adj 안도하는   achievement ⓝ 성취   indeed adv 정말   unreliable adj 신뢰할 수 없는   useful adj 유용한

PART 3

1. 사람들은 여가 시간에 온라인으로 무엇을 하나요?

🎧 AT1-P3_1A

Well, there are plenty of things that people do on the Internet in their spare time. First of all, people can watch a variety of content on YouTube. In fact, many people enjoy watching videos on YouTube as their hobby. Secondly, they can spend their free time playing online games. There are so many interesting games these days. One particular game is about an alien race on their planet, and the

음, 사람들이 여가 시간에 인터넷상에서 하는 많은 것들이 있습니다. 우선, 사람들은 유튜브에서 다양한 콘텐츠를 볼 수 있습니다. 실제로 많은 사람들이 그들의 취미로 유튜브에서 비디오를 보는 것을 즐깁니다. 둘째, 그들은 온라인 게임을 하면서 여가 시간을 보낼 수 있습니다. 요즘은 흥미로운 게임들이 매우 많이 있습니다. 한 특정한 게임은 그들의 행성에 있는 외계인 종족에 관한 것인데 게임의 풍경뿐만 아니라 그래픽

details in the graphics as well as the landscape in the game are incredible. Your character can swim in the ocean, hike up a mountain and even go through caves underground. It feels so realistic. So that's what keeps people busy online.

의 세부 사항들도 믿어지지 않을 정도입니다. 당신의 캐릭터가 바다에서 수영하고, 산을 오르고, 심지어 지하 동굴을 통과할 수도 있습니다. 그것은 정말 사실적인 느낌입니다. 그게 사람들을 온라인상에서 바쁘게 하는 것입니다.

어휘 spare time 여가 시간 alien [adj] 외계의 race [n] 종족 planet [n] 행성 graphics [n] 그래픽스, 삽화 landscape [n] 풍경, 경관 incredible [adj] 믿기 힘든 cave [n] 동굴 underground [adv] 지하에 realistic [adj] 사실적인

2. 인터넷은 학교에 어떤 영향을 미치나요?

 AT1-P3_2A

I guess the Internet has both positive and negative effects on schools. With regard to the beneficial aspects, the Internet can be a useful educational tool. To be more specific, visual and audio content on the Internet can easily attract children's attention. This makes students concentrate more on what they are being taught, so they are able to understand it better. On the other hand, it may disturb children's study habits. Since there are so many temptations such as online games or entertaining video clips on the Internet, students may fail to focus on their studies.

저는 인터넷이 학교에 긍정적인 영향과 부정적인 영향을 모두 미친다고 생각합니다. 유익한 측면과 관련해서, 인터넷은 유용한 교육 도구가 될 수 있습니다. 좀 더 구체적으로 말하면, 인터넷에 있는 시각 및 오디오 콘텐츠는 아이들의 관심을 쉽게 끌 수 있습니다. 이것은 학생들로 하여금 그들이 배우고 있는 것에 더 집중해서, 그들이 그것들을 더 잘 이해할 수 있게 합니다. 반면에, 그것은 아이들의 공부 습관을 방해할 수도 있습니다. 인터넷에는 온라인 게임이나 오락 비디오 클립 같은 유혹이 너무 많이 있기 때문에 학생들은 공부에 집중하지 못할 수도 있습니다.

어휘 with regard to ~에 관해서는 beneficial [adj] 유익한 aspect [n] 측면 educational [adj] 교육적인 tool [n] 도구 visual [adj] 시각의 audio [adj] 음성의, 오디오의 attract [v] (관심, 마음을) 끌다 attention [n] 관심, 흥미 concentrate on ~에 집중하다 disturb [v] 방해하다 temptation [n] 유혹 focus on ~에 집중하다

3. 당신은 많은 사람들이 온라인에서 시간을 낭비한다고 생각하나요?

AT1-P3_3A

Yes, I absolutely think so. This is because there is infinite online content which caters to different individual tastes. It is so interesting that it can easily grab people's attention. For example, when I watch a video on YouTube, I tend to spend too much time because these days it even suggests more videos you might be interested in, so it is quite difficult to stop watching. Sometimes, I get hooked. Therefore, using the Internet makes people waste their time.

네, 저는 정말 그렇게 생각합니다. 왜냐하면 여러 개인의 취향을 만족시켜 주는 무한한 온라인 콘텐츠가 있기 때문입니다. 이것은 매우 흥미롭기 때문에 사람들의 관심을 쉽게 끌 수 있습니다. 예를 들어, 제가 유튜브에서 비디오를 볼 때, 저는 너무 많은 시간을 소비하는 경향이 있습니다. 왜냐하면 요즘에는 관심을 가질 수 있는 더 많은 비디오를 추천해 주기 때문에 보는 것을 멈추는 것이 꽤 어렵습니다. 가끔 저는 완전 빠지기도 합니다. 그러므로 인터넷을 이용하는 것은 사람들로 하여금 시간을 낭비하게 합니다.

어휘 absolutely [adv] 완전히, 확실히 infinite [adj] 무한한 cater to ~를 만족시키거나 taste [n] 취향 grab [v] 관심을 끌다 hooked [adj] ~에 빠진 waste [v] 낭비하다

4. 미래에 사람들은 인터넷으로 무엇을 할 수 있나요? AT1-P3_4A

Well, in the future, I think people will be able to do virtually everything on the Internet. Firstly, they can study online at home without going to school. Students may be able to have the same experiences they have at school, such as discussing things with their peer groups. Also, people can enjoy travelling in the cyber space by wearing special glasses. With this cutting-edge technology, they may feel as if they are in the actual place.	음, 미래에는 사람들이 인터넷에서 사실상 모든 것을 할 수 있을 것이라고 생각합니다. 첫째, 그들은 학교에 가지 않고도 집에서 온라인 공부를 할 수 있습니다. 학생들은 또래 집단과 토론하는 것 같은 학교에서 하는 경험을 동일하게 할 수 있을 것입니다. 또한 사람들은 특별한 안경을 씀으로써 사이버 공간에서 여행할 수 있습니다. 이러한 최첨단 기술 덕분에 그들은 마치 실제 장소에 있는 것처럼 느낄 것입니다.

어휘 virtually adv 사실상 experience n 경험 peer n 또래 cyber adj 사이버의, 인터넷상의 cutting-edge adj 최첨단의 as if 마치 ~인 것처럼

ACTUAL TEST **Actual Test 2** 예시 답변 응원 듣기

🎧 **PART 1** [커피 또는 차]

1. 한국 사람들은 차 마시는 것을 좋아하나요, 아니면 커피 마시는 것을 좋아하나요? AT2-P1_1A

I think Korean people prefer coffee to tea because nowadays there are a lot of cafes that have sprung up here and there. Many people think having coffee helps them to awaken mentally because the caffeine provides a boost of energy.	제 생각에는 한국 사람들이 차보다 커피를 더 좋아하는 것 같습니다. 왜냐하면 요즘 여기저기 많은 카페가 생겼기 때문입니다. 많은 사람들은 카페인이 에너지를 북돋아주기 때문에 커피를 마시는 것이 정신적으로 깨어나는 데 도움이 된다고 생각합니다.

어휘 prefer v ~을 선호하다 spring up 갑자기 생겨나다 awaken v (잠에서) 깨다 mentally adv 정신적으로

2. 당신은 집에 온 손님들을 위해 차를 준비하나요, 아니면 커피를 준비하나요? AT2-P1_2A

I prepare both for my guests because people have varied tastes. I think it is better to prepare both. In my case, I also drink both, and according to my mood, I choose what to drink, so I would like to give them the same option.	저는 사람들이 다양한 취향을 가지고 있기 때문에 손님들을 위해 두 가지 모두를 준비합니다. 저는 둘 다 준비하는 것이 좋다고 생각합니다. 제 경우에는 둘 다 마시기도 하고, 제 기분에 따라 마실 것을 선택하기 때문에 그들에게도 같은 선택권을 주고 싶습니다.

어휘 prepare v 준비하다 varied adj 다양한 taste n 취향 according to ~에 따라 mood n 기분

3. 당신이 차나 커피를 마지막으로 마신 게 언제였나요? AT2-P1_3A

Well, yesterday, I had coffee. On my way to work, I usually grab a cup of Americano because I need it to function smoothly. Without my cup of Americano, I feel like a part of me is missing.	음, 어제 커피를 마셨어요. 출근길에 저는 보통 아메리카노 한 잔씩 마십니다. 일을 제대로 하려면 그것이 필요하기 때문입니다. 아메리카노 한 잔이 없으면, 왠지 제 일부가 없어진 것 같습니다.

어휘 grab v (급히/간단히) 먹다, 마시다 function v (제대로) 활동하다 smoothly adv 순조롭게 feel like ~한 느낌이 들다

4. 커피를 너무 많이 마시는 것의 단점은 무엇인가요?

First of all, since coffee contains caffeine, drinking too much of it makes some people jittery. In fact, some of my friends say that their hearts palpitate when they drink coffee. Also, caffeine addiction is a trend among Koreans, and it not only lifts our mood but also gives us a burst of alertness, which may impair our deep sleep.

우선, 커피에는 카페인이 들어 있기 때문에 커피를 너무 많이 마시는 것은 일부 사람들을 신경 과민이 되게 합니다. 실제로 제 친구들 중 일부는 커피를 마시면 가슴이 두근거린다고 합니다. 또한 카페인 중독은 한국인들 사이에서 흔히 볼 수 있는데, 그것은 우리 기분을 좋게 할 뿐만 아니라 각성을 폭발시켜 숙면을 해칠 수 있습니다.

어휘 contain ⓥ ~이 들어 있다   jittery [adj] 신경 과민의   palpitate ⓥ 가슴이 두근거리다   addiction ⓝ 중독   lift ⓥ (기분을) 좋게 하다   burst ⓝ 폭발   alertness ⓝ 각성   impair ⓥ 손상시키다

🔹 PART 2

이상적인 집을 묘사하세요.

- 이 장소가 어디인지
- 그것이 어떻게 생겼는지
- 언제 그곳에서 살고 싶은지

그리고 왜 그것이 당신에게 이상적인지를 설명하세요.

Let me tell you about the home I want to have in the future.

I've always dreamed of living in a peaceful environment since I love nature. So I would like to live on the outskirts not far from the city.

A two-storey house with a small garden would be great for me to live in. I can invite my loved ones for a garden party to cherish a happy moment. I want to build a house with traditional and eco-friendly materials such as clay and wood so that it is not harmful to our health, unlike synthetic materials used these days.

I would like to live in this ideal house when I have a baby after marriage. In about ten years, I hope to have a house like this.

There are several reasons to believe this would be the perfect house for my family in the future. Most importantly, I want to raise my kids to play in a safe place, so this environment, which is not too crowded and has no severe traffic concerns, would be great. Moreover, I can breathe in the fresh air as well as eat fresh vegetables picked directly from the garden. At the same time, it's not too far from the city centre, so I

제가 미래에 갖고 싶은 집에 대해 말씀 드리겠습니다.

저는 자연을 좋아하기 때문에 항상 평화로운 환경에서 사는 것을 꿈꿔 왔습니다. 그래서 도시에서 멀지 않은 교외에서 살고 싶습니다.

작은 정원이 있는 2층 집은 제가 살기에 정말 좋을 것 같습니다. 저는 행복한 순간을 간직하기 위해 사랑하는 사람들을 정원 파티에 초대할 수 있습니다. 저는 요즘 사용되는 합성 자재와 다른, 우리 건강에 해롭지 않은 흙이나 목재와 같은 전통적이고 친환경적인 자재로 집을 짓고 싶습니다.

저는 결혼 후 아이를 낳으면 이 이상적인 집에서 살고 싶습니다. 10년 정도 후에 저는 이런 집을 갖기를 희망합니다.

이것이 미래에 우리 가족에게 완벽한 집이 될 것이라고 믿는 몇 가지 이유가 있습니다. 무엇보다 중요한 것은, 아이들이 안전한 곳에서 놀 수 있도록 키우고 싶기 때문에, 너무 붐비지 않고 심각한 교통 문제가 없는 이런 환경이 아주 좋을 것 같습니다. 게다가 정원에서 직접 재배한 신선한 채소를 먹을 수 있을 뿐만 아니라 신선한 공기를 들이마실 수도 있습니다. 동시에 집이 도심에서 그리 멀지 않아서 원하면 여전히 편리한 도시 생활을 즐길 수 있습니다. 이것은 삶의 질을 향상

can still enjoy a convenient urban life if I want. This can help improve the quality of life.

For these reasons, I want to have a house like this in the future.

시키는 데 도움이 될 수 있습니다.

이런 이유로 저는 미래에 이런 집을 갖고 싶습니다.

어휘 dream of ~을 꿈꾸다　peaceful [adj] 평화로운　outskirts [n] 교외　loved one 사랑하는 사람　cherish [v] (추억·순간 등을) 간직하다　eco-friendly [adj] 친환경적인　materials [n] 자재　clay [n] 점토, 흙　compared to ~와 비교하여　synthetic [adj] 합성의, 인조의　ideal [adj] 이상적인　marriage [n] 결혼　raise [v] (아이들을) 키우다　crowded [adj] 붐비는　severe [adj] 심각한　traffic [n] 교통　concerns [n] 관심사, 문제　breathe [v] 호흡하다　urban life 도시 생활　improve [v] 향상시키다　quality of life 삶의 질

🏛 PART 3

1. **도시에 사는 것과 시골에 사는 것의 차이점은 무엇인가요?** 🎧 AT2-P3_1A

There are several differences between urban life and rural life. On one hand, living in a city has some clear benefits. First of all, there are better facilities for urban residents to enjoy. For example, large shopping malls and better hospitals with competent medical staff allow people to have a better quality of life. Moreover, better educational institutions are one of the attractions of urban life for those who have a child. However, they often suffer various types of pollution, such as air or noise pollution. On the other hand, life in the countryside is more peaceful. To be more specific, rural people can be psychologically stable because they're closer to nature, away from the hustle and bustle. However, they often have difficulty finding a decent job or accessing public transportation.

도시 생활과 시골 생활 사이에 몇 가지 차이점이 있습니다. 한편으로 도시에 사는 것은 몇 가지 분명한 이점이 있습니다. 우선, 도시 주민들이 즐길 수 있는 더 좋은 편의 시설들이 있습니다. 예를 들어, 대형 쇼핑몰과 유능한 의료진이 있는 더 나은 병원들은 사람들이 더 나은 삶의 질을 갖도록 해 줍니다. 게다가 더 나은 교육 기관들은 아이가 있는 사람들에게 도시 생활의 매력적인 요소 중 하나입니다. 하지만 그들은 종종 대기 오염이나 소음 공해와 같은 다양한 종류의 공해를 겪습니다. 다른 한편으로, 시골에서의 삶은 더 평화롭습니다. 좀 더 구체적으로 말하면, 시골 사람들은 혼잡과 번잡함에서 벗어나 자연에 더 가까이 있기 때문에 심리적으로 안정될 수 있습니다. 하지만 그들은 종종 좋은 직장을 찾거나 대중교통을 이용하는 데 어려움을 겪기도 합니다.

어휘 urban life 도시 생활　rural life 시골 생활　facility [n] (편의) 시설　resident [n] 거주자　competent [adj] 능숙한, 유능한　educational institution 교육 기관　attraction [n] 매력적인 요소　psychologically [adv] 심리적으로　stable [adj] 안정적인　hustle and bustle 혼잡하고 번잡함　decent [adj] (수준·질이) 좋은, 괜찮은

2. **당신은 과거와 현재의 도시들을 비교할 수 있나요?** 🎧 AT2-P3_2A

Yes, there are several differences between them. In the past, there were not as many buildings in cities as there are now. The buildings also used to have only a few storeys. By contrast, modern cities consist of a lot of high-rise buildings. Also, the number of urban residents has significantly increased during the last few decades. So now, cities are packed with people, whereas there were far fewer occupants in the past.

네, 그것들 사이에 몇 가지 차이점이 있습니다. 과거에는 도시에 지금처럼 건물이 많지 않았습니다. 그 건물들은 또한 단지 몇 개의 층만 있었습니다. 이와는 대조적으로, 현대 도시들은 많은 고층 건물들로 이루어져 있습니다. 또한 도시 거주자의 수는 지난 수십 년 동안 현저하게 증가했습니다. 그래서 지금은 도시들이 사람들로 꽉 찼지만, 과거에는 거주자가 훨씬 더 적었습니다.

3. 오래된 집과 새 집의 차이점은 무엇인가요?

🎧 AT2-P3_3A

There are some different features between them. First of all, the building materials are different. For example, old buildings were constructed of more eco-friendly materials such as clay or wood, while newer homes are made of stronger materials such as steel and concrete. Also, newer homes tend to be equipped with high-tech systems, so these buildings are more energy-efficient. To be more specific, they tend to have more full windows to invite the sun in, and also use solar energy. On the contrary, old buildings need more artificial light since they lack big windows.	그것들 사이에는 몇 개의 다른 특징이 있습니다. 첫째로 건축 자재가 다릅니다. 예를 들어, 오래된 건물은 흙이나 나무와 같은 더 친환경적인 자재들로 지어진 반면에, 새로운 집은 강철이나 콘크리트와 같은 더 강한 재료로 만들어졌습니다. 또 새로운 주택은 첨단 시스템을 갖추는 경향이 있기 때문에, 이 건물들은 더 에너지 효율적입니다. 좀 더 구체적으로 말하자면, 햇빛이 들어오도록 더 큰 창문을 가지고 있고, 또한 태양 에너지를 사용하기도 합니다. 반대로, 오래된 건물은 큰 창문이 부족하기 때문에 더 많은 인공조명이 필요합니다.

4. 오래된 건물을 보존하는 것이 중요한가요?

🎧 AT2-P3_4A

Yes, definitely. I believe it is vital to conserve old structures for the following reasons. Most importantly, they contribute to the economic growth of the city. Specifically, they support the tourism industry since they can attract not only domestic tourists but also foreign visitors. Furthermore, old buildings are excellent educational sources. For example, young children can learn about the lifestyles of our ancestors, and students studying architecture can learn about the unique construction methods by visiting these buildings. Last but not least, old and traditional buildings are part of our history, which shows the identity of the nation. Therefore, we should preserve historic structures.	네, 물론입니다. 저는 다음과 같은 이유로 오래된 건축물을 보존하는 것이 정말 중요하다고 믿습니다. 가장 중요한 것은, 그것들이 도시의 경제 성장에 기여한다는 것입니다. 구체적으로 말하자면, 국내 관광객뿐 아니라 외국인 방문객까지 끌어들일 수 있기 때문에 관광 산업을 지원합니다. 게다가 오래된 건물은 훌륭한 교육 자료입니다. 예를 들어, 어린아이들은 우리 선조의 생활 방식에 대해 배울 수 있고, 건축학을 공부하는 학생들은 이러한 건물들을 방문함으로써 고유의 건축 방식에 대해 배울 수 있습니다. 마지막으로, 오래된 건물과 전통 건물은 우리 역사의 일부이고, 그것은 국가의 정체성을 보여줍니다. 그러므로 우리는 역사적인 건축물을 보존해야 합니다.

PAGODA
IELTS Speaking

PAGODA
IELTS Speaking

PAGODA
IELTS Speaking